金融危机、影子银行与中国银行业发展研究

A Study on the Financial Crisis, the Shadow Banking and China Banking Development

郭春松 著

图书在版编目（CIP）数据

金融危机、影子银行与中国银行业发展研究/郭春松著. —北京：经济管理出版社，2013.6
（2016.3 重印）
ISBN 978-7-5096-2517-0

Ⅰ.①金… Ⅱ.①郭… Ⅲ.①银行业—经济发展—研究—中国 Ⅳ.①F832

中国版本图书馆 CIP 数据核字（2013）第 137181 号

组稿编辑：宋　娜
责任编辑：宋　娜　刘广钦
责任印制：黄　铄
责任校对：超　凡

出版发行：经济管理出版社
　　　　　（北京市海淀区北蜂窝 8 号中雅大厦 A 座 11 层　100038）
网　　址：www.E-mp.com.cn
电　　话：(010) 51915602
印　　刷：北京九州迅驰传媒文化有限公司
经　　销：新华书店
开　　本：720mm×1000mm/16
印　　张：20.25
字　　数：332 千字
版　　次：2013 年 7 月第 1 版　2016 年 3 月第 2 次印刷
书　　号：ISBN 978-7-5096-2517-0
定　　价：86.00 元

·版权所有　翻印必究·
凡购本社图书，如有印装错误，由本社读者服务部负责调换。
联系地址：北京阜外月坛北小街 2 号
电话：(010) 68022974　　邮编：100836

编委会及编辑部成员名单

（一）编委会

主　任：李　扬　王晓初

副主任：晋保平　张冠梓　孙建立　夏文峰

秘书长：朝　克　吴剑英　邱春雷　胡　滨（执行）

成　员（按姓氏笔画排序）：

卜宪群　王　巍　王利明　王灵桂　王国刚　王建朗　厉　声
朱光磊　刘　伟　杨　光　杨　忠　李　平　李　林　李　周
李　薇　李汉林　李向阳　李培林　吴玉章　吴振武　吴恩远
张世贤　张宇燕　张伯里　张昌东　张顺洪　陆建德　陈众议
陈泽宪　陈春声　卓新平　罗卫东　金　碚　周　弘　周五一
郑秉文　房　宁　赵天晓　赵剑英　高培勇　黄　平　曹卫东
朝戈金　程恩富　谢地坤　谢红星　谢寿光　谢维和　蔡　昉
蔡文兰　裴长洪　潘家华

（二）编辑部

主　任：张国春　刘连军　薛增朝　李晓琳

副主任：宋　娜　卢小生　高传杰

成　员（按姓氏笔画排序）：

王　宇　吕志成　刘丹华　孙大伟　陈　颖　金　烨　曹　靖
薛万里

本书是中国博士后科学基金会第 44 批面上资助项目（编号：20080440483）的研究成果。

序 一

博士后制度是19世纪下半叶首先在若干发达国家逐渐形成的一种培养高级优秀专业人才的制度,至今已有一百多年历史。

20世纪80年代初,由著名物理学家李政道先生积极倡导,在邓小平同志大力支持下,中国开始酝酿实施博士后制度。1985年,首批博士后研究人员进站。

中国的博士后制度最初仅覆盖了自然科学诸领域。经过若干年实践,为了适应国家加快改革开放和建设社会主义市场经济制度的需要,全国博士后管理委员会决定,将设站领域拓展至社会科学。1992年,首批社会科学博士后人员进站,至今已整整20年。

20世纪90年代初期,正是中国经济社会发展和改革开放突飞猛进之时。理论突破和实践跨越的双重需求,使中国的社会科学工作者们获得了前所未有的发展空间。毋庸讳言,与发达国家相比,中国的社会科学在理论体系、研究方法乃至研究手段上均存在较大的差距。正是这种差距,激励中国的社会科学界正视国外,大量引进,兼收并蓄,同时,不忘植根本土,深究国情,开拓创新,从而开创了中国社会科学发展历史上最为繁荣的时期。在短短20余年内,随着学术交流渠道的拓宽、交流方式的创新和交流频率的提高,中国的社会科学不仅基本完成了理论上从传统体制向社会主义市场经济体制的转换,而且在中国丰富实践的基础上展开了自己的伟大创造。中国的社会科学和社会科学工作者们在改革开放和现代化建设事业中发挥了不可替代的重要作用。在这个波澜壮阔的历史进程中，中国社会科学博士后制度功不可没。

值此中国实施社会科学博士后制度20周年之际，为了充分展示中国社会科学博士后的研究成果，推动中国社会科学博士后制度进一步发展，全国博士后管理委员会和中国社会科学院经反复磋商，并征求了多家设站单位的意见，决定推出《中国社会科学博士后文库》（以下简称《文库》）。作为一个集中、系统、全面展示社会科学领域博士后优秀成果的学术平台，《文库》将成为展示中国社会科学博士后学术风采、扩大博士后群体的学术影响力和社会影响力的园地，成为调动广大博士后科研人员的积极性和创造力的加速器，成为培养中国社会科学领域各学科领军人才的孵化器。

创新、影响和规范，是《文库》的基本追求。

我们提倡创新，首先就是要求，入选的著作应能提供经过严密论证的新结论，或者提供有助于对所述论题进一步深入研究的新材料、新方法和新思路。与当前社会上一些机构对学术成果的要求不同，我们不提倡在一部著作中提出多少观点，一般地，我们甚至也不追求观点之"新"。我们需要的是有翔实的资料支撑，经过科学论证，而且能够被证实或证伪的论点。对于那些缺少严格的前提设定，没有充分的资料支撑，缺乏合乎逻辑的推理过程，仅仅凭借少数来路模糊的资料和数据，便一下子导出几个很"强"的结论的论著，我们概不收录。因为，在我们看来，提出一种观点和论证一种观点相比较，后者可能更为重要：观点未经论证，至多只是天才的猜测；经过论证的观点，才能成为科学。

我们提倡创新，还表现在研究方法之新上。这里所说的方法，显然不是指那种在时下的课题论证书中常见的老调重弹，诸如"历史与逻辑并重"、"演绎与归纳统一"之类；也不是我们在很多论文中见到的那种敷衍塞责的表述，诸如"理论研究与实证分析的统一"等等。我们所说的方法，就理论研究而论，指的是在某一研究领域中确定或建立基本事实以及这些事实之间关系的假设、模型、推论及其检验；就应用研究而言，则指的是根据某一理论假设，为了完成一个既定目标，所使用的具体模型、技术、工具或程序。众所周知，在方法上求新如同在理论上创新一样，殊非易事。因此，我们亦不强求提出全新的理论方法，我们的最低要求，是要按照现代社会科学的研究规范来展开研究并构造论著。

我们支持那些有影响力的著述入选。这里说的影响力，既包括学术影响力，也包括社会影响力和国际影响力。就学术影响力而言，入选的成果应达到公认的学科高水平，要在本学科领域得到学术界的普遍认可，还要经得起历史和时间的检验，若干年后仍然能够为学者引用或参考。就社会影响力而言，入选的成果应能向正在进行着的社会经济进程转化。哲学社会科学与自然科学一样，也有一个转化问题。其研究成果要向现实生产力转化，要向现实政策转化，要向和谐社会建设转化，要向文化产业转化，要向人才培养转化。就国际影响力而言，中国哲学社会科学要想发挥巨大影响，就要瞄准国际一流水平，站在学术高峰，为世界文明的发展作出贡献。

我们尊奉严谨治学、实事求是的学风。我们强调恪守学术规范，尊重知识产权，坚决抵制各种学术不端之风，自觉维护哲学社会科学工作者的良好形象。当此学术界世风日下之时，我们希望本《文库》能通过自己良好的学术形象，为整肃不良学风贡献力量。

中国社会科学院副院长

中国社会科学院博士后管理委员会主任

2012 年 9 月

序 二

在 21 世纪的全球化时代，人才已成为国家的核心竞争力之一。从人才培养和学科发展的历史来看，哲学社会科学的发展水平体现着一个国家或民族的思维能力、精神状况和文明素质。

培养优秀的哲学社会科学人才，是我国可持续发展战略的重要内容之一。哲学社会科学的人才队伍、科研能力和研究成果作为国家的"软实力"，在综合国力体系中占据越来越重要的地位。在全面建设小康社会、加快推进社会主义现代化、实现中华民族伟大复兴的历史进程中，哲学社会科学具有不可替代的重大作用。胡锦涛同志强调，一定要从党和国家事业发展全局的战略高度，把繁荣发展哲学社会科学作为一项重大而紧迫的战略任务切实抓紧抓好，推动我国哲学社会科学新的更大的发展，为中国特色社会主义事业提供强有力的思想保证、精神动力和智力支持。因此，国家与社会要实现可持续健康发展，必须切实重视哲学社会科学，"努力建设具有中国特色、中国风格、中国气派的哲学社会科学"，充分展示当代中国哲学社会科学的本土情怀与世界眼光，力争在当代世界思想与学术的舞台上赢得应有的尊严与地位。

在培养和造就哲学社会科学人才的战略与实践上，博士后制度发挥了重要作用。我国的博士后制度是在世界著名物理学家、诺贝尔奖获得者李政道先生的建议下，由邓小平同志亲自决策，经国务院批准于1985年开始实施的。这也是我国有计划、有目的地培养高层次青年人才的一项重要制度。二十多年来，在党中央、国务院的领导下，经过各方共同努力，我国已建立了科学、完备的博士后制度体系，同时，形成了培养和使用相结合，产学研相结合，政府调控和社会参与相结合，服务物质文明与精神文明建设的鲜明特色。通过实施博士后制度，我国培养了一支优秀的高素质哲学社会科学人才队伍。他们在科研机构或高等院校依托自身优势和兴趣，自主从事开拓性、创新性研究工作，从而具有宽广的学术视野、突出的研究能力和强烈的探索精神。其中，一些出站博士后已成为哲学社会科学领域的科研骨干和学术带头人，在"长江学者"、"新世纪百千万人才工程"等国家重大科研人才梯队中占据越来越大的比重。可以说，博士后制度已成为国家培养哲学社会科学拔尖人才的重要途径，而且为哲学社会科学的发展造就了一支新的生力军。

哲学社会科学领域部分博士后的优秀研究成果不仅具有重要的学术价值，而且具有解决当前社会问题的现实意义，但往往因为一些客观因素，这些成果不能尽快问世，不能发挥其应有的现实作用，着实令人痛惜。

可喜的是，今天我们在支持哲学社会科学领域博士后研究成果出版方面迈出了坚实的一步。全国博士后管理委员会与中国社会科学院共同设立了《中国社会科学博士后文库》，每年在全国范围内择优出版哲学社会科学博士后的科研成果，并为其提供出版资助。这一举措不仅在建立以质量为导向的人才培养机制上具有积极的示范作用，而且有益于提升博士后青年科研人才的学术地位，扩大其学术影响力和社会影响力，更有益于人才强国战略的实施。

今天，借《中国社会科学博士后文库》出版之际，我衷心地希望更多的人、更多的部门与机构能够了解和关心哲学社会科学领域博士后及其研究成果,积极支持博士后工作。可以预见,我国的博士后事业也将取得新的更大的发展。让我们携起手来,共同努力,推动实现社会主义现代化事业的可持续发展与中华民族的伟大复兴。

人力资源和社会保障部副部长
全国博士后管理委员会主任
2012 年 9 月

摘　要

　　2008年以来，由美国影子银行过度扩张引发的次贷危机席卷全球，为了抗击风险，世界各国史无前例地紧密合作，及时出台了一系列政策措施。正当效果初显的时候，2009年希腊爆发了主权债务危机，其后迅速蔓延至欧洲多个国家，葡萄牙、西班牙、爱尔兰、意大利等欧元区国家均深陷其中，欧元区外的英国也未能幸免，国际金融市场再次风声鹤唳。2013年3月，欧元区成员国塞浦路斯政府为获得援助，提议通过对每个银行存款账户征税以在国内筹集巨额自救资金，导致部分银行发生挤兑事件。全球金融危机仍在继续，并对国际经济社会产生不利影响。

　　在这场危机中，中国也受到了很大的影响，如出口贸易急剧萎缩、企业出现经营困难并面临资金链断裂风险、输入性通货膨胀初现端倪等。在过去十多年里，中国银行业进行了大刀阔斧的改革，大力推行了商业化改革和股改上市，经营管理水平和风险管控能力有了很大的提升，取得了举世瞩目的发展业绩和骄人成绩，在应对本轮危机中，中国银行业更是成功抗击外部冲击，实现了逆市成长，使国际竞争力与地位进一步提升。然而，我们也清醒地认识到，取得这样的成果，主要得益于中央政府应对危机的方法和措施及时、科学、有效，以及我国商业银行国际化水平还相对比较低的缘故，而中国银行业要在本轮危机中生存下来并保持发展，真正实现强大，还有很长的路要走。

　　基于上述背景，本书以推动中国银行业科学发展为主题，以应对国际金融危机为主线，遵循从一般理论、具体分析到对策建议的研究思路来展开分析。作为本书研究的基础，书中首先对金融危机和影子银行的关系进行了研究。研究表明，这轮金融危机对国际银行业健康发展产生了巨大影响，而危机的根源在于影子银行体系的无限度扩张，需要引起高度重视并采取措施规范影子银行及其监管。随后，本书对中国银行业的改革、开放和发展情况进行了回顾总结，对在本轮金融危机中面临的机遇与挑战进行了分析，并梳理归纳了在本轮金融危机中少受冲击和逆市成长的主要经验，包括加强金融监管、加大经营转型力度，以及在制定科学发展战略、梳理业务流程、完善业务结构、深化金融创新等方面积极作为。

在此基础上，本书首先对美国、欧洲、中国台湾等国家和地区应对金融危机的主要经验和做法进行了梳理总结，并对国际金融监管改革的主要措施进行了归纳和总结，为下文提出中国银行业改革发展的对策建议提供参考。其次，对当前中国银行业发展中存在的主要问题和面临的困难进行了分析探讨。研究认为，存在的主要问题和面临的困难主要包括：公司治理不够完善、激励约束机制不够科学、风险管理水平相对不足、金融创新不够有力、外部监管不够科学有效等。最后，根据前文分析的情况和基础，有针对性地提出了九条加快我国银行业健康发展的具体对策建议，主要包括：从公司治理、金融创新、经营策略、科学技术等方面提升商业银行自身核心竞争力；以新资本管理办法的实施为契机调整和优化业务结构、探索资本工具创新；从转变风险管理理念、模式、方法、体系等方面入手提升风险管理水平；加强两岸金融业合作，促进互利共赢；完善多层次的银行监管协调与合作机制；借鉴国际银行监管经验优化我国银行业监管；多渠道强化影子银行监管；重视金融消费者权益保护工作；从完善监管法规体系、推进利率汇率体制改革、加快金融市场发展、推进社会信用制度建设以及规范银行同业竞争等方面营造银行业经营发展的良好外部环境。

在本书写作过程中，笔者十分注重研究内容和方法的创新。本书的可能创新包括：一是提出从GIST（公司治理、金融创新、经营策略、科学技术）入手，提升银行的核心竞争力和综合实力;二是从实施新资本管理办法入手,分析如何调整和优化业务结构,创新资本工具,减少资本消耗,并进一步从转变风险管理理念、模式、方法、体系等方面入手提升风险管理水平;三是试图探索建立网络化、多层次的金融监管协调与合作机制;四是从多维度、多视角对影子银行与金融危机发生的内在逻辑关系进行分析,指出本次国际金融危机的根源在于影子银行体系的无限度扩张,亟须加强对影子银行的监管。除以上四点主要创新外,本书在总结美国、欧盟以及中国(包括台湾地区)应对金融危机的经验和启示等方面亦有独到之处,在加强全面风险管理、两岸金融合作、影子银行监管、借鉴国际经验、加强消费者保护、外部环境优化等方面所提出的对策建议也具有较强的可操作性,建议在实际工作中加以吸收和运用。

关键词: 金融危机　影子银行　银行业发展　对策研究

Abstract

Since 2008, the United States of America's subprime mortgage crisis that are caused by over-expansion of the shadow banking has swept the world. To reduce the risk, the world are calling an unprecedented corporation closely and bringing out series of policy measures timely. When the measures began to be effective, the Greek sovereign debt crisis broke out in 2009 and quickly spread across Europe swamping the euro-nations such as Portugal, Spain, Ireland, Italy and others. United Kingdom which is outside of the euro-zone was also affected. The international financial market was thrown into panic and horror. In order to obtain aid in 2013, the Cypriot government proposed to impose tax on bank accounts with some of the banks facing bank run incident. The global financial crisis continues and the international economy is still facing challenges.

During the crisis, China has also been greatly affected with exports dramatically declining, enterprises facing difficulty in operating, capital chains have gone bankrupt and imported inflation begins to show up and so on. In the past decade, China's banking sector has been gone through market-oriented commercial reforms and the share structure reforms so management level and risk control ability have been greatly improved. China's banking sector has achieved remarkable results and the development of proud achievement. When facing the crisis, China's banking sector has successfully achieved brilliant growth in adverse circumstances.

However, we need to be soberly aware that the primary reasons are the scientific policy adopted by the central government and low internationalization level of commercial banks. For China's banking sector, there is a long way to go in order to survive in crisis and that will be vigorous.

For these reasons why we make such achievement, this book with the theme of developing China's banking sector and the mainstream of coping with the financial crisis, carries out the study following the research ideas of general theory, specific analysis of policy proposals. The author firstly studies the relationship between shadow banking and financial crisis as the basis. Research has shown that the international financial crisis impacts bank development and the roots of crisis is the unlimited expansion of the shadow banking system that needs strict regulation. Thereafter, the author makes conclusion on the reform which includes opening and growth of China's banking sector, analysis of the opportunities and challenges in the financial crisis as well as the main experience of China's banking sector to achieve growth in adversity without much effects from outside. It mainly includes strengthening financial supervision, intensifying management transformation, formulating the scientific development strategy, combing the business process, improving the business structure and deepening financial innovation. On that basis, the author summarizes major experiences and practices to address the financial crisis in US, Europe and Chinese Taiwan which are useful for the reform and development of China's banking sector. Then, the author discusses main problems and difficulties that remains in the development of China's banking sector which mainly include the imperfect corporate governance, the incentive constraint mechanism, the risk management level, insufficient financial innovation and the ineffective external supervision. Lastly, the author suggests nine specific proposals for accelerating the development of China's banking sector. It mainly includes enhancing bank's core

Abstract

competitiveness by consummating the corporate governance, financial innovation, business strategy, science and technology aspects, optimizing business structure, innovating the capital tool, transforming the risk management concept, mode, method, system and other aspects to promote the risk management, strengthening the cross-strait financial cooperation, constituting the multi-level banking supervision coordination, cooperation mechanism, optimizing the banking regulation in our country by using the experience of international banking supervision, strengthen the shadow banking regulation, attaching importance to the protection of financial consumer rights and work interest, creating a good external environment for the development of banking sector by improving the regulatory system, promoting the reform of interest rate, accelerating the development of financial markets, promoting the construction of social credit system and standardizing interbank competition.

In the process of thesis research, the author pays attention to the innovation of the research contents and methods. the author has possible innovations as follows: First, the author suggests enhancing the bank's core competitiveness and comprehensive strength through GIST (corporate governance, financial innovation, business strategy, information technology). Second, taking new measures to managing assets and upgrading the risk management from idea, model, method and system. Third, the author is trying to establish a network, multi-level financial supervision coordination and cooperation mechanism. Lastly, the author analyses the internal logic between shadow banking and financial crisis from multi-dimensions and multi-angles pointing out that this international financial crisis roots lies in unlimited expansion of the shadow banking system. In addition to these four major innovations, the author makes its contribution by summarizing the experiences of US, EU and China (including Chinese Taiwan) in responding to crisis. The countermeasures also have good operability, such as strengthening overall risk management, cross-strait financial cooperation, shadow banking supervision, reference to international experiences, optimizing the external environment.

Key Words: Financial Crisis; Shadow Banking; Banking Growth; Countermeasure Research

目 录

第一章 导论 … 1
第一节 选题的现实背景 … 1
第二节 国内外研究现状 … 3
一、关于银行危机的理论回顾 … 4
二、关于影子银行的理论回顾 … 8
三、关于银行业发展的理论回顾 … 10
第三节 研究方法和结构安排 … 14
第四节 主要创新和进一步研究方向 … 18

第二章 影子银行与金融危机 … 21
第一节 影子银行的发展 … 21
一、影子银行的概念 … 21
二、影子银行的产生和发展 … 24
三、影子银行体系的特点 … 28
四、我国影子银行的发展 … 31
第二节 影子银行与金融危机 … 34
一、影子银行和金融体系 … 35
二、影子银行和金融风险 … 38
三、影子银行和美国金融危机 … 41
第三节 金融危机对世界经济发展的主要危害 … 43
一、金融危机的定义和类型 … 44
二、金融危机爆发前的基本规律 … 44
三、金融危机的主要教训 … 49

第四节	金融危机对国际银行业健康发展的挑战	53
	一、金融危机对国际银行业的影响	53
	二、金融危机暴露商业银行资本监管不足	57
	三、金融危机对商业银行流动性风险管理的影响	59
	四、金融危机对《巴塞尔协议》的挑战	60
第五节	本章小结	62

第三章 中国银行业在危机中逆境成长 … 65

第一节	中国银行业的改革与发展	65
	一、中国银行业改革回顾	65
	二、2003年以来中国银行业改革取得的成就	82
第二节	金融危机给中国银行业带来的机遇与挑战	88
	一、中国银行业面临的挑战	88
	二、中国银行业面临的机遇	92
第三节	中国银行业应对危机的主要方法和策略	95
	一、金融危机对中国经济的影响及政府主要应对措施	95
	二、中国银行业应对危机的主要策略	97
	三、中国银行业发展趋势	100
第四节	本章小结	102

第四章 国际社会应对危机的主要经验和做法 … 105

第一节	银行管理与危机应对简介	105
第二节	美国应对次贷危机的主要经验及启示	107
	一、危机发生的背景	107
	二、危机形成的原因分析	108
	三、美国应对次贷危机的措施及启示	113
	四、银行体系危机的根源——影子银行	122
第三节	世界各国应对欧洲债务危机的主要经验及启示	123
	一、欧洲债务危机发展回顾	123
	二、欧洲债务危机形成的原因分析	127
	三、各国应对欧洲债务危机所采取的措施	129

　　　　四、欧洲债务危机应对措施的启示——基于商业银行的
　　　　　　角度 ……………………………………………………………… 133
　　　　五、欧洲债务危机对中国的启示 …………………………………… 136
　第四节　中国台湾银行业发展与危机应对 …………………………………… 138
　　　　一、中国台湾银行业概况 …………………………………………… 139
　　　　二、中国台湾银行业应对危机的主要经验与启示 ………………… 143
　第五节　国际金融监管改革经验与趋势 ……………………………………… 151
　　　　一、强化影子银行监管 ……………………………………………… 152
　　　　二、构建宏观审慎监管框架 ………………………………………… 153
　　　　三、全面推进金融监管改革 ………………………………………… 155
　第六节　本章小结 ……………………………………………………………… 157

第五章　当前中国银行业发展面临的主要困难和问题 ……………… 159
　第一节　公司治理不够健全 …………………………………………………… 159
　　　　一、我国银行业公司治理改革历程 ………………………………… 160
　　　　二、我国商业银行公司治理改革成效 ……………………………… 162
　　　　三、我国商业银行公司治理存在的主要问题 ……………………… 163
　第二节　激励机制不够科学 …………………………………………………… 167
　　　　一、我国银行业激励机制的历史沿革 ……………………………… 167
　　　　二、我国银行业激励机制改革取得的成效 ………………………… 169
　　　　三、我国银行业激励机制存在的主要问题 ………………………… 170
　第三节　风险管理体系不完善 ………………………………………………… 173
　　　　一、我国商业银行风险管理的现状与成效 ………………………… 174
　　　　二、我国商业银行风险管理存在的主要问题 ……………………… 177
　第四节　创新能力不足 ………………………………………………………… 181
　　　　一、我国商业银行创新发展取得的成绩 …………………………… 181
　　　　二、我国商业银行创新能力存在的主要不足 ……………………… 184
　第五节　外部监管有效性亟待加强 …………………………………………… 187
　　　　一、我国银行业的监管改革历程 …………………………………… 187
　　　　二、银监会成立后取得的历史性成就 ……………………………… 189
　　　　三、我国银行业外部监管存在的主要问题 ………………………… 191
　第六节　本章小结 ……………………………………………………………… 194

第六章　中国银行业健康发展及监管路径优化 …… 195

第一节　从 GIST 入手提高核心竞争力 …… 195
一、完善公司治理结构 …… 195
二、提高金融创新能力 …… 199
三、改进经营发展策略 …… 204
四、提升科技应用水平 …… 208

第二节　以实施新资本管理办法为契机提升核心竞争力 …… 211
一、建设资本节约型发展模式 …… 212
二、加快推进资本工具创新 …… 215
三、提高风险管理的针对性和有效性 …… 218

第三节　"六个转向"加强全面风险管理 …… 223
一、风险管理目标：从管住风险转向"为股东创造价值" …… 225
二、风险管理内涵：从资本粗放型管理转向精细化管理 …… 225
三、风险管理范畴：从单一风险管理转向全面风险管理 …… 226
四、风险管理技术：从简单度量转向运用规范实证分析 …… 229
五、风险管理架构：从层级管理模式转向扁平管理体系 …… 230
六、风险管理队伍：从少数人参与转向全员性管理团队 …… 231

第四节　增进海峡两岸金融合作 …… 232
一、两岸金融业合作的必要性 …… 232
二、两岸金融业合作的现状 …… 235
三、加强两岸金融合作的对策建议 …… 238

第五节　建立网络化金融监管协调机制 …… 241
一、金融监管协调机制的目标定位 …… 242
二、金融监管协调机制的模式选择 …… 243
三、金融监管协调机制的法制化及展望 …… 248

第六节　借鉴国际银行监管经验 …… 248

一、健全逆周期的宏观审慎监管框架 …………………………… 249
　　二、建立科学的薪酬激励机制 …………………………………… 250
　　三、加强国际监管合作 …………………………………………… 251
第七节　加强影子银行监管 …………………………………………… 252
　　一、健全完善影子银行监管法律法规 …………………………… 252
　　二、稳健有序推进金融业市场创新 ……………………………… 253
　　三、严格规范影子银行信息披露 ………………………………… 254
　　四、强化影子银行运行的动态监测 ……………………………… 254
　　五、推进完善影子银行内控管理机制 …………………………… 255
　　六、建立统一高效的影子银行监管协作机制 …………………… 256
第八节　加强对金融消费者权益保护 ………………………………… 257
　　一、完善相关法律制度 …………………………………………… 257
　　二、消费者保护工作应符合混业趋势 …………………………… 258
　　三、强化金融机构的保护义务 …………………………………… 259
　　四、增强消费者风险意识和防范能力 …………………………… 260
第九节　营造良好的外部环境 ………………………………………… 260
　　一、外部金融环境的变化 ………………………………………… 260
　　二、外部环境优化路径 …………………………………………… 262
第十节　本章小结 ……………………………………………………… 266

参考文献 ………………………………………………………………… 267

索　引 …………………………………………………………………… 279

后　记 …………………………………………………………………… 283

Contents

1 Introduction 1
  1.1 Realistic Background of the Topic 1
  1.2 Status Quo of both Domestic and Oversee Research 3
      1.2.1 Review of the Theory of Financial Crisis 4
      1.2.2 Review of the Theory of Shadow Banking 8
      1.2.3 Review of the Theory of Banking Development 10
  1.3 Methodology, Logic and Outline 14
  1.4 Major Innovation and Further Direction of Research 18

2 Shadow Banking and Financial Crisis 21
  2.1 The Development of Shadow Banking 21
      2.1.1 The Concept of Shadow Banking 21
      2.1.2 The Emergence and Development of Shadow
            Banking 24
      2.1.3 The Characteristics of Shadow Banking System 28
      2.1.4 The Development of Shadow Banking in China 31
  2.2 Shadow Banking and Financial Crisis 34
      2.2.1 Shadow Banking and Financial System 35
      2.2.2 Shadow Banking and Financial Risks 38
      2.2.3 Shadow Banking and the US Financial Crisis 41
  2.3 The Major Hazards of Financial Crisis for World Economy
      Development 43
      2.3.1 Definitions and Types of Financial Crisis 44

  2.3.2 The Basic Laws Before the Outbreak of Financial Crisis …… 44
  2.3.3 The Main Lessons Learned from the Crisis …… 49
 2.4 The Challenges that Financial Crisis Brings to Healthy Development of Global Banking …… 53
  2.4.1 The Impact of Financial Crisis on the International Banking …… 53
  2.4.2 Deficiency of Regulation on Commercial Banks' Capital in the Crisis …… 57
  2.4.3 Challenges that Brings to Liquidity Risk Management of Commercial Banks …… 59
  2.4.4 Challenges for Basel Accords from Financial Crisis …… 60
 2.5 Summary …… 62

3 Development of China's Banking Sector in Adversity …… 65
 3.1 The Reform and Development of China's Banking Sector …… 65
  3.1.1 The Review of Reform of China's Banking Sector …… 65
  3.1.2 The Achievement in the Reform of China's Banking Sector Since 2003 …… 82
 3.2 The Opportunity and Challenge for China's Banking Sector from Financial Crisis …… 88
  3.2.1 The Challenge for China's Banking Sector …… 88
  3.2.2 The Opportunity for China's Banking Sector …… 92
 3.3 The Main Way and Strategy Adopted by China's Banking Sector to Cope with Crisis …… 95
  3.3.1 The Impact of the Financial Crisis on the Chinese Economy and the Government's Main Response Measures …… 95
  3.3.2 The Main Strategy Adopted by China's Banking Sector to Cope with Crisis …… 97
  3.3.3 The Development Trend of China's Banking Sector …… 100
 3.4 Summary …… 102

Contents

4 The Recent Responses and Experiences of International
  Community in Face of Financial Crisis ·············· 105

  4.1 Brief Introduction of Banking Management and Crisis
      Response ·· 105
  4.2 Main Experiences and Enlightenment in Response to
      Subprime Crisis of the US ···························· 107
    4.2.1 The Background of the Crisis ················ 107
    4.2.2 Analysis of the Formation of the Crisis ········ 108
    4.2.3 The US Counter-Measures During Crisis and Its
         Inspiration ··· 113
    4.2.4 The Shadow Banking: One of the Roots of
         Banking Crisis ···································· 122
  4.3 Main Experiences and Enlightenment in Response to
      Debt Crisis in Europe ································· 123
    4.3.1 Review the Development of the Debt Crisis in
         Europe ··· 123
    4.3.2 Analysis of the Formation of the Debt Crisis ········ 127
    4.3.3 The Counter-Measures for the Debt Crisis of Certain
         Nations ·· 129
    4.3.4 The Inspiration of Counter-Measures for Crisis: On the
         Basis of Commercial Banks ······················ 133
    4.3.5 The Enlightenment of Debt Crisis for China ········ 136
  4.4 Development and Crisis Response of Banking Sector in
      Chinese Taiwan ·· 138
    4.4.1 Brief Introduction of Banking Sector in Chinese
         Taiwan ·· 139
    4.4.2 Main Experiences and Enlightenment of Crisis Response
         for Banks in Chinese Taiwan ···················· 143
  4.5 Experience and Trend of International Financial
      Regulatory Reforms ··································· 151
    4.5.1 Strengthen the Shadow Banking Supervision ········ 152

  4.5.2 Construct Macro-prudential Regulatory Framework ⋯⋯ 153

  4.5.3 promote the Financial Regulatory Reform Comprehensively ⋯⋯⋯⋯⋯⋯⋯⋯⋯⋯⋯⋯⋯⋯⋯ 155

 4.6 Summary ⋯⋯⋯⋯⋯⋯⋯⋯⋯⋯⋯⋯⋯⋯⋯⋯⋯⋯⋯⋯⋯⋯ 157

5 The Main Difficulties and Problems Facing by China's Banking Sector ⋯⋯⋯⋯⋯⋯⋯⋯⋯⋯⋯⋯⋯⋯⋯⋯⋯⋯⋯⋯⋯⋯⋯⋯⋯ 159

 5.1 Deficiency in the Corporate Governance ⋯⋯⋯⋯⋯⋯⋯⋯ 159

  5.1.1 Corporate Governance Reform Process of China's Banking Sector ⋯⋯⋯⋯⋯⋯⋯⋯⋯⋯⋯⋯⋯⋯⋯⋯⋯ 160

  5.1.2 Achievement in Corporate Governance Reform of China's Commercial Banks ⋯⋯⋯⋯⋯⋯⋯⋯⋯⋯⋯⋯ 162

  5.1.3 The Main Problems of Corporate Governance of China's Commercial Banks ⋯⋯⋯⋯⋯⋯⋯⋯⋯⋯⋯⋯ 163

 5.2 Incentive Mechanism is not Scientific Enough ⋯⋯⋯⋯⋯⋯ 167

  5.2.1 The History and Evolvement of China's Banking Incentive Mechanism ⋯⋯⋯⋯⋯⋯⋯⋯⋯⋯⋯⋯⋯⋯⋯ 167

  5.2.2 Achievement in Incentive Mechanism Reform of China's Banking Sector ⋯⋯⋯⋯⋯⋯⋯⋯⋯⋯⋯⋯⋯ 169

  5.2.3 The Main Problems of Incentive Mechanism of China's Banking Sector ⋯⋯⋯⋯⋯⋯⋯⋯⋯⋯⋯⋯⋯ 170

 5.3 Inadequacy in Risk Management System ⋯⋯⋯⋯⋯⋯⋯⋯ 173

  5.3.1 The Status Quo and Achievement of Banking Risk Management in China ⋯⋯⋯⋯⋯⋯⋯⋯⋯⋯⋯⋯⋯⋯ 174

  5.3.2 The Main Problems in Risk Management of China's Commercial Banks ⋯⋯⋯⋯⋯⋯⋯⋯⋯⋯⋯⋯⋯⋯⋯ 177

 5.4 Lack of Innovation Capacity ⋯⋯⋯⋯⋯⋯⋯⋯⋯⋯⋯⋯⋯ 181

  5.4.1 The Achievement in Innovation of China's Commercial Banks ⋯⋯⋯⋯⋯⋯⋯⋯⋯⋯⋯⋯⋯⋯⋯⋯⋯⋯⋯ 181

  5.4.2 Main Inadequacy in Innovation Capacity of China's Commercial Banks ⋯⋯⋯⋯⋯⋯⋯⋯⋯⋯⋯⋯⋯⋯⋯ 184

Contents

- 5.5 Effectiveness of External Regulation Needs to Be Enhanced ... 187
  - 5.5.1 The History of Regulation Reform of China's Banking Sector ... 187
  - 5.5.2 Historic Achievement since Establishment of CBRC ... 189
  - 5.5.3 The Main Problems in External Regulation of China's Banking Sector ... 191
- 5.6 Summary ... 194

6 The Healthy Development of China's Banking Sector and Optimization of Regulatory Path ... 195

- 6.1 Improve Core Competitiveness through GIST ... 195
  - 6.1.1 Enhance the Corporate Governance Structure ... 195
  - 6.1.2 Strengthen the Ability of Financial Innovation ... 199
  - 6.1.3 Improve the Operation and Development Strategy ... 204
  - 6.1.4 Reinforce the Application of Technology ... 208
- 6.2 To Implement the New Capital Management Approach as an Opportunity to Enhance the Core Competitiveness ... 211
  - 6.2.1 Construction of Capital-Saving Mode of Development ... 212
  - 6.2.2 Accelerate Innovation of Capital Instruments ... 215
  - 6.2.3 Enhance the Relevance and Effectiveness of Risk Management ... 218
- 6.3 "Six Shifts" to Strengthen the Overall Risk Management ... 223
  - 6.3.1 Risk Management Objectives: Shift from Risk Management to "Create Value for Shareholders" ... 225
  - 6.3.2 Risk Management Meanings: Shift from Extensive Capital Management to Sophisticated Management ... 225
  - 6.3.3 Risk Management Areas: Shift from Single Risk Management to Comprehensive Risk Management ... 226

6.3.4 Risk Management Techniques: Shift from Simple Measurement to Standardized Empirical analysis ……… 229
6.3.5 Risk management Framework: Shift from Hierarchical Management Mode to a Flat Management System ……… 230
6.3.6 Risk Management Team: Shift from the Partial Involvement to Full Participants Management ………… 231
6.4 Promote Cross-Strait Financial Cooperation ……………… 232
6.4.1 The Need for Cross-Strait Financial Cooperation ……… 232
6.4.2 The Status Quo of Cross-Strait Financial Cooperation ……………………………………… 235
6.4.3 The Suggestions for Strengthening Cross-Strait Financial Cooperation ……………………………… 238
6.5 Set up Financial Network Regulation Coordination Mechanism ……………………………………………… 241
6.5.1 Objective of Financial Regulation Coordination Mechanism ……………………………………… 242
6.5.2 Mode Choice of Financial Regulation Coordination Mechanism ……………………………………… 243
6.5.3 Legalization of Financial Regulation Coordination Mechanism and Outlook ……………………… 248
6.6 Reference to International Banking Regulatory Experience ……………………………………………… 248
6.6.1 Improve Counter-Cyclical Macro-Prudential Framework ……………………………………… 249
6.6.2 Guide the Establishment of Scientific Compensation and Incentive Mechanism ……………………… 250
6.6.3 Strengthen International Regulatory Cooperation ……… 251
6.7 Regulate the Development of the Shadow Banking ……… 252
6.7.1 Improve and Perfect the Shadow Banking Supervision Laws and Regulations ……………………… 252
6.7.2 Accelerate the Financial Industry Market Innovation …… 253

6.7.3 Strictly Regulate the Shadow Banking Information Disclosure ··· 254
6.7.4 Strengthen the Shadow Banking Dynamic Supervision ··· 254
6.7.5 Improve the Internal Control Management Mechanisms of the Shadow Banking ··································· 255
6.7.6 Establishment of a Unified Efficient Shadow Banking Supervision and Coordination Mechanism ················ 256
6.8 Strengthen the Protection of Financial Consumers' Rights and Interests ··· 257
6.8.1 Improve the Relevant Legal System ···················· 257
6.8.2 Make the Consumer Protection Work in Line with the Mixed Trend ··· 258
6.8.3 Strengthen the Protection Obligations of the Financial Institutions ··· 259
6.8.4 Enhance the Consumer Risk of Awareness and Prevention Capability ··· 260
6.9 Create a Favorable External Environment ···················· 260
6.9.1 Profound Changes has Been Undergoing in External Financial Environment ································· 260
6.9.2 The Optimization Path of the External Environment ··· 262
6.10 Summary ··· 266

References ·· 267

Index ·· 279

Acknowledgements ··· 283

第一章 导论

第一节 选题的现实背景

20世纪60年代中期以来，资本资产定价模型[①]（Capital Asset Pricing Model，CAPM）和期权定价模型[②]（Option Pricing Modle，OPM）相继问世，使数学、物理学、统计学等学科的理论不断应用在金融实践中。这些模型经过数十年的研究和应用，俨然已无懈可击，犹如一位美丽的天使，在金融的殿堂翩翩起舞，光彩夺目。多少人对这些精致的模型顶礼膜拜、痴狂研究，还有一些人则迅速运用这些复杂的模型驰骋商场，风光无限。

自1987年第一只货币市场基金及担保债务凭证（以下简称CDO）诞生后，并没能像它的设计者预期的那样，迅速繁衍壮大，而是在1990年草草谢幕。"酒香不怕巷子深。"10年后，CDO被一些早年涉足的庄家重新定位，在宽松的货币政策环境下，成为结构性融资的主力军，并与它的"好兄弟"信用违约互换（以下简称CDS）一起受到全球投资者的热捧。然而，当所有的金融家、投资家、投机家们在这场盛宴中狂欢的时候，百

[①] 20世纪50年代，芝加哥大学的哈里·马科维茨（Harry Markowitz）首次引用数学方差表示风险概念，并用数学模型揭秘风险与回报的关系，从而将数学模型引入金融领域。在此基础上，20世纪60年代中期，马科维茨的合作伙伴夏普（W.Sharpe）发明了资本资产定价模型，成为金融领域最流行和最吸引人的股票估值模型。1990年，马科维茨与其他两位学者夏普和莫顿·米勒（Merton Miller）一起凭借投资组合理论，获得诺贝尔经济学奖。

[②] 20世纪70年代初期，麻省理工大学斯隆商学院的费雪·布莱克（Fischer Black）和梅隆·苏尔斯（Myron Scholes）发明了期权定价模型。1997年，苏尔斯和莫顿（Robert Merton）一起凭借股票期权模型获得诺贝尔经济学奖。可惜布莱克于1995年因癌症去世，与诺贝尔奖失之交臂。

年一遇的金融风暴正悄悄逼近！2007年，CDO已20岁，正值壮年！它盛装出场，登上筹划已久的舞台，与CDS一起，向全球发起一场史无前例的挑战。

这是一场发轫于美国、殃及全球的金融风暴，鲜有国家置身事外。国家和民众的财富急剧缩水，金融机构风雨飘摇，尤其是投资银行，更是风声鹤唳，朝不保夕！2007~2008年，雷曼、美林和贝尔斯登相继倒闭，为了稳定市场情绪，摩根士丹利和高盛在美国政府的建议下，迅速变为银行控股公司，至此，全球最大的5家独立投资银行已全部消失。

当全球政界、金融界惊愕和反思的时候，蓦然发现一个鬼魅掠过，它就是"影子银行"。① 它带着投资银行、对冲基金、私募股权基金、CDO、CDS、SIV（结构投资载体）、ABCP（资产支持商业票据）等机构、工具和产品，游离于金融监管当局的视野之外，在金融市场上兴风作浪，最终推动了金融危机的爆发。2007~2008年出现的信用市场冻结，从某种程度上看，就是影子银行体系崩溃所致，而影子银行体系所具有的巨大破坏力，被美国乃至全球大多数监管当局和经济学家所忽视。

著名经济学家保罗·克鲁格曼指出：既然"影子银行"业务与银行相近，危机中与银行一同受到救助，就应当受到与银行相同严厉程度的监管。② 但实际上，金融危机爆发以前，"影子银行"并没有被纳入监管当局的监管范畴，更谈不上受到与传统商业银行一样严格的监管。国际货币基金组织（IMF）发布的《危机的首要教训》也指出，"影子银行体系"对金融系统具有重要意义，但监管当局对这些机构所从事的金融业务和产品的杠杆率及风险集中度却存在重大的信息缺口。③ 显然，受美国影响，大多数国家的监管当局也没有重视对"影子银行"的监管。

于是，国际监管组织、政府部门、监管当局、经济学家开始忙碌起来，他们对原来坚守甚至迷信的"有效市场假说"、"万能的'看不见的手'"、"优雅的模型和分析工具"心灰意冷，他们要重新构建金融道德底线、理论基础和监管标准。

---

① 美国太平洋投资管理公司创始人、号称债券之王的比尔·格罗斯，最早提出"影子银行"这一说法，2007年11月，他在专栏文章《小心"影子银行"系统》中首次使用了"影子银行"这个词。
② [美] 保罗·克鲁格曼：《萧条经济学的回归和2008年经济危机》，刘波译，中信出版社2009年版，第154页。
③ 资料来源：http://www.imf.org/extemal/np/pp/eng/2009/020609.pdf。

基于风险"传染"的国际性和危害性，国际监管组织、西方主要监管当局持续呼吁要尽快建立宏观审慎的监管框架，其中国际货币基金组织、巴塞尔委员会、金融稳定理事会、二十国集团以及美、英、欧盟等监管当局发挥了重要作用。国际货币基金组织在2009年3月就呼吁建立一个新的各国政府间全球金融监管体系，协调各国政府救市的方式和时机，以及如何分担跨国运营的主要金融机构的损失，并建议各国政府采用"适用于各国的具有约束力的行为准则"。巴塞尔委员会对新资本协议（Basel II）进行了修订，发布了Basel III，对银行监管标准提出了更高的要求。金融稳定理事会（FBS）2010年提出了一揽子的政策框架，重点解决系统重要性金融机构（SIFIs）的监管问题。二十国集团（G20）在2010年6月多伦多峰会上，将"采用强有力的监管措施强化对冲基金、外部评级机构和场外衍生品监管"列为国际金融监管的四大支柱之一。美国、英国、欧盟的金融监管改革方案均提出，要成立具有系统性风险监管职能的监管机构或赋予原监管机构监管系统性风险的职能，以加强对系统性风险的监测，及时发布风险预警和协调统筹监管行动。

由于受到良好的监管以及具备较强的竞争力，在这场史无前例的金融风暴中，中国银行业虽然不能置身事外，但所受冲击却是很小的。然而，中国银行业和监管当局并没有因此故步自封，而是积极吸收国际社会应对这场危机的有益做法，提出了逆周期监管要求、加强风险早期预警系统建设、引入新四大监管工具等一系列审慎监管思路、方法和措施，不断完善监管制度，改进监管技术，持续提高银行业的核心竞争。

这是一个全球一体化的时代，任何风险都会快速"传染"；这也是一个互利双赢的时代，加强国际合作就会增进福利水平。在这既布满荆棘又阳光明媚的道路上，中国银行业如何奋发图强、趋利避害，走出一条健康、可持续发展的康庄大道，即是本书要深入研究的主要课题。

第二节　国内外研究现状

国内外学者对金融危机、影子银行以及银行业发展等课题的研究浩如烟海、博大精深，笔者受学识水平和研究时间所限，仅能涉猎沧海一粟，在此做一简要回顾，权且作为研究铺垫。

一、关于银行危机的理论回顾

在银行危机的研究方面，Friedman 和 Schwartz (1963)[①]认为，货币存量的增长及其变化是引起银行危机的主要因素。Minsky (1963)[②]提出了"金融体系脆弱性假说"，认为金融创新等因素加剧了金融体系的脆弱性，进而导致银行危机的爆发。Mckinnon 和 Pill (1996)[③]认为，当经济过热，银行部门对经济持有盲目乐观的态度时，会引发过度信贷进而加剧银行体系的不稳定性。

Kaminsky 和 Reinhart C. (1995)[④]研究认为，银行危机往往与经济衰退、高通货膨胀率、国内信贷快速增长、贸易条件恶化及真实利率上升息息相关。同时，实证结果显示，一国的金融制度安排也是一个重要因素。一般而言，金融自由化将加大银行危机发生的概率。在放松信贷的控制之后，银行一般会倾向于从事风险更高的业务。Gavin 和 Hausmann (1996)[⑤]认为，当经济处于扩张期间，银行在发放贷款时很可能会低估相关的道德风险和逆向选择，过度贷款给一些长期回报并不高的项目。这些项目获得大量贷款后短期内获得丰厚的回报，结果是促使社会总需求在短期内大量增加。一旦宏观经济环境发生变化，将对银行借贷者造成很大冲击，进而导致银行陷入困境。瑞典经济学家 Stefan Ingves (1996)[⑥]通过研究20世纪初的阿根廷银行危机发现，在高度美元化的经济体中，一旦发生危机，银行体系更容易出现挤兑风潮。如果银行业危机与主权债务危机相结合，对危机的管理就会变得更加复杂。在应对拉美的银行业危机上，首要任务

---

① Milton Friedman and Anna Schwartz, *A. Monetary History of the United States*, New Jersey: Princeton University Press, 1963.
② Minsky Hyman P., "Can It Happen Again?" *Sharp Co*, No.4, 1963, pp.301–334.
③ Mckinnon Financial R. and Pill H., "Credible Liberalizations and International Capital Flows Deregulation and Integration in East Asian", *Quarterly Journal Economics*, No.7, 1996, pp.102–110.
④ Kaminsky and Reinhart C., "The Twin Crises: The Causes of Banking and Balance of Payments Problems", *American Economic Review*, No.89, 1995, pp.473–500.
⑤ Gavin, Michael and Ricardo Hausmann, "The Roots of Banking Crises: The Macroeconomy in Context", *Hausmann and Rojas-Suarez*, No.2, 1996, pp.27–63.
⑥ Stefan Ingves, *Banking Crises in Latin America*, Washington D.C.: Inter-American Development Bank, 1996.

是为公共银行系统提供一个清晰的角色定位,加快规模较大的公共银行的重组,通过详细的尽职调查来确定危机银行的真实情况并为其找到一个合理的解决方案;同时,他还强调了中央银行的独立性应当予以保证。

  Herrera(1997)[①]认为,制度变迁是导致银行危机的主要因素。他认为制度变迁极大地改变了对经济和金融体系冲击的性质、规模和关联模式,进而增加了银行传统行为的风险。Demirguc-Kunt(1998)[②]认为,如果一国银行业的管理规划、监管手段和激励制度并不完善,过分的金融自由化将加大整个金融体系的风险,对银行体系的稳定性构成威胁,严重时将爆发银行危机。Krugman(1998)[③]认为,道德风险和过度投资导致了银行危机的爆发,同时政府对金融中介的隐性担保使得投资处于一种过分乐观的状态。Hellmann、Murdock和Stiglitz(2000)[④]认为,金融深化容易导致银行特许价值的降低和道德风险的提高,这些将鼓励银行发放高风险贷款。如果不能有效监管,这些风险将成为导致银行投资不稳定的主要因素。Noy(2004)[⑤]和Giannetti(2007)[⑥]认为,银行危机主要源于金融自由化措施顺序不当和大量低成本的资本自由流入所引发的当地银行业的恶性竞争。Jokipii等(2007)[⑦]发现,1996年匈牙利的银行危机是通过客户关系网而受到捷克银行危机的"传染",而Maltritz(2010)[⑧]则认为,高额的主

[①] Herrera Santiago, "User's Guider to a Warning System of Macroeconomic Vulnerability for LAC Countries", *World Bank Policy Research Working Paper*, 1997.

[②] Demirgu-Kunt Asli, "The Determinants of Banking Crises in Developing and Developed Countries", *IMF Staff Papers*, 1998, pp.211-227.

[③] Krugman Paul, "Bubble, Boom, Crash: Theoretical Notes 890-904 on Asia's Crisis Minreo", *MIT*, 1998.

[④] Hellmann, Thomas F, Murdock Kevin C.and Stiglitz Joseph E., "Liberalization Moral Hazard in Banking and Prudential Regulation: Are Capital Requirements Enough?" *American Economic Review*, No.90, 2000, pp.141-165.

[⑤] Ilan Noy, "Financial Liberalization, Prudential Supervision and the Onset of Banking Crises", *Emerging Markets Review*, Vol.5, Issue 3, September 2004, pp.341-359.

[⑥] Mariassunta Giannetti, "Financial Liberalization and Banking Crises: The Role of Capital Inflows and Lack of Transparency", *Journal of Financial Intermediation*, Vol.16, Issue 1, January 2007, pp. 32-63.

[⑦] Terhi Jokipii and Brian Lucey, "Contagion and Interdependence: Measuring CEE Banking Sector Comovements", *Economic Systems*, Vol.31, Issue 1, March 2007, pp.71-96.

[⑧] Dominik Maltritz, "A Compound Option Approach to Model the Interrelation between Banking Crises and Country Defaults: The Case of Hungary 2008", *Journal of Banking & Finance*, Vol. 34, Issue 12, December 2010, pp.3025-3036.

权债务以及外资银行大规模的资金撤出所引发的融资困境是导致匈牙利银行危机的主要成因。

国内对于银行业危机的研究大多始于 1998 年爆发的东南亚金融危机。郑振龙 (1998)① 通过研究发展中国家银行危机的原因、应对银行危机的国际经验、金融危机的预警后认为,宏观经济的不稳定、银行资产负债管理不当、利率市场化、政府的过多干预、关联贷款泛滥、汇率制度的缺陷、信息披露和法律框架不健全是导致发展中国家银行危机的八大原因。陈学彬 (1998)② 通过分析银行不良资产、金融风险和通货膨胀之间的关系后认为,银行不良资产比例的上升,降低了银行系统应对意外风险冲击的能力,因此中央银行应该努力降低银行不良资产的比重。胡祖六 (1998)③ 研究东南亚国家的体制和政策后发现,东南亚国家大多数存在着银行法规不健全,监管制度不完善等情况,这些都是导致其银行体系脆弱的根源所在。

宋清华 (2000)④ 系统分析了银行危机爆发的一系列过程,包括形成原因、救助机制、接管措施、并购措施,以及危机的预警与防范。苏同华 (2000)⑤ 比较了发达国家和发展中国家的银行危机,认为银行间债权、债务链条以及信息不充分等是危机爆发并"传染"的原因。最后,他从建设金融安全网的角度提出政策建议。沈中华 (2000)⑥ 以 53 个国家的银行不良贷款、坏账准备金与本币贬值压力的数据为样本,通过 Panel Cointegration 检验的计量方法确认了银行危机与货币危机的确具有共生性。

马中华、赵荣才 (2001)⑦ 通过研究内蒙古自治区赤峰市若干信用合作社的市场推出进程及其结果,认为应将成本最小化和成本分担作为市场退出的最重要的两个原则。截至目前,我国实行的是行政主导型的退出机制,在该体制下,较之于机构合并,机构撤销是面对危机时更好的选择。同时,从长期来看,市场主导型的退出机制将成为未来的发展方向。

---

① 郑振龙:《对付银行危机的国际经验的比较》,《世界经济》1998 年第 8 期。
② 陈学彬:《宏观金融博弈分析》,上海财经大学出版社 1998 年版。
③ 胡祖六:《东亚的银行体系与金融危机》,《国际经济评论》1998 年第 5 期。
④ 宋清华:《银行危机论》,经济科学出版社 2000 年版。
⑤ 苏同华:《银行危机论》,中国金融出版社 2000 年版。
⑥ 沈中华:《银行危机与货币危机真是共生的吗?》,《金融研究》2000 年第 6 期。
⑦ 马中华、赵荣才:《成本最小化与成本分担:中小金融机构市场退出的难点与方式选择》,《金融研究》2001 年第 8 期。

王明华（2007）①认为，商业银行资产配置战略失误是银行危机产生的根本原因，因为它将导致银行的流动性出现问题进而引发危机。陈虹、彭大为（2009）②研究金融危机的背景下中国发生银行危机和货币危机的可能性，得出结论：中国在当前金融危机中并未发生货币危机的现象，但如果不采取有效措施，存在发生银行危机的可能性。董彦岭、张继华（2009）③研究货币危机与银行危机之间的关系，结果表明货币危机与银行危机共生的现象在不同类型的国家均有可能出现，而非某一类国家所特有的现象。

董青马、卢满生（2010）④选取全球60个国家的大样本数据，运用Panel Logit模型金融开放度与发展程度和银行危机生成的关系，得出结论：金融不发达国家的危机受到较多因素的影响，金融发达国家的危机易受到国外因素的影响，银行持有国外净资产/外汇储备发挥的作用越来越高。同时，在金融发展程度不同的国家，金融自由化实施与银行危机的生成并无显著关系。

梁权熙、田存志（2011）⑤分析国际资本流动与银行危机的关系，研究表明，构建一个稳固的银行体系对于一国金融开放和金融自由化过程中的经济安全至关重要。邱立成、殷书炉（2011）⑥则从制度变迁的角度来探讨外资进入对中东欧转型国家银行危机的影响机理，研究发现中东欧国家在制度设计严重缺失的背景下，贸然引进外资会危及银行系统的稳定性，从而加剧银行危机的发生概率；随着相关法律与监管措施的不断完善，外资银行进入对中东欧转型国家银行绩效的提升具有显著的促进作用；但金融过度开发导致银行体系对外资的高度依赖，在面临外生性冲击时，外资银行的"传染效应"使得中东欧国家银行业面临巨大的系统性风险。

---

① 王明华：《银行稳定成本分析》，中国经济出版社2007年版。
② 陈虹、彭大为：《金融动荡下针对中国银行危机和货币危机的前瞻性研究》，《管理世界》2009年第12期。
③ 董彦岭、张继华：《货币危机与银行危机共生因子实证分析——国别比较的视角》，《财经研究》2009年第1期。
④ 董青马、卢满生：《金融开放度与发展程度差异对银行危机生成机制影响的实证分析》，《国际金融研究》2010年第6期。
⑤ 梁权熙、田存志：《国际资本流动"突然停止"银行危机及产出效应》，《国际金融研究》2011年第2期。
⑥ 邱立成、殷书炉：《外资进入、制度变迁与银行危机——基于中东欧转型国家的研究》，《金融研究》2011年第12期。

二、关于影子银行的理论回顾

影子银行（The Shadow Banks）指的是那些游离于监管体系之外的，与传统、正规接受中央银行监管的商业银行系统相对应的金融机构。太平洋投资管理公司创始人Gross（2007）[1]认为，影子银行指的是借助杠杆操作持有大量证券、债券和各种复杂衍生产品的金融中间机构，影子银行囊括了"二战"以后商业银行以外几乎所有的金融创新，它是现代金融体系的重要特征。

Baily、Martin Neil、Douglas W.Elmendorf和Robert E. Litan（2008）[2]指出，影子银行进行高杠杆操作，并且大多在信息不透明的状态下进行，致使银行流动性更加脆弱，极大地加剧了银行体系的系统风险。Roubini（2008）[3]认为，随着投资银行、杠杆操作机构（包括"两房"）、对冲基金和私人股权基金等影子银行的失败，整个结构投资工具市场、资金渠道体系和货币市场等灾难性的垮塌，影子银行将摆脱不了最终瓦解的命运。

BIS（2009）[4]在2008年的年度报告中指出，2000~2007年，投资银行业的风险价值（VAR）指数从100上升至240，这与影子银行的存在密不可分。Blinder（2009）[5]指出，金融危机爆发后，影子银行酝酿的巨大风险将其推向崩溃的边缘，但是鉴于美国经济对影子银行体系的依赖，美国金融业的复苏仍然需要影子银行体系。IMF（2009）[6]报告指出，次贷危机中，美国抵押贷款和债券违约等的损失可能高达2.7万亿美元，这些都将美国金融体系拖入了资不抵债的偿付深渊中。FCIC（金融危机调查委员会）（2010）[7]则从影子银行脆弱性的角度出发，指出由于高杠杆、依赖于短期资金市场、缺乏明确的政府支持等原因，影子银行在金融困境下表现得非常脆弱，这种脆弱性极易"传染"到传统的商业银行体系，从而引发

---

[1] Gross and Bill, "Beware our Shadow Banking System", *Fortune*, No.11, 2007.
[2] Baily, Martin Neil, Douglas W.Elmendorf and Robert E. Litan, "The Great Credit Squeeze: How it Happened, How to Prevent Another", *Brookings Institution Discussion Paper*, No.5, 2008.
[3] Roubini and Nouriel, "The Shadow Banking System Is Unraveling", *Financial Times*, No.9, 2008.
[4] BIS, *Quarterly Review*, September 14, 2009.
[5] Blinder and Allan, "Nationalize the Banks? Hey, Not so far", *The New York Times*, No.3, 2008.
[6] IMF, *World Economic Outlook*, September 22, 2009.
[7] FCIC, *Shadow Banking and The Financial Crisis*, Preliminary Staff Report, May 4, 2010.

金融危机。

2008年次贷危机爆发之后，国内对影子银行的研究不断。其中，易宪容（2009）[1]认为，"信用扩张过度"是金融危机的根源。信用扩张的重要途径则是通过影子银行。通过信用的无限扩张，影子银行极大地提高了金融资产的杠杆率，在为金融机构谋取利润最大化的同时，也将风险扩散至整个金融体系。同时，易宪容、王国刚（2010）[2]撰文写道，影子银行是一个新的创造流动性的融资体系，其本质是发起人为了规避正式监管规则而设计的金融市场安排，这种融资模式在为流动性的转换与聚集创造条件的同时，也为流动性突然中断而导致的市场崩溃埋下了巨大的隐患。

中国人民银行副行长朱民（2009）[3]提出，影子银行的运作模式对金融市场的稳定性构成了潜在威胁，因此有必要对银行的经营模式进行反思，审慎推进银行的混业化经营，并采取相应的措施加强银行的公司治理结构和内部风险控制。

巴曙松（2009）[4]认为，影子银行系统累积着巨大的金融风险，并在此次金融危机中起了巨大的负面作用，在金融危机的冲击下，全球金融监管正在经历一个新的反思与调整阶段，从目前的情况看，应重点加强对影子银行体系的监管以防范系统性风险。何德旭、郑联盛（2009）[5]研究发现，在历经了影子银行爆炸式的增长之后，美国和国际市场都经历了极度的繁荣，但是影子银行过度的杠杆操作、业务界限的突破和信息披露的不完善给整个金融体系带来了新的风险，因此加强对此类问题的监管显得尤为重要。

刘文雯、高平（2010）[6]通过研究影子银行体系的产生背景、内在本质和最终崩溃的原因，分析了我国影子银行体系与信托公司在各个方面的差异，并最终提出影子银行体系的崩溃对我国信托业和金融业发展的启示。

王晓雅（2010）[7]界定了"影子银行"及"影子银行体系"的金融学概念，并描述了影子银行所具有的特点，包括不透明性、高杠杆性、表外性

---

[1] 易宪容：《美国次贷危机的信用扩张过度的金融分析》，《国际金融研究》2009年第12期。
[2] 易宪容、王国刚：《美国次贷危机的流动性传导机制的金融分析》，《金融研究》2010年第5期。
[3] 朱民：《改变未来的金融危机》，中国金融出版社2009年版。
[4] 巴曙松：《加强对影子银行系统的监管》，《中国金融》2009年第14期。
[5] 何德旭、郑联盛：《影子银行体系与金融体系稳定性》，《经济管理》2009年第11期。
[6] 刘文雯、高平：《"影子银行体系"的崩塌对中国信托业发展的启示》，《上海金融》2010年第7期。
[7] 王晓雅：《次贷危机背景下影子银行体系特性及发展研究》，《生产力研究》2010年第11期。

以及具有实质性的信贷膨胀效应等，并由此剖析了影子银行体系脆弱性的主要根源，主要包括期限错配、自我加强的资产抛售循环、高杠杆率及风险跨境传递，最后阐明了金融危机背景下影子银行体系的未来走向。

李扬（2011）[①]探讨影子银行体系的发展历史、机制及其多样化形式，在为我国的金融创新寻找可持续发展道路的同时，也为我国金融监管改革和宏观调控提供了有效的借鉴。周莉萍（2012）[②]指出对我国影子银行体系，不应盲目复制国际监管模式，而应根据我国实际情况，鼓励其发展，并监测其内在风险机理。

三、关于银行业发展的理论回顾

银行业的发展囊括了规模、效率、竞争力等各个方面，国外学者和相关机构很早就对此展开了研究，并取得了一系列富有价值的成果。

在银行规模方面，Garber 和 Weisbrod（1992）[③]认为，银行效率与规模并无联系，两家较大银行之间的合并对增加其经营利润并无帮助。金伯利·C.格利森、艾克·马瑟（1999）[④]研究银行规模与利润之间的关系，结果发现两者之间并不成正比例关系，它们之间不存在相关性。与上述学者截然相反的观点是，Gavallo 和 Rossi（2001）[⑤]通过研究发现，银行并购能够产生规模经济，进而提高其整体效率，因此他赞同规模扩张的银行并购理论。

在银行竞争力方面，目前国外的研究主要分为四个方面：一是由世界经济论坛（World Economy Forum，WEF）[⑥]和瑞士洛桑国际管理开发学院（International Institute for Management Development，IMD）[⑦]设立的对国家竞争力中的金融指标体系的测评。二是国际评级机构如穆迪、标准普尔、惠

---

① 李扬：《影子银行体系发展与金融创新》，《中国金融》2011 年第 12 期。
② 周莉萍：《论影子银行体系国际监管的进展、不足、出路》，《国际金融研究》2012 年第 1 期。
③ Peter Garber and Steven Weisbrod, *Microeconomics of Banking*, MIT Press, 1992.
④ 金伯利·C.格利森，艾克·马瑟：《美国银行业跨国收购的财富效应》，《国际金融研究》1999 年第 4 期。
⑤ Gavallo L. and Rossi S., "Scale and Scope Economics in The European Banking Systems", *Journal of Multinational Financial Management*, No.5, 2001.
⑥ Geneva, World Economic Forum (WEF), *The Global Competitiveness Report*, Vol.6, 2003.
⑦ Lausanne, International Institute for Management Development, *The World Competitiveness Yearbook*, July, 2003.

誉等对银行进行的信用等级评定,这些评级机构主要服务于投资者,侧重于分析商业银行的经营状况和发展前景。三是有关的专业报纸杂志,如《银行家》、《欧洲银行家》以及《亚洲货币》等对世界大银行的排名和比较,这些杂志以一级资本规模为标准,每年对世界1000家大银行进行排名,并对其资产状况、盈利能力,以及在当今世界上的地位等作了全面而又客观的评价,其结果具有一定的权威性。四是在国外被各大金融机构和分析师广泛采用的CAMELS评级模型,该模型主要通过评价六大指标来确定一个银行的经营状况,CAMELS评级模型在西方影响非常大,是美国银行业监管的主要方法。

在是否引入外资银行方面,Hansan和Marton(2003)①应用随机边界分析(SFA)方法,以匈牙利银行业1993~1998年的数据为样本进行研究,结果表明引进高效率的外国控股银行能够创造良好的经营环境,对本国银行业的发展及效率的提高起到一定的促进作用。Megginson W. L.(2005)②研究一些国家的银行业私有化过程,并对其进行比较后发现,大型国有银行在私有化过程中,引进外资在加剧竞争的同时,有助于其提高经营效率,当然此举也容易产生一系列政治问题。

在研究地方银行业发展方面,Brickley和James A.(2003)③以日本地方银行为研究对象,结果表明由于日本的地方银行经营区域集中在总行所在的都道府县,而总部多设在地方城市,因此受地方政府的行政干预程度较高。Tim、Tyler Davis、Lee Davison、Heather Gratton、George Hanc和Katherine(2004)④研究美国社区银行的发展后发现,美国社区银行的经营模式旨在为当地中小企业和居民提供个性化的金融服务,进而建立起长期稳定的合作往来关系。Bill Bassett和Tom Brady(2006)⑤认为,欧洲的大多数储蓄

---

① Hansan I. and Marton K., "Development and Efficiency of the Banking Sector in a Transitional Economy: Hungarian Experience", *Journal of Banking and Finance*, Vol.27, 2003.
② Megginson W. L., "The Economics of Bank Privatization", *Journal of Banking and Finance*, No.29, 2005, pp.1931-1980.
③ Brickley James, Linck James and Smith Jr. Clifford W., "Boundaries of the Firm: Evidence Industry", *Journal of Financial Economics*, Vol.70, 2003.
④ Tim, Tyler Davis, Lee Davison, Heather Gratton, George Hanc and Katherine, "The Future of Banking in America-Community Banks: Their Recent Past, Current Performance and Future Prospects", *FDIC Banking Rwview*, No.3, 2004, pp.91-96.
⑤ Bill Bassett and Tom Brady, "What Drive the Persistent Competitiveness of Small Banks", *Finance and Economics Discussion*, No.6, 2006.

机构是由政府参股或者控股，得到了政府较大力度的政策支持，其发展旨在为经济发展主流之外的各类主体提供金融服务。

就国内研究而言，次贷危机前中国银行业发展的争论焦点主要集中在产权结构、营运能力、激励机制和经营效率等方面；危机爆发后，不少学者对银行业如何应对危机发表了自己的看法，下面对国内关于银行业的发展理论做一个简要的回顾。

易纲、赵先信（2001）[①]认为，银行规模与银行的效率没有必然联系，行业结构问题是中国银行业发展的主要问题，因此主张尽快放松行业准入制度，提高银行业的整体效率。刘伟、黄杜田（2002）[②]研究发现，中国国有商业银行发展的核心问题是产权结构，由于市场结构角度的改革可能导致经济的动荡，因此要坚决进行国有商业银行的产权改革以避免金融风险的发生。

周小全（2003）[③]认为，我国独资商业银行产权结构过于单一，普遍存在代理风险和"内部人控制"问题。由于银行的所有者为国家，因此容易造成其在经济政策运作上运用银行的金融功能来达到各种经济协调的目标。在这种制度下，银行缺乏动力追求利润和资本收益率最大化。

葛兆强（2005）[④]深入分析了银行成长的两种基本方式以及银行并购的作用后认为，并购是现代商业银行成长的基本方式，银行并购对于我国金融制度的变革与创新、银行业资产质量的提升、风险防范和化解能力的提高都具有十分重要的意义，它是提高我国银行业效率的重要途径。

刘晓星（2006）[⑤]认为，国有商业银行的所有者（国家）与银行经营者本质上体现为一种委托—代理关系，应用委托—代理理论对国有商业银行的激励机制进行分析表明，国有商业银行的激励合约设计中应包括内部利益激励和外部激励两个方面。因此，应采取相应措施，将银行的整体发展与银行经营者（代理人）的自身利益联系起来，使其在追求个人利益的同时实现银行所有者的盈利目标。

---

① 易纲、赵先信：《中国银行业竞争：机构扩张、工具创新与产权改革》，《经济研究》2001年第8期。
② 刘伟、黄杜田：《中国银行业改革的侧重点：产权结构还是市场结构》，《经济研究》2002年第8期。
③ 周小全：《中国银行业经济绩效决定因素——市场结构与产权结构》，《投资研究》2003年第7期。
④ 葛兆强：《银行并购、商业银行成长与我国银行业发展》，《国际金融研究》2005年第2期。
⑤ 刘晓星：《国有商业银行激励机制研究》，《商业研究》2006年第17期。

金雪军、李楠(2008)①分析了国际银行业并购的动因及作用后认为,国际银行业做大做强的重要方式之一是开展国际并购。

最后,他们根据中资银行的并购形势及未来的发展趋势,提出了几点政策建议。陈春(2008)②认为,由于商业银行经营方式的特殊性,导致其治理结构与一般企业存在着明显的差别。因此,商业银行应该采取与一般公司治理结构不同的、更加有针对性的措施,以达到更好的发展效果。

赵以邗、张诚、胡修林(2009)③通过研究金融业营业税及其附加税,发现目前我国商业银行存在营业税过高的弊病,但短期内银行效率还是由自身的经营能力所决定。因此,银行业应该理性看待营业税率下调效果,要从自身规模和内部管理上改善经营效率。

王家强(2009)④以2009年全球1000家大银行为样本,分析全球银行业格局的变化。研究表明,在金融危机的影响下,美欧银行业将很难再现过去10年的辉煌,部分坚持传统稳健经营模式的发达国家银行可望取得良好发展,新兴市场银行仍将成为未来银行业发展的亮点。

陈四清(2010)⑤从不同维度论证了审慎资本监管的实质;其在分析了监管制度演变对中国银行业的影响后得出结论,资本监管的实质就是风险监管,为应对日趋严格的资本监管,应从建立资本补充机制、进行业务调整、应用定量风险计量工具、持续建设基础设施和培养人才四个方面进行努力。

洪崎(2010)⑥认为,监管缺失下的过度投机不仅会加剧资本市场的波动,还会最终损害消费者的根本利益。贷款新规确立的"实贷实付"、"受益人支付原则"和"信贷资金按约定用途使用并接受贷款人监管"原则,不仅降低了金融消费者的财务费用,也在引导消费者进行理性投资,从而有效规避金融风险。

---

① 金雪军、李楠:《国际银行业并购对中国银行业并购策略选择的启示》,《国际金融研究》2008年第2期。
② 陈春:《我国商业银行治理结构特殊性研究》,《商业研究》2008年第8期。
③ 赵以邗、张诚、胡修林:《金融业营业税对我国银行业发展的影响分析》,《武汉金融》2009年第7期。
④ 王家强:《后危机时代国际银行业发展趋势研究——兼评2009年1000家大银行排行榜》,《国际金融研究》2009年第10期。
⑤ 陈四清:《资本监管制度变化趋势对中国银行业的影响分析》,《国际金融研究》2010年第3期。
⑥ 洪崎:《以贷款新规为契机促进银行业发展方式的转变》,《中国金融》2010年第18期。

王兆星（2010）[①]认为，次贷危机之后，中国银行业监管当局和银行业应密切关注国际银行监管改革对我国银行业的影响，调整监管政策和经营模式，增强银行体系的稳健性和国际竞争力。

周旭东（2011）[②]探讨了本次金融危机对我国商业银行公司治理建设的几点启示后，得出结论商业银行公司治理目标要兼顾各方的利益，明确董事会在公司治理中的核心地位，并进一步加强风险管理。邵平（2012）[③]指出，"十二五"期间中国银行业发展面临"机遇与挑战共存，机会与风险同在"；中国银行业只有进行革新，才能抓住机遇，化解风险，这就需要依赖政府监管和银行自身等多方的共同努力，既发挥政府的政策引导作用，又要强化监管的监督指导作用，更需要提高银行自身的经营管理能力。尚福林（2012）[④]指出，尽管中国银行业发展已经取得了一定的成就，但随着世界经济持续低迷，我国经济增速放缓，国际监管规则趋严，金融市场竞争加剧，中国银行业的改革发展将面临新的挑战。下一阶段，作为服务国民经济发展的银行系统，需要切实做到准确把握"发展基调"、"服务方向"、"改革重点"、"风险防线"、"创新精髓"、"监管导向"六个方面，进一步转变发展方式、强化风险管控、提升对实体经济的服务水平。

第三节 研究方法和结构安排

本书运用了马克思主义经济学的基本原理和方法，尤其是运用了从具体到抽象和从抽象上升到具体等经典分析方法；借鉴了现代主流经济学的理论，如制度经济学、信息经济学及社会选择论等。在整个研究过程中，始终注意规范与实证、定量与定性、微观与宏观、国际与国内、具体与抽象的有机结合，力求在吸收最近国际金融监管经验的基础上，提出可行的加强银行监管与提高银行核心竞争力的政策建议。

---

① 王兆星：《国际银行监管改革对我国银行业的影响》，《国际金融研究》2010年第3期。
② 周旭东：《全球金融危机对我国商业银行公司治理的启示》，《生产力研究》2011年第1期。
③ 邵平：《"十二五"时期中国银行业发展的思考与对策》，《银行家》2012年第1期。
④ 尚福林：《中国银行业的改革发展方向》，《中国金融》2012年第3期。

本书以推动中国银行业科学发展为主题,以应对国际金融危机为主线,遵循一般理论、具体分析到对策建议的研究思路展开分析。作为本书研究的基础,书中首先对金融危机和影子银行的关系进行了研究,为下文的论述做好准备。其次,对中国银行业的改革、开放和发展情况进行总结,分析中国银行业在本轮金融危机中少受冲击和逆市成长的主要经验。在此基础上,又对国际社会应对金融危机的主要经验和做法进行了总结,并对中国银行业发展中存在的主要问题进行了分析。最后,本书根据前文分析的情况,提出加快我国银行业发展的具体对策建议。

全书共分六章,其结构和主要内容如下:

第一章:导论。它主要介绍本书的成书背景,及关于国际金融危机、影子银行的国内外研究现状,并大致提出了本书的研究方法和结构安排。

第二章:影子银行与金融危机。伴随着金融市场的发展和金融创新的推动,金融体系的格局发生了根本性变化,影子银行体系得以迅速崛起。笔者首先从本质和形式上就影子银行的概念进行了定义,并详细阐述了影子银行的产生和发展过程,强调了影子银行的场外交易性、经营高杠杆性、资产表外性、监管不透明性等具体特征。其次,探讨了影子银行和国际金融危机之间的联系。本书认为,这次国际金融危机的根源,就在于影子银行体系的无限度扩张。最后,分析了金融危机给全球各国商业银行所造成的冲击和破坏;从银行资本监管角度,讨论了国际银行业在金融危机所中暴露出的不足;通过银行流行性风险管理以及《巴塞尔协议》的新要求等方面来讨论金融危机对国际银行业健康发展带来的全新挑战。

第三章:中国银行业在危机中逆市成长。本章首先对中国银行业改革开放后的发展历程进行了回顾,重点对引进战略投资者和银行股份制改造进行了分析,介绍了近30年中国银行业的对外开放情况,总结了2003年自中国银监会成立以来,中国银行业取得的主要成就。其次,对我国银行业在本轮金融危机中面临的机遇与挑战进行了分析。最后,对银行业应对危机的方法和策略进行了归纳和总结。本章指出中国银行业按照国家的总体战略,从加强金融监管、加大经营转型力度,以及从发展战略、业务流程、业务结构、金融创新等多个方面应对金融危机的冲击,真正实现了在危机中谋发展,在发展中抗危机。

第四章:国际社会应对危机的主要经验和做法。本章重点研究国际社会应对危机的主要经验和做法,并对国际金融监管改革的主要措施进行了归纳和总结。本章首先探讨了美国应对次贷危机的主要经验及启示,指出在次贷危机爆发的原因和过程中,资产证券化这一金融工具扮演着绝对重要的角色,而"影子银行"正是产生于资产证券化和银行业与资本市场发展的整合过程中。随后,阐述了欧洲债务危机的形成原因及各国的应对措施。笔者认为,欧洲国家传统的支柱行业在次贷危机中遭到重创、欧元区自身体制的缺陷以及投资性资本的炒作等因素导致了欧洲债务危机的全面爆发。对中国而言,我们应加强对地方性政府债务的风险管理,并对建立"亚元"货币区持谨慎态度。本章还分析了中国台湾银行业的发展和危机应付以及国际金融监管改革的经验和趋势。

　　第五章:当前中国银行业发展面临的主要困难和问题。本章从当前我国银行业发展中存在的不足出发,深入分析面临的主要问题,力图准确剖析影响我国银行业可持续发展的关键因素,认为有五个方面的原因:一是在回顾我国银行业公司治理变革历程、取得成绩的基础上,对尚存的问题进行了深入思考。笔者认为,目前我国银行业公司治理存在的委托—代理关系过于复杂、股权过于集中、董事会和监事会职能发挥不充分、风险控制体系不完善、信息披露制度不健全等问题。二是从更深层次分析了公司治理结构中的委托—代理问题——激励机制不健全。笔者认为目前我国银行业激励机制存在激励目标模糊不清、激励形式单一且短期化、绩效考核不科学、激励缺乏公平性、激励机制与银行发展改革相脱节等问题。三是区分信用风险、市场风险、操作风险、流动性风险银行业面临的四大主要风险,分别阐述了当前我国银行业四大风险管理中存在的不足,主要是风险管理意识还较为薄弱、风险管理技术手段还不成熟、风险管理需要的配套环境还不健全等。四是回顾了我国银行业创新发展取得的成绩,并分析了目前在创新发展方面存在的缺陷,主要包括创新环境还不够完善、金融产品创新层次质量低、业务结构和收入结构相对单一、社会信用体系不够完善、创新人才相对缺乏等。五是着眼于银行发展的外部监管问题,笔者认为,尽管我国银行业监管经过几十年的探索发展,尤其是银监会成立以后取得了突出成绩,但监管体系还不健全,监管方式、手段还较为落后,专业化人才还较欠缺,监管机构间协调还不够顺畅,监管效能还受到"三重矛盾"的影响等现实问题,影响了银行监管的有效性,制约了银行业的科学可持续发展。

第六章：中国银行业健康发展及监管路径优化。本章从多角度提出营造良好金融环境、促进我国银行业可持续发展的对策建议。一是针对国情，从公司治理（Governance）、金融创新（Innovation）、经营策略（Strategy）、科学技术（Technology）四个要点入手，分析如何提升商业银行核心竞争力。二是把握银监会出台新资本管理办法的契机，及时调整业务结构，着力打造资本节约型发展模式，并探索推进资本工具创新。三是从"六个转向"入手，加强全面风险管理，即从管住风险转向"为股东创造价值"；从资本粗放型管理转向精细化管理；从单一风险管理转向全面风险管理；从简单度量转向运用规范实证分析；从层级管理模式转向扁平管理体系；从少数人参与转向全员性管理团队。四是笔者认为，在两岸经济交流日益频繁的背景下，加强两岸金融业合作、扩大交流，促使金融合作尽快步入制度化轨道，为两岸经贸发展提供更加便利的金融服务，已成为双方的共同愿望。五是提出四个层次的银行监管协调与合作机制，即成立由国务院领导挂帅的全国金融监管协调委员会，完善由银监会、证监会、保监会轮值的金融监管联席会议制度，成立由地方政府领导召集的地方金融监管协调委员会，成立由银监会有关专家组成的银行监管国际协调小组四重网络化合作机制。六是本轮金融危机为我国银行业监管提供了监管反思的历史良机，大刀阔斧的国际金融监管改革也为我国银行业监管优化提供了借鉴先进的有利时机。在此基础上，笔者提出了借鉴国际银行监管经验的若干思路。七是从直接或间接监管影子银行机构、监管影子银行业务以及监管国际合作方面提出加强影子银行的监管路径。八是重视金融消费者权益保护工作，不断健全完善相关法律法规和制度，在综合经营趋势下，强化金融机构的消费者保护义务，提高消费者金融知识水平、风险防范意识和能力。九是从完善银行业监管法律体系、稳步推进利率汇率体制改革、加快金融市场发展、推进社会信用制度建设以及规范银行业同业竞争五个方面提出营造外部环境的路径措施。本书研究的逻辑框架如图1-1所示。

金融危机、影子银行与中国银行业发展研究

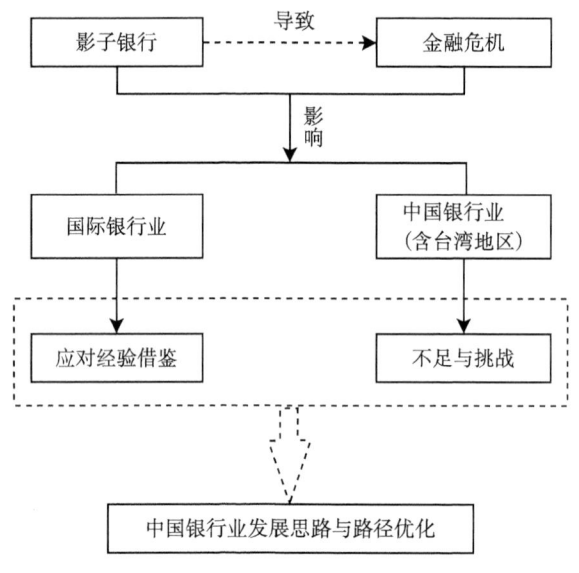

图 1-1　本书研究的逻辑框架

第四节　主要创新和进一步研究方向

本书对影子银行发展和危机发生的内在逻辑进行了深入研究，并对美国、欧洲以及国际金融监管组织应对危机的主要策略进行了总结。同时，结合国情，对我国商业银行经营发展过程中存在的主要问题进行了剖析，从多个角度较为深入地提出促进我国银行业可持续发展的对策思路。

从具体的内容分析，本书的主要创新包括以下几个方面：

一是提出从 GIST 入手提升银行核心竞争力。本书经过深入分析研究，提出目前我国银行业要重点从公司治理、金融创新、经营策略、科学技术四个要点入手，提升核心竞争力。

二是从实施新资本管理办法入手，分析如何调整优化业务结构、创新资本工具，减少资本消耗，并进一步从转变风险管理理念、模式、方法、体系等方面入手提升风险管理水平。

三是试图建立网络化的金融监管协调与合作机制，提出成立由国务院领导挂帅的全国金融监管协调委员会，完善由银监会、证监会、保监会轮值的金融监管联席会议制度，成立由地方政府领导召集的地方金融监管协调委员会，成立由银监会有关专家组成的银行监管国际协调小组四重网络化金融监管协调与合作机制。

四是多维度、多视角对影子银行与金融危机发生的内在逻辑进行分析，指出本次国际金融危机的根源就在于影子银行体系的无限度扩张。

除以上四点主要创新外，本书在总结美国、欧盟以及中国（包括台湾地区）应对金融危机的经验和启示等方面亦有独到之处，在加强全面风险管理、两岸金融合作、影子银行监管、借鉴国际经验、加强消费者保护、外部环境优化等方面所提的对策建议也具有较强的可操作性，建议在实际工作中加以吸收和转化运用。

当然，本书也有不足之处，有待今后研究中进一步改进和提高。存在的不足主要有以下两个方面：一是国际金融市场瞬息万变，要持续关注主权债务危机和美国主权评级下调对我国经济金融的影响，加强风险预警和对策研究。二是对我国银行业存在问题的分析可能不够全面和深入，提出的个别建议也可能不具有可操作性，有待在今后的研究中进一步充实和调整。

第二章　影子银行与金融危机

进入 21 世纪以来，全球金融系统在取得繁荣发展的同时，金融体系结构发生着根本性变化，传统商业银行系统之外的资产所占比重大大提高。以影子银行为代表的非传统金融机构和投资工具的迅速崛起，在带来金融市场繁荣的同时，对传统商业银行造成巨大冲击，也使整个金融体系变得无比脆弱，并成为国际金融危机的主要推手。危机波及发达国家几乎所有的金融产品、金融机构和金融市场，发达国家和不少发展中国家实体经济陷入衰退。在全新的金融体系格局下，正确审视影子银行体系，防范和避免金融危机，保障金融市场安全和稳定，是全球金融市场和监管当局的关注重点。

第一节　影子银行的发展

影子银行的发展是金融体系最显著的变化之一，近年来国内外对于影子银行的研究日益丰富。本节首先对影子银行的定义进行描述和概括，随后就影子银行产生、发展壮大和扩张膨胀等阶段进行介绍，并辨析影子银行体系和传统商业银行在经营业务、融资方式和风险监管等方面存在的差异，并简要介绍中国影子银行的发展情况。

一、影子银行的概念

经济和金融市场的发展、信贷方式的转变，推动了各种金融产品创新，从而出现了多种类型的金融机构，金融体系的结构由此发生了显著性变化，金融市场成为金融机构融资的重要来源，新型非银行金融机构的重要性大大增强，成为连接市场上资金需求者和资金供给者的主要桥梁。这些非银行金融机构不属于传统银行，但是又在发挥着事实上的银行功能，即所谓的影子银行。

影子银行的概念由美国太平洋投资管理公司执行董事麦卡利（McCulley）首次提出并被广泛采用。所谓影子银行，是指与传统商业银行相对应，虽然具备银行信贷创造功能，但没有传统银行的组织结构，并且游离于监管体系之外的金融机构。其经营活动不公开、不透明，如同传统商业银行的影子般在金融市场发挥重要作用。从金融学意义上讲，影子银行是指通过高杠杆操作持有大量证券、债券等复杂金融工具，但却没有存款保险制度、最后贷款人等保护机制的金融中介机构。这些机构包括：投资银行、货币市场基金、结构性投资实体、金融公司、对冲基金、保险公司、政府发起企业等非银行金融机构。影子银行交易的主要资产和工具包括传统合约，如销售并承诺回购协议（回购协议，以下简称 Repo）以及更复杂的工具，诸如资产支持证券（ABS）、债务抵押证券（CDO）、信用违约互换（CDS）、资产支持商业票据（ABCP）等。

相应地，影子银行体系（The Shadow Banking System）就是由影子银行组成的非银行金融体系。美国财政部长盖特纳（Geithner）称其为"平行银行体系"（Parallel Banking System），而 IMF 在 2008 年 10 月的全球金融稳定报告（GFSP）中称其为"准银行体系"，代表机构职能与银行类似，但不受中央银行的监管，不在国家金融安全网保护范围之内的非银行金融机构。平行银行体系、准银行体系等概念的实质与影子银行体系是一致的。

影子银行体系的存在本质就是以信贷资产证券化、开发复杂金融衍生产品等多种方式（传统银行的融资来源主要是存款），从证券市场获得资金，并把获得的资金再借给资金的需求者，从而联系市场中资金的需求者和供给者来实现信贷扩张，行使传统银行功能，解决社会资金供求的不平衡状况。

与传统的银行体系相比，影子银行体系采用不同的组织形式、资金来源和运作模式，体系内的信贷关系更为隐蔽，其信贷关系被隐藏在了证券化之中，而且影子银行没有传统银行体系的组织机构，这又使它的存在不是那么明显，更像是躲在传统银行体系后面的一个"影子"。然而，影子银行体系正对整个信用体系产生着越来越大的影响。

21世纪以来,影子银行经历了膨胀式的发展,和传统银行一起成为金融体系中重要的参与主体。影子银行的发展壮大,使得美国和全球金融体系的结构发生了根本性变化,传统银行体系的作用在不断下降,影子银行的系统重要性则日益提升。然而,影子银行的经营特点是依靠短期负债提供资金(如货币市场拆借),投资大量风险高、流动性较低的长期资产,并且在迅速发展过程中,始终游离于现有的监管体系之外,同时也在最后贷款人的保护伞之外,因此潜藏了相当大的金融风险。2007年爆发的次级住房抵押贷款危机,直接暴露了影子银行的资产负债期限错配缺陷,从而产生了流动性危机,并逐步蔓延演化成为大萧条以来最为严重的全球金融危机。

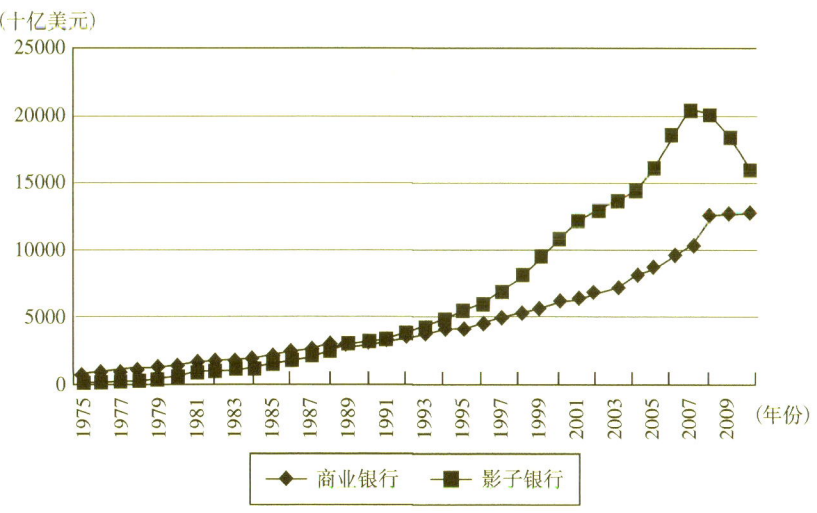

图2-1 美国1975~2010年影子银行和商业银行负债规模对比[①]

资料来源:美联储、Flow of Funds。

在过去几十年间,影子银行体系得到了长足发展,其资产规模、市场地位和系统影响力等都得到了极大提高,甚至超过了传统的商业银行体

---

① 对于影子银行和商业银行负债的划分标准,本书参考文章为Pozsar Zoltan, Tobias Adrian, Adam B. Ashcraft and Haley Boeskey, Shadow Banking, *Federal Reserve Bank of New York Staff Report*, 2010.

系。次贷危机的爆发，遏制了影子银行迅猛发展的态势，而影子银行的无限度扩张正是引发这场危机的根源。可以肯定，影子银行体系的发展，已经并且将要继续对美国乃至全球金融体系产生深远影响。本节将在以下部分详细阐述影子银行的产生和发展过程。

二、影子银行的产生和发展

影子银行体系崛起于过去的 30~40 年金融体系所发生的根本性转变，并对传统银行模式带来了革命性的冲击。影子银行体系的产生和发展与美国金融监管改革和金融产品创新密切相关，是在美国经济金融发展的大背景下，各种因素共同作用的结果。

1. 产生阶段

20 世纪 70 年代以来，人们对大萧条后形成的金融管制进行重新审视，并积极通过金融创新手段来规避管制。大萧条给美国金融业（主要是银行业）带来的管制措施主要包括：①银行支付存款利息率的限制（Q 条例）；②对银行进行证券业务的限制（格拉斯—斯蒂格尔法案）；③存款保险制度；④对金融市场和金融机构的管理和监督等。这些管制在一定程度上限制了竞争，但却为新进入的、较少受到管制的金融中介，也就是影子银行的前身带来了发展机遇。

存款利率管制为影子银行带来了发展机遇。美国金融监管 Q 条例对传统商业银行的存款利率进行严格管制，这一管制在 20 世纪 70 年代以前的普遍低利率情况下，并未形成实际约束，因而并未影响银行的存款吸收能力。进入 70 年代以来，由于利率的提高，政府管制变得具有约束力，从而限制了传统银行的获利机会，于是存款人把资金转向利率不受限制的投资产品和证券。货币市场基金（MMF）就是为了规避活期存款利率上限而产生的。在 70 年代初货币市场基金资产净值大约为 40 亿美元；1977 年，利率急剧上升，与之相伴随的 MMFs 也大幅增长，在 1979 年的前 5 个月以每月 200 亿美元的速度迅速攀升。货币市场基金从传统银行中分流了大量存款。尽管商业银行设法通过发行商业票据、回购协议和吸收欧洲美元等方式进行应对，但是仍然无法阻止以货币市场基金为代表的影子银行的崛起。

与此同时，在 20 世纪 70 年代，美国经济遭受了滞涨带来的沉重打击，婴儿潮成年引起的住房抵押贷款需求和贷款发放机构的流动性紧缺成为社会突出矛盾，由此最早的资产证券化产品——住房按揭贷款支持证券（Mortgage-Backed Security，MBS）① 应运而生，它使长期债权得以流动，从根本上解决了短存长贷的期限矛盾，降低了资本市场的系统风险，并使得影子银行体系与传统银行体系相区别。在传统银行体系中，融资的来源主要是存款，而新兴的影子银行，其融资来源主要是依靠金融市场的资产证券化。金融产品创新，尤其是资产证券化的出现，也为影子银行体系后期发展起到了至关重要的作用。

2. 发展阶段

20世纪80~90年代，美国资本市场的影子银行得到了强化和发展，这一时期的证券化热潮为影子银行的发展提供了历史机遇。这个时期的重要标志是证券化过程扩大，非市场化的资产转换为市场化的证券。住房抵押贷款以及此后的自助贷款和信用卡应收账款等，被证券化之后当做证券在二级市场上买卖。银行和存贷机构提供的系列服务，如发行、服务、持有以及贷款分配，被分解给不同的金融机构。在这一分解过程中，投资银行、货币市场基金等得到了快速的发展。② 货币市场基金在90年代开始实现真正的起飞增长，从1990年的3713亿美元猛增到2000年的1.37万亿美元，增幅超过350%。MMFs在2008年达到了峰值，为2.67万亿美元，如图2-2所示，使其成为过去40年中最重要的金融创新产品之一。

1982年的《加恩—圣杰曼法案》放松了监管制约，促进了银行业的投机行为，存贷机构的许多传统的证券组合限制也被取消。擅长于复杂金融工具设计、较少受到监管的影子银行迎来了发展机遇，金融创新产品也不断涌现。如MBS早期是一种政府信用机构参与的转手债券，由于这种证券化资产持有的期限过长、定价基础不稳定、会计处理不便利，影响了投资者购买热情。为了解决这种弊端，在20世纪80年代，投资银行对资产证券化的产品进行了创新，出现了住房按揭贷款担保债券（CMO），此类

---

① MBS是最早的资产证券化品种，产生于20世纪60年代的美国。它主要是由美国住房专业银行及储蓄机构利用其贷出的住房抵押贷款而发行的一种资产证券化商品。
② [美]恩格尔曼等：《剑桥美国经济史（第三卷20世纪）》，高德步等译，中国人民大学出版社2008年版。

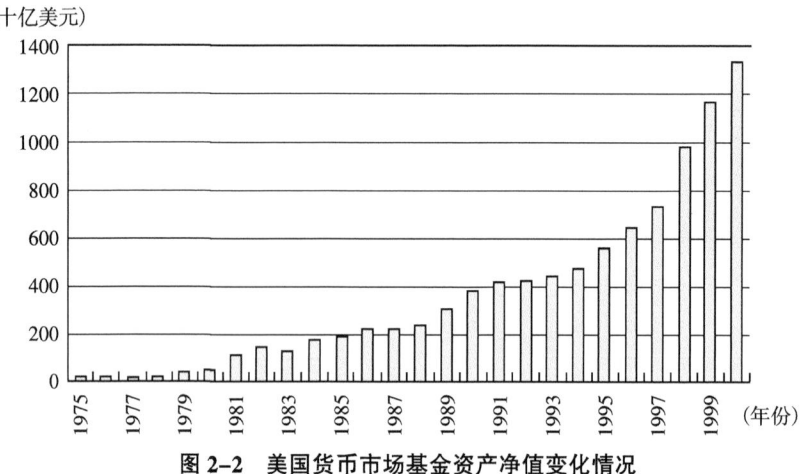

图 2-2　美国货币市场基金资产净值变化情况

资料来源：美联储、Flow of Funds。

证券更有利于销售和投资者购买，住房按揭贷款证券化开始进入一个全新的发展阶段。从1992年起，住房按揭贷款支持证券的市场份额持续攀升，在资本市场中的地位也日益提高，市场余额成为仅次于国债的投资产品。

3. 膨胀阶段

21世纪以来，全球经济失衡和金融市场需求推动了结构化金融产品的快速创新与规模扩张，高度全球化的国际金融体系快速发展，影子银行体系也不断膨胀壮大，系统重要性日益提高。

一方面，传统银行为满足《巴塞尔协议》中的要求，倾向于采用各种方式将信用风险资产移出资产负债表，从而保证资本充足率不会降低。银行通常可以采用不同方式来达到此目的：①在金融衍生品市场上购买信用风险对冲产品进行保护；②发行以贷款人分期付款现金流为基础资产的信用证券；③创造各种引导和结构性投资工具来转移蕴涵信用风险的资产。由于影子银行体系具有较强的金融工程分析能力和较高的经营杠杆，能够在这些业务中获取高额回报，因此他们成为与传统银行开展此类业务的主要交易对手。

另一方面，在住房抵押贷款市场中，房地美、房利美等非银行贷款机构担当主要的住房抵押贷款支持证券发行机构。这些资产支持证券的一级市场买家可以在二级市场进行转手卖出，影子银行体系还可以在此过程中进行更复杂的衍生设计，比如重新打包 MBS，使之成为债务抵押证券（CDO），①或者将 CDO 再次打包成为二重 CDO，甚至三重 CDO。各种奇异产品的不断创新，导致大量新的衍生工具和金融子市场的出现，从而降低了交易成本，提高了交易效率，进一步加速了影子银行体系的自我膨胀。值得强调的是，影子银行体系在开展此类业务中不必接受现存监管框架的约束，也不被要求留存应对流动性风险的资本金。在影子银行及其业务膨胀过程中，最典型的例子是债务抵押证券（CDO）和信用违约互换（CDS），②是为重新分配和转移信贷违约风险，将住房按揭贷款支持证券（MBS）作为基础资产，再次证券化，购买者可在其对应的债券等信贷产品违约或价值下跌情况下，从发行者那里获得相应赔偿（见图 2-3）。经过十多年的发展，这一类金融产品成为交易最广泛的信用衍生品。据国际清算银行统计，截至 2007 年末，CDO 全球市值估算达到 1.2 万亿美元，CDS 名义本金的全球市值估算达到 60 万亿美元，十余年市值增长近百倍。与此同时，资产支持证券也得到了爆炸式的增长，市场价值和资产规模均达到了历史最高点（见图 2-4）。

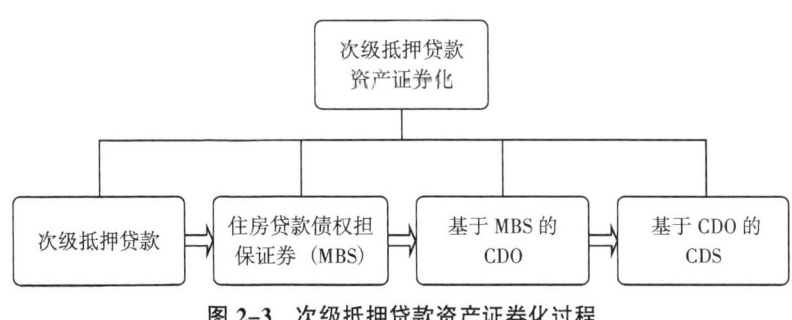

图 2-3　次级抵押贷款资产证券化过程

---

① CDO 是一种固定收益证券，现金流量的可预测性较高，不仅提供投资人多元的投资管道以及增加投资收益，更强化了金融机构的资金运用效率，移转不确定风险。凡具有现金流量的资产，都可以作为证券化的标的。
② CDS 又称为信贷违约掉期，是全球交易最为广泛的场外信用衍生品之一。ISDA（国际互换和衍生品协会）于 1998 年创立了标准化的信用违约互换合约，在此之后，CDS 交易得到了快速发展。信用违约互换的出现解决了信用风险的流动性问题，使得信用风险可以像市场风险一样进行交易，从而转移担保方风险，同时也降低了企业发行债券的难度和成本。

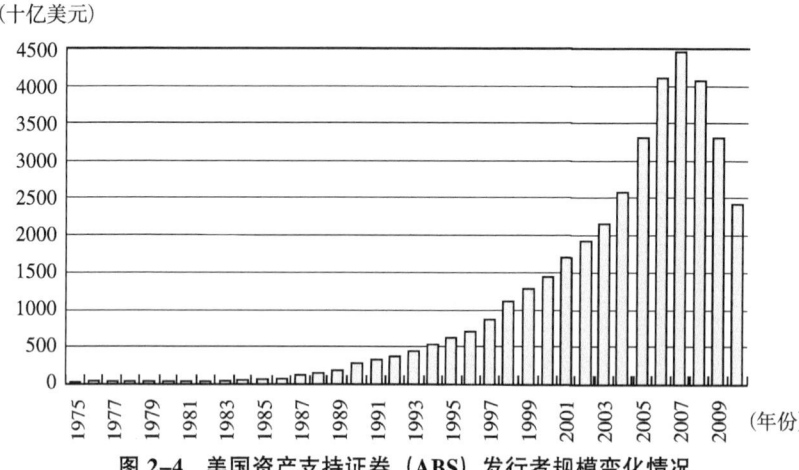

图 2-4　美国资产支持证券（ABS）发行者规模变化情况

资料来源：美联储、Flow of Funds。

三、影子银行体系的特点

1. 影子银行体系的特征

"影子银行体系"的特征主要表现为在下几个方面：

（1）业务特殊性。影子银行的业务模式与传统商业银行截然不同，大多采用一种"发行—分销"批发方式的经营模式，其主要目的是从资产打包和分销中赚取费用，而不是像商业银行"发行—持有"零售方式，通过持有来获利。

（2）场外交易性。影子银行的产品结构设计（如 CDS）非常复杂，金融衍生品交易大都在场外柜台交易市场进行，鲜有公开的、可以披露的信息，并且通常没有标准化的场外交易合同，合约类型和价值难以受到监管的限制。此外，由于交易未能经过一个中心机构处理，影子银行的交易对手风险难以有效减少。

（3）高杠杆性。由于不受金融监管机构的监管，影子银行不需要留存准备金，资本运作的杠杆率很高，这会导致整个金融体系的杠杆率随之升高，系统风险得以放大。国际清算银行（BIS）2009 年度报告中[①]曾指出，2007 年底，美国 5 大投行平均杠杆率超过 30 倍，美国、英国主要对冲基

---

① BIS, *Annual Report*, March 2010.

金的杠杆率超过50倍。美国住房抵押贷款的两大巨擘——房利美、房地美杠杆倍率高达62.5倍。

（4）表外性。影子银行与传统银行存在广泛而紧密的合作关系，以实现多方"共赢"。比如，商业银行可以深度参与投资银行的资产证券化和结构化投资，但这些业务的运作由于影子银行的参与难被监管触及，而且都游离于商业银行的资产负债表之外，使得传统商业银行的业务边界被跨越。

（5）不透明性。由于影子银行属非传统银行类机构，因此它们无须接受政府对银行的严苛监管，其经营活动不公开、不透明，相对比较隐秘。如对冲基金及其他私募基金等均无须在美国证券交易委员会（SEC）注册登记，从而逃避向监管机构披露更多有关其资产组合和杠杆比例等信息。

2．影子银行和商业银行的区别

（1）融资渠道的差异。影子银行不具备向公众吸收存款的能力，主要通过金融市场进行融资，采用资产证券化、回购协议或者发行商业票据等方式筹集运营资金。如管道（Conduit）通过发行商业票据（CP）或资产支持商业票据（ABCP）来获得资金，票据期限一般为3~9个月。结构性投资实体（SIV）除了通过发行资产支持商业票据进行融资，还可以发行中期债券、次级债券进行融资。

传统商业银行主要的资金来源于吸收企业或居民的短期存款或者定期存款，以及利用中央银行的贴现窗口等多种成本较低的融资方式。此外，商业银行受到存款保险制度的保护，在金融危机情况下，存款保险可以避免挤兑并保证新存款来源。美国99%的商业存款银行都是联邦存款保险公司的会员。美国联邦存款保险公司的存款保险最高赔付额为10万美元，2007年金融危机期间提高至20万美元。由于商业银行是美联储的成员，必要情况下，还可以利用美联储的公开市场业务、贴现窗口和证券借贷业务拆借资金，增加流动性。

影子银行往往是非联储成员，在法律上是没有资格向美联储的贴现窗口拆借资金的，只能通过在资本市场上变卖金融债券资产或者通过同业拆借来缓解流动性不足的问题。商业银行还可以在同业拆借市场拆借大额资金。因此，相对于商业银行，影子银行的融资渠道更依赖于金融市场，融资成本较高，应对流动性风险能力较弱。

（2）经营业务的差异。从经营业务的角度看，金融创新产品在影子银行的经营理念中占据主导地位,在各类产品中,衍生产品和结构性产品的比重远远超过了传统金融产品。传统商业银行的收入构成中,传统信贷产品和金融零售业务的比重较大。此外,1999年《金融服务现代化法》颁布实施后,商业银行经营逐渐多元化,这就决定了商业银行的收入不容易受到单一市场波动的影响。

表2-1为对比雷曼兄弟和花旗银行的2005年资产业务,前者为华尔街五大投行之一,是影子银行的主要代表,后者为典型的商业银行。由表中可见,雷曼兄弟的资产业务过度集中于金融工具和其他资产头寸以及抵押贷款协议方面,该两项业务占总资产的88%,花旗银行除贷款业务外,其他资产业务相对分散。

表2-1 2005年雷曼兄弟和花旗银行的资产负债表构成比较

公司	资产	比例（%）	负债	比例（%）
雷曼兄弟	金融工具和其他资产头寸	43	金融工具和其他资产头寸	27
	作为抵押的证券	1	返还的作为抵押物的证券	1
	抵押贷款协议	45	抵押融资	37
	现金、应收账款、设备等	9	应支付的其他债务	16
	其他资产	1	其他负债	19
	可辨认的无形资产信誉	1		
花旗银行	贷款	38	存款	43
	交易账户资产	20	购买的联邦基金、回购协议	18
	出售的联邦基金、回购协议	15	经纪费用	5
	投资	12	交易账户负债	9
	其他资产	15	短期借款和长期债务	20
			其他负债	5

资料来源:雷曼兄弟和花旗银行2005年度财务报表。①

（3）金融监管差异。一是影子银行都属非银行类机构,所以无须接受政府对银行的严苛监管,其经营活动不公开、不透明,相对比较隐秘。正是由于监管的控制,使得商业银行等金融机构为应对激烈竞争,将资产负债表内持有成本高昂的资产转移至表外,从而为影子银行的迅速崛起提供契机。二是影子银行的资本金要求较低。影子银行没有像商业银行那样受到资本充足率的限制和存款准备金制度的约束。由于没有资本充足率要

---
① 马红霞、孙国华:《美国投资银行危机及其转型剖析》,《国际金融研究》2009年第3期。

求,影子银行的自有资本金往往非常少,但业务规模却非常大,其杠杆比例倍数通常达到几十倍。三是影子银行的信息披露不充分。如影子银行的核心成员对冲基金等能够从美国的证券监管法律中得到豁免。例如1933年《证券法》规定,公开发售的证券必须经由SEC主导的注册程序才能正式向公众销售,但是非公开发行的证券满足一定要求后便不必披露相关信息。四是影子银行的业务经营存在监管漏洞。《金融服务现代化法》没有明确赋予美国证监会对投资银行总公司的监管权。因此,在整个金融产品和服务的生产和创新链条上出现了监管的真空,如CDO、CDS等金融衍生品的监管职责,应该是由美联储还是储蓄管理局或者证交会来承担没有明确。因此,即使监管机构知道影子银行承担大量债务,但是仍然无能为力。

与之相对应的是,商业银行受到金融监管部门的严格监管。比如说,商业银行必须严格按照中央银行的要求维持存款准备金,遵循《巴塞尔新资本协议》最低资本充足率的要求,保留资本充足率为8%,即杠杆率不能够超过12.5倍,并向存款保险体系缴纳保险费等。此外,商业银行的资产结构和经营业务将接受美联储、证交会(SEC)等多家政府监管机构的监管,从而保证其稳健经营。

四、我国影子银行的发展

我国影子银行不同于西方发达国家传统的定义,其表现形式与成熟市场经济国家有很大区别,并不以房地产贷款证券化为主要形式,而是主要体现在银信合作、信贷理财产品和民间金融等形式上。具体而言,首先,我国影子银行体系规模较小,运作形式也比较简单。我国长期以来对金融创新采取审慎稳健的态度,对于有关金融产品及工具的推出都很慎重,资产证券化尚在试点进程中未全面推开,信用衍生产品交易没有开展,因此产品和工具的复杂程度远比美欧等国低。其次,欧美国家影子银行主要包括投资银行、对冲基金、结构性投资工具(SIV)等非银行金融机构,在我国,正规金融体系中的商业银行、信托公司、融资租赁公司、担保公司、财务公司、小额贷款公司和非正规金融体系中的典当行、地下钱庄、基金会、合会等民间金融组织均拥有影子银行的功能。2009年以来,随着央行实行紧缩货币政策,银行信贷规模扩张受限,企业资金需求不能得到有效满足，中国金融业也随之发生深刻变化，各种资金不断流出传统银行资产负债表，并不断流入影子银行体系，最终进入实体经济，造成影子银行体系的迅速扩张。申银万国证券研究认为，从生产者、金融机构和监管机构等不同角度来看，影子银行统计规模迥异：截至2012年底，从生产部门资金来源来看，非信贷类资金来源规模达67万亿元；从风险未集中在银行体系内或不会带来货币派生的融资余额约29万亿元；从监管的角度来看，藏在同业项下监管不足的部分估计余额超10万亿元。换言之，影子银行贷款规模至少占同期银行贷款余额的45.8%。具体而言，我国影子银行体系主要表现为以下几类。

1. 银信合作业务

银信合作是我国影子银行表现的主要形式之一，其中融资类银信理财合作业务备受关注。银信合作业务包括但不限于信托贷款、受让信贷或票据资产、附加回购或回购选择权的投资、股票质押融资等。银行通过信托理财产品的方式间接为企业提供贷款，也对我国的商业银行有直接影响。由于信托理财产品属于银行的表外资产而非表内资产，可以少受甚至不受银监部门的监管。这样商业银行就可绕过央行对我国商业银行放贷额度的控制，通过发行信托理财产品募集资金并向企业贷款。据统计数据显示，2009年9月末，国内银行机构发行的银信合作理财产品（含银政信理财产品）余额仅为5900亿元。然而截至2010年3月末，银信合作的业务规模已迅速上升至1.3万亿元，2010年7月底存量则突破2.08万亿元；尽管从2010年7月开始，银信合作业务成为重点监管对象，其业务规模受到一定的冲击，但截至2012年第4季度末，信托公司银信合作业务余额仍达到2.03万亿元。银信合作形式的影子银行的崛起对我国商业银行的直接影响就是商业银行的资产负债表的表外业务急速扩张，从而导致货币政策效力大打折扣，也不利于监控和防范金融风险。

银信合作业务的主要风险有：一是表外业务风险。银行通过银信合作将资产移出表外，降低了风险资产的比例，规避了相应的资本监管和准备金计提的要求。二是银行的隐性担保和声誉风险。银行在贷款移出表外后依然承担着贷后管理、到期收回等实质上的法律责任和风险。三是集中度风险和政府投融资平台公司违约风险。信托公司贷款和投资大量投向各级政府基建项目等。

2. 商业银行理财产品

商业银行的理财业务部门是国内最有代表性的影子银行机构之一，自 2004 年以来不断推出的理财产品和服务，已逐渐成为我国影子银行体系中典型的金融工具。银行业金融机构绕过信托公司，以理财资金作为资金来源，向企业发放委托贷款，此类贷款完全没有审查，部分机构以受让信托受益权之名，行贷款之实，满足表外融资需求。银行理财产品提供流动性及信贷，这些产品利率水平高，但风险和成本却没有得到很好的计量。2011 年上半年发行的个人银行理财产品规模约达 8.51 万亿元，超过 2010 年全年发行规模。截至 2012 年 11 月末，全国银行业金融机构理财产品余额达 7.61 万亿元。面对过度发行的银行理财产品，银监会已经提出风险警示，并颁布《商业银行理财产品销售管理办法》等监管条例。

商业银行理财业务主要风险有：一是理财部门虽然存在于银行内部，但还没有完全有效地纳入监管框架之下。可以说，它们是监管体制内的机构所从事的监管体制之外的业务。二是虽然目前对于理财产品的监管已经日益严格，监管力度不断加大，但商业银行理财产品的销售和投资管理等方面仍存在诸多损害投资者的乱象。三是在信贷资金紧张的环境下，商业银行通过理财产品或其他任何方式变相高息揽储和违规揽储，不利于金融市场健康发展。

3. 民间金融

民间金融行为是伴随着商品货币关系的必然产物，是正常的相识相交的组成部分。据中国人民银行调查测算，2010 年第 1 季度末我国民间借贷（主要包括私人之间拆借、企业之间不以商业票据为基础的拆借、互助基金组织、和会等组织，也包括非政府小额信贷和典当行等准金融机构）余额约为 2.4 万亿元，占同期金融机构人民币贷款余额的 5.8%（同期金融机构人民币贷款余额为 42.58 万亿元）。截至 2012 年底，全国共有小额贷款公司 6080 家，贷款余额 5921 亿元，全年新增贷款 2005 亿元。根据中金公司研究报告估算，截至 2011 年年中，全国民间借贷余额已达 3.8 万亿元。

民间金融存在较大金融风险：一是民间借贷中的高利贷等行为可能加重中小企业或个人财务负担，加剧了破产风险，甚至可能引发社会稳定风险。此外，民间互助组织如民间和会、标会、基金会等组织没有相关法律法规制约，容易出现利益不清、财务混乱，投资人利益难以保障等状况。

二是通过以下渠道，民间金融风险可能向银行金融机构传导：①部分企业用银行贷款在民间借贷市场放贷；②背负银行贷款的中小企业也可能从民间借贷市场借款；③基层支行行长和客户经理利用其社会资源扮演融资中介的职能，因而给银行带来潜在的声誉风险。

4. 资产证券化

我国于2005年12月以中国建设银行和国家开发银行作为试点单位，分别进行住房抵押贷款证券化和信贷资产证券化的试点，是我国资产证券化的开端。中国建设银行在银行间市场发行了第一期个人住房抵押贷款支持证券（MBS），国家开发银行发行了第一期资产支持证券（ABS）。随后，招商银行也顺利发行了40.92亿元信贷资产支持证券。截至2011年底，WIND数据库统计的信息显示中国已经发行了80只资产支持证券（ABS），总计发行总额为734.46亿元。基础资产已从初期的一般贷款和个人住房抵押贷款扩大到汽车抵押贷款、中小企业贷款。

现阶段我国资产证券化产品的主要风险有：一是商业银行存在隐性担保，风险不能实质剥离。二是道德风险导致银行贷款审批标准降低，资产池信贷风险高于表内贷款风险。三是市场参与方少，投资主体多为银行业机构，交叉持有问题突出，导致信贷风险仍然留在商业银行体系内。四是资产证券化可能借助银信合作、理财产品等非正式途径进行，缺乏有效监管。

第二节　影子银行与金融危机

影子银行体系的迅速壮大，在美国和全球范围内对传统银行体系造成了影响深远的冲击，为金融体系带来了结构性变化，而影子银行体系自身存在的缺陷，也因为其资产规模和系统重要性的增加，在整个金融体系内积累了巨大的金融风险，最终引发了美国金融危机并导致其不断恶化，给美国及全球的金融体系及实体经济造成了严重冲击。

一、影子银行和金融体系

21世纪以来，影子银行经历了膨胀式的发展，影子银行体系也迅速壮大，影子银行和商业银行一起成为金融体系中重要的参与主体。影子银行的发展壮大，使得美国和全球金融体系的结构发生了根本性变化，传统银行体系的作用不断下降而影子银行体系的重要性则日益提高。金融体系的结构发生重大改变，金融市场随之得到迅速的发展，金融繁荣达到了前所未有的阶段。

影子银行通过资产转移、证券化出售实现信用风险的转移。影子银行的这种证券化职能，一方面实现了信贷体系与证券市场的对接，提高了金融资源的配置效率；另一方面拓宽了传统银行融资渠道，优化银行资产结构，通过资产证券化盘活存量信贷资产，提高资金的运用效率。

理论上，资本市场主导型金融体系由于商业银行和影子银行的共同作用，可以更好地发挥市场资金融通的功能，同时可以更加有效地分散风险，而且投资组合策略更加灵活并获得更高的收益。

从风险分散的角度来看，金融体系风险分散的功能主要区分为横向风险分担和纵向风险分担。① 纵向风险分担是不同时点上风险的跨时平均化，资本市场主导的体系和银行主导的体系在此方面的风险转移功能相近。影子银行作为金融体系中的重要参与主体进行着纵向的风险互换。在负债方面，影子银行主要是从短期资本市场获得融资，从而形成了期限较短的负债；在资产方面，由于影子银行必须提供利息并获得利润，影子银行必须投资期限更长（从而收益较高）的资产，比如资产抵押债券、股权等。影子银行就与货币市场上的投资者、资本市场上的长期筹资人进行了资产和期限互换，结果是，影子银行对短期债权人负有短期债务，而对长期债务人持有长期资产。

在横向风险分担上，资本市场主导型的金融体系有着更发达的市场和包括影子银行在内的更加多样的金融机构，比如影子银行为私人部门提供了分散投资组合，对冲异质风险，投资者可以根据风险承受能力调整资产

---

① Allen F. and D.Gale, "Financial Market, Intermediaries and Inter-temporal Smoothing", *Journal of Political Economic*, Vol.15, 1997, pp.523-546.

组合，这样，在既定的时点上，不同投资者可以进行风险互换，影子银行实现在金融体系中的横向风险分担。

影子银行为金融体系带来的影响主要表现为以下几个方面：首先，影子银行体系的出现为金融机构和企业提供了获得流动性的一种方式，当央行试图为收缩市场的流动性而提高利率时，影子银行体系为市场提供的流动性会抵消一部分货币政策的效力；其次，影子银行体系使得货币的定义与计量变得更加复杂，货币供应量的可控性、可测性和相关性减弱，原有的货币供应量与经济活动之间的稳定关系受到影响，因而宏观调控政策的决策也受到影响；再次，商业银行等金融机构也正是因为可以方便地获得流动性，所以会降低它们的超额准备金率，因此也就放大了货币乘数；最后，影子银行体系的特点使得它与宏观调控政策之间有较强的同周期性。从这次美国次贷危机来看，美联储前期的低利率政策促使了影子银行体系爆炸性的发展，而后期的加息政策又使该体系随之崩溃，这种同周期性加大了宏观调控的难度。

伴随着影子银行的发展，全球金融市场产品结构发生了很大变化。图2-5显示，在各类金融产品中，美国衍生产品和结构性产品的规模较大，发展速度远远超过了传统金融产品。截至2007年底，传统金融产品总值约为70万亿美元，1999~2007年，其年均增速为5.9%；衍生产品的名义合同额超过了165万亿美元，其年均增速达21.7%。在金融工具方面，影子银行体系中最重要的融资工具，如资产支持商业票据、结构化投资工具、拍卖利率优先证券、可选择偿还债券和活期可变利率票据等的资产规模高达2.2万亿美元，通过第三方回购隔夜融资资产为2.5万亿美元，对冲基金持有的资产高达1.8万亿美元，五大投资银行的资产负债表规模达到了4万亿美元，整个影子银行体系的资产规模高达10.5万亿美元。与此同时，美国五家银行控股公司的资产总额刚刚超过6万亿美元，整个银行体系资产仅仅约为10万亿美元。①

在影子银行及其业务膨胀的过程中，最典型的例子是信用违约掉期（CDS）。为转移信贷违约风险，摩根大通于1997年首先提出信用违约掉期，购买者可在其对应的债券等信用产品违约或价值下跌情况下从发行者那里获得相应赔偿。经过10年的发展，这一金融产品成为交易最广泛的

---

① 何德旭、郑联盛：《影子银行体系与金融体系稳定性》，《经济管理》2009年第11期。

信用衍生品。据国际清算银行统计,截至 2007 年底,CDS 全球市值最少为 45 万亿美元,最多可能为 62 万亿美元。①

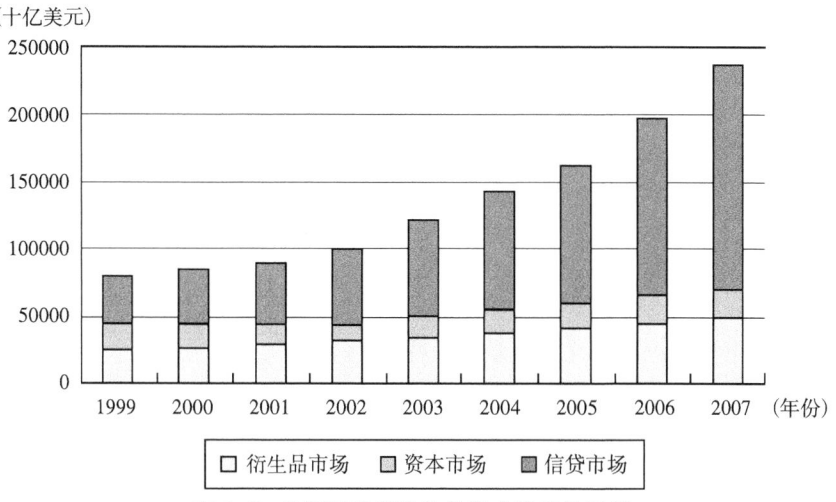

图 2-5 美国衍生产品和传统金融产品规模

资料来源:美联储、美国货币监理署。

在宏观方面,在全球金融一体化的趋势下,影子银行成为这一趋势的承载人和推动者,并成为国际金融业务的中介和国际金融资产的持有人。在全球金融体系下,影子银行成为各个国家及其企业等的业务中介,比如美国投资银行通过代理房利美和房地美发行资产抵押债券并在全球出售,这样就有英国、日本和中国等国家的金融机构买入这些债券。这样,在资本流动上,就使得外围国家的资本持续流入美国,因此影子银行在促进美国资本市场主导的金融体系发展和繁荣方面功不可没。

在这个发展过程中,美国和全球金融体系的结构发生了根本性变化,即影子银行成为比传统银行更加强大的市场主体,影子银行体系在资产占比、金融交易规模和系统重要性等方面急剧提高,并占有相当优势。美国财长盖特纳在任职纽约联储主席时就指出,影子银行体系已经成为与传统银行体系平行的金融系统,其规模和影响力非常大。

美国自 2007 年爆发的次贷危机,演化为全球金融海啸,波及发达国

---

① [美] 克鲁格曼:《萧条经济学的回归和 2008 年经济危机》,刘波译,中信出版社 2009 年版。

家几乎所有的金融产品、金融机构和金融市场，发达国家以及不少发展中国家实体经济陷入衰退。这次国际金融危机的根源，就在于现有金融机构通过一系列的所谓金融创新从而形成了一个完全与传统金融体系不同的影子银行体系。随着影子银行体系的发展，金融体系中的系统性风险的来源已经发生了变化，规模巨大但缺乏监管的金融衍生产品和结构性产品，以及与这些产品相关却基本不受监管的特殊目的实体、投资银行、对冲基金等金融机构，都可能引发系统性风险。系统性风险来源的变化在金融监管失效、风险管理模式单一、会计和评价制度存在缺陷等综合背景下，导致了危机的爆发和恶化。

二、影子银行和金融风险

影子银行体系通过资产证券化、开发复杂金融衍生工具等多种方式行使传统银行的功能，但是由于资本逐利本性的驱使和金融市场监管的缺失，影子银行存在内生性动力进行高风险金融创新。影子银行在短期得到了迅速成长，对传统银行体系的冲击进一步深化的同时，也积累了巨大的金融风险，主要体现在以下几个方面。

1. 信用风险积聚

影子银行通过资产证券化将商业银行的传统信贷资产移出表外，使得商业银行不再担任最后贷款人，而是扮演贷款服务中介人的角色，商业银行对于借款人的违约风险的事前和事后密切监控的动力大大减弱。也就是说，影子银行体系通过将信用风险转移出资产负债表，使商业银行降低了审慎监督。与此同时，影子银行利用金融工程工具进行复杂的衍生产品设计，不断通过资产重新打包和高杠杆投资来获取高额收益，从而加剧市场上的信用风险低估和信用链条延伸。伴随着影子银行体系在金融系统中的重要性不断增强，信用委托链条不断扩张和延伸，信息不对称也使高度数量化金融模型的基础假设条件变得十分脆弱，影子银行体系在证券化过程中隐藏的信用风险被快速放大。

2. 期限错配的脆弱性

从影子银行的资产负债表来看，影子银行的负债主要是从短期资本市场获得融资，如在商业票据市场发行票据来获取资金；在资产方，由于影子银行必须偿还负债利息并赚取利润，影子银行必须投资期限更长（收益较高)的资产。资本市场较高的流动性和货币市场较低的借贷成本,为影子银行利用短期资金为长期资产融资这一高风险模型提供了有利的市场环境,并且,在这个过程中,随着回购市场的高速发展,影子银行资产组成从原本具有高度流动性的国债等逐步转变为流动性较差的资产,比如资产抵押债券、股权等,从而产生了影子银行体系的期限错配。由于影子银行的系统重要性日益加强,并最终改变了整个金融体系的信用的期限结构(英国金融服务监管局,2009①)。如果市场出现非预期的极端情形,比如短期商业票据市场融资功能停滞,那么投资银行、对冲基金和私募基金等影子银行就会出现资金链的断裂情形,而此时的影子银行无法将其长期资产立即变现,这将直接引发影子银行乃至整个金融体系的流动性危机。

3. 对高风险金融衍生品的依赖

影子银行过度依赖高风险的金融衍生品主要体现在对高风险金融衍生品的持有上,主要包括资产支持证券(ABS)、债务抵押证券(CDO)和信用违约互换(CDS)等,这些创新金融衍生品大部分是房地产抵押贷款证券化的产品。比如,影子银行的典型代表雷曼兄弟公司是2006年次级贷款证券产品最大的认购商,占该市场份额的11%。依据雷曼兄弟的财务报告,其持有的CDO总价值大约为500亿美元。② 由于美国房地产信贷规模极度扩张,房地产借款人的支付能力下降,在抵押贷款基础上后续证券化过程中的衍生品ABS、CDO、CDS从产品设计开始就注定伴随着巨大的风险。此外,影子银行在设计金融衍生品时,假定房价会持续上升,这显然是不切实际的。同时,假定风险呈正态分布,并通过高度复杂的数理模型计算风险,设计出相应的金融衍生品。在2007年的次贷危机中,这种运作方式被证实不能够分散风险。当设计假定与现实不符时,广泛分散的风险会被无限放大并全面爆发,最终导致金融衍生品市场的崩溃。

4. 高杠杆率的经营风险

由于不受金融监管机构的监管,影子银行虽然能够发挥商业银行的信贷创造功能,但不需要留存准备金,影子银行体系大量利用较高的财务杠杆进行负债经营,高杠杆使信用创造的规模更大,速度也更快,在影子银行体系和金融衍生品市场发展的初期为其提供了强劲的动力。但是,高杠

---

① A Regulatory Response to the Global Banking Crisis, Financial Services Authority (UK), March 2009.
② 马红霞、孙国华:《美国投资银行危机及其转型剖析》,《国际金融研究》2009年第3期。

杆率也导致了信用过度扩张，以至于金融市场出现泡沫化和实体经济过热。由于影子银行没有传统商业银行充足的资本金，只能在金融市场筹集未经保险的短期资金开展经营运作，因此在流动性匮乏时得不到美联储贴现贷款窗口和联邦存款保险公司（FDIC）的援助。

以投资银行为例，截至2007年底，世界上10大投资银行控制的资产超过13万亿美元，平均杠杆率约30.6。2003年，10大投资银行总资产不足2007年的一半，杠杆率也只有23。投资银行的资本金较低，但可以从商业银行和其他渠道融资获得。在投资银行的资产中，一半来自回购市场。① 表2-2为五大投资银行1998~2007年杠杆比率。

表2-2 五大投资银行1998~2007年杠杆比率

年份 名称	1998	1999	2000	2001	2002	2003	2004	2005	2006	2007
雷曼兄弟	N.A	30.6	28.9	29.3	29.1	23.7	23.9	24.4	26.2	30.7
贝尔斯登	N.A	32.8	29.8	33.0	29.0	28.4	28.5	27.1	28.9	28.1
美林	27.9	27.0	23.0	21.8	19.7	16.6	20.0	19.1	21.6	31.9
高盛	N.A	N.A	N.A	17.1	18.7	16.1	24.6	25.2	23.4	26.2
摩根士丹利	22.5	21.6	21.9	23.2	24.2	24.2	26.5	30.8	N.A	N.A

资料来源：根据5家投资银行的财务年报整理计算，N.A表示没有相关数据。

对影子银行而言，杠杆投资若成功，能够获得高额收益；若失败，损失的仅是本金，高杠杆率的经营模式导致影子银行收益和风险的不对称，从而鼓励影子银行进行高风险投资而将风险转嫁给交易对手或市场，形成对市场的破坏性机制，从而造成金融市场的系统风险被显著放大。

5.影子银行的风险传染性

一是影子银行体系内部的风险传染。影子银行具备较强的金融工程分析能力和较高的经营杠杆，互相成为对方开展业务的主要交易对手。此外，影子银行运用类似的风险管理工具和投资理念使得其市场行为存在趋同。当市场上的不利情形发生时，影子银行受到的冲击不是个体性的，而是系统性的，尤其是当具有系统重要性的影子银行出现经营困难和违约风险时，市场风险通过交易对手的机制迅速传导至整个影子银行体系。二是影子银行和商业银行的风险传染。影子银行与传统银行体系的业务界限日

---

① IMF, *Global Financial Stability Report*, Oct, 2008.

益模糊,打通了风险交叉传染的通道。商业银行深度参与了投资银行的资产证券化和结构性投资,其资产和运作游离于资产负债表之外,但由于防火墙机制不完善和隐性担保、声誉风险等原因,风险并未实质性剥离。危机爆发时,规模巨大的证券化产品风险从影子银行重新回到商业银行。三是影子银行风险的跨境传染性。许多影子银行通过跨境投资在全球范围内配置资产。它们受到外部冲击后,通过资产负债渠道、信息渠道等将风险传递到全球主要金融市场和金融机构。美国财长盖特纳(Geithner,2008[1])表示,影子银行体系不仅低估了市场的风险水平,还极大地增强了全球市场的关联。由于存在上述风险传导机制,影子银行放大了整个金融体系的系统性风险,并助推风险在各个市场和国家之间蔓延。

三、影子银行和美国金融危机

受益于美国政府在 21 世纪网络泡沫之后采取的宽松货币政策,影子银行体系在美国得到了爆炸式发展,为美国金融体系带来了高度的繁荣。同时,影子银行体系由于杠杆操作、过度金融创新和过度交易为金融体系带来了巨大的脆弱性。另外,影子银行几乎游离于美国金融监管体系之外,由此伴随着影子银行体系的不断壮大,美国金融系统的潜在风险不断累加。

为应对通货膨胀压力,美联储于 2004 年 6 月开始重新上调利率,截至 2006 年 6 月,在两年时间里,美国联邦储备委员会连续 17 次提息,将联邦基金利率从 1%提升到 5.25%。房地产市场开始降温,房价开始下降,由于房价下跌和贷款利率提高,次级贷款风险开始暴露。美国次级抵押贷款市场、金融衍生产品市场和影子银行体系繁荣的基础开始受到巨大的外部不利冲击。

随着货币市场流动性的逐步萎缩和房地产价格的下挫,影子银行对资产价格和流动性的敏感性开始显现。2007 年 2 月,全美第二大次级抵押贷款机构新世纪金融公司(New Century Financial)发布盈利预警。同年 8 月,美国五大投资银行之一的贝尔斯登宣布旗下对冲基金停止赎回,引发

---

[1] Geithner Timothy F., "Reducing Systemic Risk in a Dynamic Financial System", *Federal Reserve Bank of New York*, Vol.6, 2008.

投资者撤资行为，从而引发了针对影子银行的第一波资金溃逃。银行间市场拆借利率急剧上升，金融市场流动性逆转，出现流动性紧缩，由此成为引发次贷危机的导火索。

影子银行自我强化的资产抛售循环致使更多的影子银行被拉入到流动性危机之中，并不断推动危机走向恶化。2007年底至2008年初，美林、瑞银、高盛等大型金融机构因次贷问题出现了巨额亏损，并进行大规模资产减计，市场流动性需求剧增而资金供给严重萎缩，整个市场陷入严重的流动性紧缩，次贷危机演化为流动性危机。2008年3月，贝尔斯登申请破产倒闭，最后被摩根大通收购。流动性危机在影子银行的集体恐慌情绪下，使整个金融体系产生巨大的连锁反应，形成一轮又一轮的金融动荡。

在危机中，货币市场也出现了恐慌，基金的投资失败引起投资者的大规模赎回，美国短期货币市场崩盘导致影子银行体系的生存基础受到毁灭性打击，引发危机全面升级，并迅速波及商业银行、保险公司等众多金融机构。表2-3对2007年4月（危机前）和2008年8月（危机中）的货币市场上回购折扣率进行了对比，显而易见，危机发生之后市场上所有标的证券的回购折扣率显著上升。回购折扣的提高造成了货币市场融资障碍，并加剧了影子银行的去杠杆化。

表2-3 货币市场回购折扣率（Repo Haircut）变化情况

单位：%

时间 标的证券	2007年4月	2008年8月
美国国库券	0.25	3
投资级债券	0~3	8~12
高收益债券	10~15	25~40
股票	15	20
高级杠杆贷款	10~12	15
夹层杠杆贷款	18~25	35+
优先级MBS	2~4	10~20
资产支持证券	3~5	50~60

资料来源：2008年IMF全球金融稳定报告。

2008年9月，占美国房贷市场份额高达40%的"两房"被政府接管，2008年9月15日，美林银行被美国银行收购，雷曼兄弟公司申请破产保护；高盛和摩根大通转型为银行控股公司；2008年9月16日，全球最大保险公司AIG被政府接管。五大投资银行集体垮塌、"两房"被接管、AIG国有化等标志性事件，意味着美国次贷危机演化为新一轮金融危机，即美国金融体系的"系统性危机"。

起源于影子银行体系的次贷危机，对传统银行体系的冲击进一步深化，导致越来越多的传统商业银行，如苏格兰皇家银行、花旗银行、美国银行等因无法剥离规模巨大的"有毒"资产，最终由于巨额的资产减计陷入了绝境。2008年9月25日，全美最大的储蓄及贷款银行——华盛顿互惠公司被美国联邦存款保险公司（FDIC）接管，成为美国有史以来倒闭的规模最大的银行，还有数以百计的金融机构倒闭。影子银行体系在美国爆发蔓延的同时，英国北岩银行被英国政府国有化，标志着次贷危机已经传导至欧洲。在2008年9月之后，危机也由美国金融市场全面蔓延至新兴国家的金融市场，危机正式由国别危机转变为全球金融市场危机。影子银行体系的危机在全球范围内蔓延肆虐，美国次贷危机最后演化为全球金融危机。

从整个进程来看，美国金融危机的爆发实际上是影子银行体系的崩溃。影子银行体系的崩溃先是整个结构投资工具和渠道体系的崩溃，然后是美国大型投资银行遭到挤兑，随之是无偿付能力的杠杆机构的倒闭、货币市场的恐慌以及数以千计的高杠杆对冲基金出现赎回等。影子银行体系的崩溃不仅导致美国以证券化为主导的融资模式的崩溃，同时使得这种融资模式所潜藏的巨大风险全面暴露出来，严重冲击了美国及全球的金融体系及实体经济。

第三节　金融危机对世界经济发展的主要危害

2007年次贷危机爆发，并逐步演化为全球范围的金融危机，直接影响到金融体系与实体经济领域，造成了大范围的经济衰退，金融危机再次成为热点研究课题。本节通过对比历次金融危机，分析金融危机爆发前的基本规律，并从金融监管、政府救助和国际合作等方面阐述金融危机的经验教训。

一、金融危机的定义和类型

1. 金融危机的定义

金融危机又称金融风暴,是一个内涵丰富的概念,因此对其定义也较为复杂。《新帕尔格雷夫经济学大辞典》中对金融危机的定义为:全部或大部分金融指标,如短期利率、资产价格、商业破产数和金融机构倒闭数的急剧、短暂和超周期的恶化。它表现为一国货币短期内大幅度贬值,该国金融市场上价格的剧烈波动,大批的银行经营困难乃至破产,整个金融体系急剧动荡。

国际货币基金组织认为金融危机是指社会金融系统中爆发的危机,它集中表现为金融系统运行过程中金融资产价格等金融指标在短期内发生急剧变化的现象,这些金融指标包括货币汇率、短期利率、证券资产价格、房地产的价格、金融机构倒闭数目等。金融危机使金融系统陷入混乱,丧失分配资产的功能,从而导致经济震动或经济危机。

2. 金融危机的类型

根据 IMF 的划分标准,金融危机主要分为以下四类:①货币危机。当某国货币的汇率受到投机性冲击时,该国货币出现大幅持续性贬值,或者货币当局被迫扩大外汇储备,大幅提高短期利率。②银行危机。银行不能正常偿还债务,迫使政府出面,提供大量资本援助,以避免违约现象。如果一家银行的危机发展到比较严重的程度,可能会波及其他银行,最后可能导致整个银行系统发生危机。③外债危机。一国的支付系统混乱,不能正常实施支付功能,不能正常偿还所欠外债,不管是主权债务还是私人债务。④全面性金融危机。它可以称为"系统性金融危机",是指大部分的金融领域都出现严重混乱,货币危机、银行危机、外债危机这三个危机同时或相继发生。

二、金融危机爆发前的基本规律

通过对历次金融危机的比较分析,可以发现历次金融危机爆发前的一些规律,特征往往表现为经济增长态势良好,外资不断流入,政府管制放松下的信贷扩张,房地产和证券等资产价格普遍上涨等。

1. 经济持续多年高增长

金融危机均以经济持续多年的高增长为前提条件。以危机前的墨西哥为例，20世纪80年代末至1994年危机前，墨西哥经历了较长的经济繁荣期，包括经济持续高增长、通货膨胀率稳步下降、财政赤字消失等。危机前的东南亚各国中，泰国、韩国和菲律宾三国国民经济在1997年以前，已连续15年保持6%~8%的增长。同样的情况也发生在日本，在20世纪90年代发生危机前的15年间，日本经济的平均增长速度仍保持在4%左右。其中，1987~1990年日本GDP实际增长率分别高达4.9%、6.0%、4.5%和5.1%，远远超过预期。分析这些国家的情况可以发现，正是在这些国家持续繁荣的吸引下，使得金融体系的风险不断累积，并被表面的繁荣现象所隐藏。相似的，次贷危机爆发前，世界经济亦经历了多年的高增长、低通胀时期。但其后经济增速下滑和房地产周期下行也成为了触发危机的导火索。最后，实体经济则承受楼市股市泡沫破灭和金融危机的双重打击而陷入衰退。

2. 外部资金大量流入

经济的持续高增长以及相应的政策因素吸引了外部资金的大量流入。然而，外部资金是一把"双刃剑"：在为一国经济发展融资、进一步推动经济继续高速增长的同时，也使这些国家更容易受到资本流动反向冲击的影响，这种情况在外部资金以流动性极强的短期债务和"热钱"为主的情况下更为明显。20世纪90年代危机前外部资金流入的主要方式是私人资本净流入，而私人资本本身具有很强的投机性以及流动性。亚洲金融危机前的东亚各国，为吸引外资推动经济增长，实现建设国际金融中心的宏伟计划，实施了一系列吸引外资和推进金融自由化的措施，以鼓励从国外低成本借入资金，导致"热钱"大量流入。历史数据表明，1991~1996年，泰国等亚洲主要资本输入国年平均资本流入390亿美元，其中1996年达到770亿美元，1997年上半年仍有310亿美元，而到下半年已经变成资本流出540亿美元。墨西哥以及拉美其他国家在20世纪80年代和90年代两次危机前，也都经历了大量外资流入的情形。1990~1993年，墨西哥每年私人资本净流入由58亿美元剧增到302亿美元，累计达到720亿美元，而其中有一半以证券投资的形式出现。这种不稳定的短期投资在风险面前的"羊群效应"进一步放大了金融危机的规模及影响。

3. 国内信贷快速增长

金融危机发生前期的另一个重要特征是信贷投放的快速增长。在外部资金大量流入的情况下，各国又维持固定且相对较高的汇率，导致国内流动性明显增多，特别是自由化措施使外币银行贷款的获得变得非常容易，推动了各国国内银行信贷的迅速增加。1981~1997年，韩国、泰国和印度尼西亚等东南亚各国国内信贷的实际平均增长率分别高达13%、17%和25%。20世纪90年代，墨西哥实行了利率自由化的改革，利润空间的收缩迫使银行通过扩张信贷规模来降低成本，银行贷款以每年20%~30%的比例高速增长，1990~1994年，墨西哥银行信贷投放量分别高达265亿、299亿、266亿、135亿和349亿美元。为控制信贷而推行的高利率政策并未实现其初衷，反而催生了更多的美元借贷，并加速了资金流入。日本泡沫经济时期，日本金融资产收益大幅上升，吸引企业从银行大举贷款并投向金融资产。1985~1990年，日本企业共获得金融机构贷款185万亿日元，占总筹集资本的比率高达45.67%，各类银行对中小企业的贷款比率也较1975年上升了一倍以上，而银行对个人的住房贷款增长更快。1986年增速最高达58%，并在1987~1990年之间的短短四年内增加了一倍。

北欧银行危机爆发前期，挪威等国伴随着金融监管的放松和金融自由化，信贷市场管制逐渐放开，结果导致国内信贷大幅扩张，从表2-4可以看出，北欧三国在危机爆发之前，国内银行信贷均经历了一段快速增长期，这同时加大了金融市场的系统风险，为后来的银行危机埋下隐患。

表2-4 1981~1994年北欧三国银行信贷增长率

单位：%

年份 \ 国家	挪威	芬兰	瑞典
1981	16.7	14.9	10.8
1982	17.3	18.8	14.8
1983	18.4	14.5	9.3
1984	27.5	14.1	9.7
1985	31.8	17.6	3.4
1986	33.0	11.9	15.4
1987	18.7	19.1	15.9
1988	6.0	31.1	31.5
1989	9.3	15.2	25.7

续表

年份 \ 国家	挪威	芬兰	瑞典
1990	3.9	11.2	16.6
1991	-4.4	1.4	-1.5
1992	1.0	-3.0	1.7
1993	0.5	-13.4	-19.1
1994	4.1	-8.3	-3.1

资料来源：挪威、芬兰和瑞典中央银行。

4. 普遍存在过度投资

在外部资金大量流入和信贷快速增长的推动以及对经济持续增长的乐观预期下，金融危机前各国普遍出现过度投资的现象。这种过度乐观的预期不但进一步吸引了外部资金的流入，而且导致了对金融资产等虚拟经济投资的快速增长，这种投资增长迅速推高了资产价格。1986~1995年，韩国、泰国的投资占GDP平均比例分别高达33.9%、36.3%，1996年更是达到40%以上，导致电子、汽车等一些关键工业部门以及房地产出现生产能力过剩。在1990年之前的日本，社会兴起投资股票和土地热，企业和个人大举借贷投资金融资产和土地，推动了金融和土地资产收益率的上升。企业所筹资金中的64%投资于金融资产，而金融机构本身也大量进行股票投资，其持有全日本股票的比例一度高达25%。1984~1985年，日本法人企业的金融资产与负债之比从58%迅速上升至95%的高位。

5. 资产价格快速上涨

危机爆发之前通常是股票、房地产等资产价格的迅速飙升。持续的经济高增长、资本的大量流入、国内信贷规模的迅速扩张以及社会投资热潮的兴起，导致了危机前各国宏观经济都呈现出良好的发展势头，如高增长、低通胀，但实际上，由于过于乐观的预期导致实际资本过度积聚，特别是大量资金转向投机性强的证券市场、房地产市场，形成严重的金融泡沫。以日本为例，经济衰退前日经股价指数从1983年的8000多点起步，1986年即达16400点，1987年6月达到25000点，1989年底达到38900点的顶点。股票市值从1981年的81万亿日元剧增到1989年的527万亿日元，股票的市盈率已达到250倍的异常水平。日本土地总市值则由1981年不到GDP的一半上升至1990年相当于GDP的5倍。

东南亚等国在亚洲金融危机爆发之前，在经济高速增长的乐观气氛刺激下，资产市场投机不断增强，股价和房地产价格迅速上升，形成典型的资产泡沫。1988~1993年，东南亚国家的房地产价格急剧上涨，其中印度尼西亚在这段时间内房地产的价格上涨了约4倍，马来西亚、菲律宾、泰国也上涨了约3倍。1993年底，危机前墨西哥的股市同样出现了极度繁荣，以美元表示的股票价格达到1985~1989年平均水平的10倍。北欧银行危机发生之前，芬兰在20世纪70年代末至80年代末的房市繁荣中，实际房价上涨了112%，瑞典实际房价亦在短短四年中上升了43%。

前期积累的房地产泡沫在金融危机爆发前迅速破灭，并最终成为触发危机的导火索，并导致危机的进一步恶化。从图2-6可以看出每次金融危机前1年或前2年都出现了房地产真实价格指数的明显变动，如美国2007年次贷危机前1年（2006年）房地产价格指数开始呈下行趋势，从2006年8月到2007年底，反映美国20个主要城市房价变动的S&P Case Shiller指数下降了将近20点。①

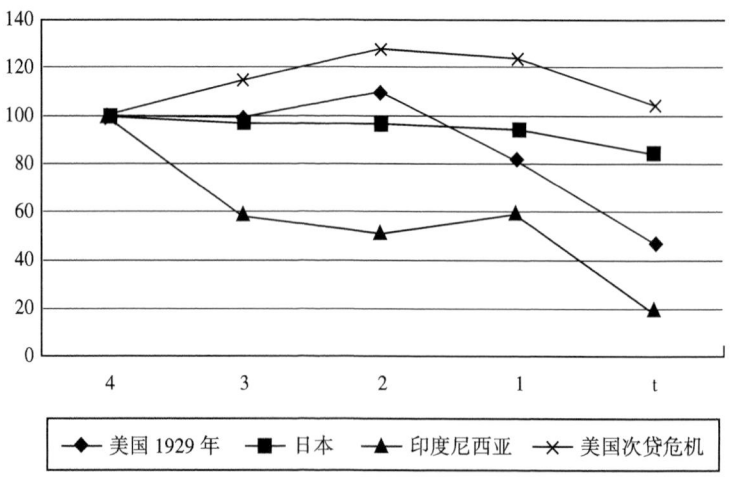

图2-6　历次金融危机中各国房地产价格指数变动（t-4 = 100）

注：横坐标t代表危机爆发年份，4、3、2、1分别代表危机爆发前4年、3年、2年和1年。
资料来源：各国国家统计局。

---

① 苗永旺、王亮亮：《百年来全球主要金融危机模式比较》，《国际金融研究》2009年第7期。

三、金融危机的主要教训

1. 对金融监管有效性的反思

次贷危机引发的全球金融危机凸显了美国金融监管缺失的风险，存在监管缺陷和监管效率相对低下的问题。这是由于当今的美国实行以美联储为中心的伞形监管模式，具体是指以中央银行为核心、以联邦政府和地方政府为依托、各专业金融监管机构为支撑的监控体系，即所谓的"双层多头"金融监管体系，如图2-7所示。

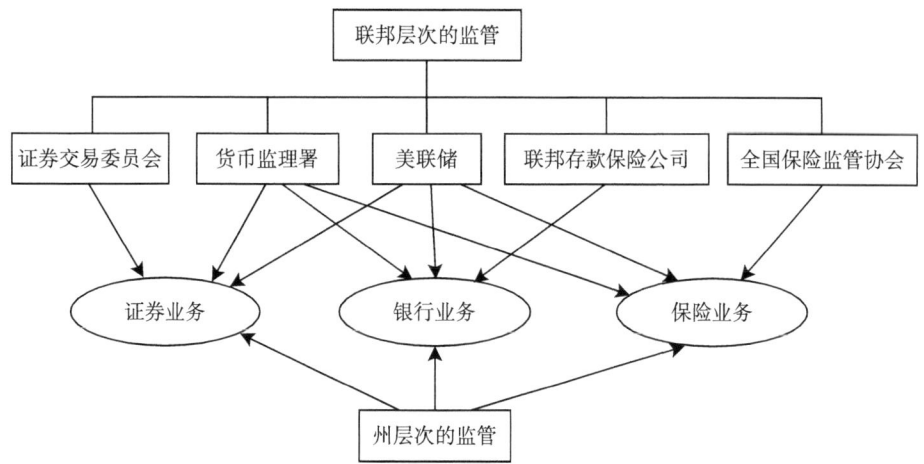

图2-7 美国"双层多头"的监管体系

这个监管体系在次贷危机中充分暴露出以下几个问题：

第一，缺乏统一监管者，无法防范系统性危机。在该体系下，没有任何一个单一金融监管机构拥有监控市场系统性风险所必备的信息与权威，现有金融监管部门之间在应对威胁金融市场稳定的重大问题时缺乏必要的协调机制，因此无法对系统性风险进行防范。

第二，金融监管职能的重叠造成金融监管的盲区。例如，商业银行通过实施证券化，将信贷风险由信贷市场转移到资本市场，但信贷市场和资本市场的监管体系是彼此分割的，因而不能充分识别和控制证券化的风险。美国金融危机中的CDO和CDS正是由于缺乏到位的监管而成为金融海啸的罪魁祸首。

第三，美国金融分业监管体系与其混业经营的市场模式相背离，从而造成监管效率低下甚至无效，尤其是缺乏对金融控股公司的有效监管。在全球化背景下和混业经营日益繁荣的条件下，美国并没有建立功能监管或者统一监管的标准和体系，也没能改变其金融监管架构，目前分散的监管体系对一些大型、复杂金融机构的监管一定程度上仍是低效的。

值得注意的是，"双层多头"监管体制与影子银行的发展不相适应。一是监管机构的分业监管与影子银行的混业经营不相适应，两者存在着明显的重叠和错配。没有机构专门负责控制市场系统性风险，监管机构之间也缺乏应对危机的协调机制。二是监管存在严重疏漏。影子银行的结构化金融产品和场外交易存在"监管空白"。

在金融危机后，美国政府开始意识到有效金融监管的重要性，并着力进行实质性的改革，以减轻美国金融监管体系与其金融市场制度、金融业务模式等的背离程度。具体举措包括加强对证券化市场的监管；加强对包括信用违约互换的所有场外衍生品交易实施全面监管；协调对期货和证券市场的监管等。通过对金融市场的全面监管，使金融创新与金融监管相协调，弥补监管过程中存在的各种漏洞与不足，以保证金融市场稳健发展。

2. 金融衍生品过度创新的危害

长期以来，美国注重金融创新，金融创新活动层出不穷。但是，由于现代金融市场的衍生产品具有信息不透明性、不对称性和交易的高杠杆性、高关联性特点，会增大金融市场系统性风险和不稳定性，并使之迅速扩展到全球。① 在次贷危机中，通过发行住房抵押贷款支持证券（MBS），贷款银行将次级贷款的风险转移给了市场投资者，起到了分散信用风险的作用。购买 MBS 的机构投资者为了追求更高的收益，将 MBS 进行重新组合，通过重新分配现金流和风险，发行了担保债务凭证（CDO），而清算银行又可以接受评级为 AAA 级的 CDO 作为质押品，为对冲资金提供杠杆交易所需的授信额度，进而次级住房贷款的违约风险就又回到了银行。这样，从次级贷款到 MBS，再从 MBS 到 CDO，在多次反复的抵押中，金融衍生产品的市场价值远远超越了其原生的基础资产，而次级住房抵押贷款的信用风险更是放大了数十倍，其破坏力得到极大增强。

金融衍生品的过度创新导致金融危机更具传染性，原因在于：第一，

---

① 何德旭、郑联盛：《从美国次贷危机看金融创新与金融安全》，《经济研究》2009 年第 12 期。

金融衍生品对流动性的高度依赖性：衍生品市场对金融市场流动性的依赖程度极大，当出现金融危机时，金融市场上的流动性会大大降低，而金融危机又会导致衍生品市场上卖单大大增加，两者合在一起会造成买单、卖单的严重失衡，进而造成恐慌性抛盘的出现，最终导致交易扭曲，各种风险管理措施和保值策略失去实际作用，投资者被诱使结清现货头寸，从而将冲击传导到整个市场。第二，金融衍生品的高杠杆性：衍生品具备较高的杠杆性，使衍生品市场上投机盛行，当出现危机时，投机者会迅速结清头寸，高杠杆性会导致大量的亏损出现，并对其他市场产生影响。第三，金融衍生品的不透明性：由于衍生品市场，特别是场外市场交易的最大特点就是透明度低，造成监管者以及市场交易的参与者都无法准确判断不同价格水平上的产品头寸总量，因此当实物市场价格发生较大变化进而引起衍生品买卖数量的急剧波动时，监管机构防御性头寸的调整和预防性的操作均无从下手，造成事态愈演愈烈，金融风险从一个市场扩展到另一个市场。

3. 政府正确救助措施的重要性

次贷危机是公认的自大萧条时期以来最严重的金融危机，但是次贷危机和大萧条对于实体经济的打击以及经济从危机中的复苏进程均截然不同，关键原因在于危机发生之后政府是否及时采取了正确的危机救助措施。

在大萧条期间，美联储错误地在市场流动性极度匮乏的时候采取了紧缩性货币政策。与次贷危机相似，大萧条前美国亦经历了消费信贷及工商业贷款的过度扩张，在债台高筑到难以维系的程度后，消费与投资需求大幅下滑，银行坏账大面积浮现并引发大规模的挤兑及破产。然而，当时美联储事实上违反了1913年法案中所规定的有效应对银行恐慌的首要职责。为了打击纽约股票交易市场的投机活动及缓解黄金外流的状况，美联储在1928~1929年显著收紧货币政策使货币供应增幅下降，结果却导致通货紧缩及银行危机的急剧恶化，最终约9000家金融机构在这场流动性危机中倒闭。次贷危机中，美国金融监管当局及时通过大幅减息，创新各种工具向市场注入流动性，接管或担保大型金融机构，并通过有史以来最大规模的救市行动以期提振市场信心，缓解金融市场动荡，促进经济复苏及避免金融市场崩盘的灾难性后果。①

货币金融当局的有力救援是金融风险扩散的有效防火墙。从此次金融危机的救援来看，货币金融当局的强力声援可以有效防止市场信心的非理性下挫，同时流动性的及时注入，可及时缓解流动性紧张，防止金融创新中的风险通过流动性渠道转移扩散（Economist，2008）。② 政府部门在危机救助上的得当举措对于有效遏制金融危机进一步蔓延起到了至关重要的作用。

4. 加强国际合作，有效应对全球性金融危机

2007年美国次贷危机发生后，迅速演变为全球性的金融危机，这是由于国际金融全球化的迅速发展使各国之间的金融联系越来越紧密，跨国银行之间的资本流动速度和流量都明显加快，跨国的资金转移也变得容易，各国金融市场均被紧密联系在一起，这样一旦某一国发生金融危机，就有可能迅速使危机在相关国家中传递，形成连锁反应，进而带来巨大的经济损失。可以说，金融全球化的一个直接后果就是使得金融风险的国际扩散性增强。国际金融风险如果不能得到有效监管和控制，经过长时间的累积和发展，就会引发不同程度的金融危机。自20世纪90年代以来，国际金融风险和危机频繁发生，就是由于各国金融监管和风险控制存在缺陷，未能通过有效监管应对金融全球化而造成的。

此外，在金融全球化的背景下，金融机构不断发展跨国业务，不断拓宽资金来源，加大投资渠道，并开拓各种业务。同时，为了提高自身竞争力，业务呈现出综合化与全能化发展，无形之中加大金融机构跨国经营的风险。各国为了加大自身在金融全球化中的竞争力，最大限度地维护和增加本国的利益，发展本国经济，普遍放松对跨国金融机构的经营限制，甚至放弃了直接干预和控制手段，使得跨国金融机构能够规避政府监管，经营行为容易失控。因此，更加增加了金融跨国风险的控制难度。

金融危机给各国政府的启示是，必须加强国际监管与国际协调，从而最大限度地避免全球性金融危机的发生。金融全球化使得各国之间相互联系，彼此影响，各国间金融政策的协调问题就显得尤为重要。尽管由于经济发展的不平衡，各国在金融全球化过程中所获得的机遇和利益有着明显

---

① 沈建光、肖红：《次贷危机和主要金融危机比较》，《金融研究》2008年第12期。
② Saving Wall Street, the Last Resort, Economist, Sep.18, 2008.

的差异，并导致发展中国家与发达国家之间，乃至发达国家之间存在着各种矛盾和利益冲突，但是各国政府已经认识到，全球金融网络把它们有机地联系在一起，形成一荣俱荣、一损俱损的局面，只有加强国际合作，努力寻求合作与协调的基础，谋求共同发展，才是正确的选择。各国政府首脑多次召开峰会，探讨共同应对金融危机和实现经济增长的对策，积极开展金融政策的对话与协调。在此基础上，认为应当建立起一整套完善的国际监管措施。尤其在一国可能导致危机发生时，国际间合作可以加强对危机的监测，多国联手应对以降低危机发生及传染的可能性，共同维护区域和世界经济稳定。

第四节　金融危机对国际银行业健康发展的挑战

次贷危机所引发的金融危机席卷全球，是公认的自"大萧条"以来最为严重的一场金融危机，对于世界经济和金融体系的影响重大而且深远。本节通过分析金融危机给全球各国商业银行所造成的冲击，从银行资本监管在金融危机中暴露出的不足，从银行流动性风险管理以及《巴塞尔协议》的新要求等方面来讨论金融危机对国际银行业健康发展带来的全新挑战。

一、金融危机对国际银行业的影响

1. 金融危机对美国银行业造成的影响

金融危机对美国银行业造成了深远的影响。恶化的宏观经济环境，以及自身管理和制度等存在的缺陷，使得美国银行业在危机中深陷泥潭。由于受到次贷危机的重创，美国的商业银行纷纷倒闭或破产。2008年就有22家银行倒闭。2009年因全球金融危机而倒闭的美国银行数量，累计超过130家，仅2009年10月30日一天就有9家银行倒闭。

其中，2008年9月25日，成立于1889年的华盛顿互惠银行，因不堪次贷危机的重负，在其成立119周年纪念日这天成为美国历史上规模最大的银行倒闭案的主角。美国联邦监管机构接手了华盛顿互惠银行，并将其部分业务出售给摩根大通公司。2009年11月1日，美国最大中小企业商业贷款机构 CIT 集团在纽约宣布申请破产保护，再次刷新全美银行破产数量至 116 家。成为美国历史上第五大破产案，仅次于雷曼兄弟、华盛顿互惠银行等。

整体盈利能力方面，美国银行业也受到次贷危机的重创。通过对 2002~2008 年美国商业银行的相关指标进行对比分析发现，美国银行业在危机期间的盈利能力显著下降；从资本收益率与资产收益率两个指标来看，美国银行业的资产收益率和资本收益率在 2008 年创下近 20 年以来的最低纪录（见表 2-5）。

表 2-5 美国商业银行 2002~2008 年的业绩

	2008	2007	2006	2005	2004	2003	2002
资产收益率（ROA）	0.21	0.93	1.33	1.30	1.30	1.40	1.32
资本收益率（ROE）	2.11	9.12	13.03	12.88	13.71	15.33	14.42
核心资本充足率	7.42	7.63	7.86	7.91	7.82	7.85	7.83
净利差（%）	3.23	3.35	3.39	3.55	3.60	3.83	4.08
不良贷款率	1.31	0.62	0.41	0.56	0.63	0.89	1.12

资料来源：联邦存款保险公司（FDIC）。

从整体经营情况来看，表 2-6 显示，2008 年美国商业银行净利息收入比 2007 年有少量的增加，但非利息收入下降了 8.1%。此外，债券收益在 2008 年亏损了 140.83 亿美元，虽然 2007 年债券已经出现亏损，但 2008 年亏损额度大幅增加。债券的巨额亏损对美国商业银行的利润下滑产生了一定的影响。美国商业银行的净利润在 2008 年为 243.41 亿美元，比 2007 年下降了 732.89 亿美元，下降幅度高达 75.1%。从人均利润来看，2008 年美国商业银行的人均利润仅为 1.25 万美元，与 2007 年相比，下降了 75.00%。①

2. 金融危机对欧洲和亚洲等国家银行业的影响

全球金融危机始于美国的次贷危机，并蔓延到其他国家，也给欧洲和亚洲等国家的商业银行带来沉重的打击。2007 年 8 月 9 日，法国巴黎银行宣布暂停旗下三只涉足美国房贷业务的基金交易；欧洲中央银行宣布向

---

① 黄宇：《新金融危机对中国银行业的影响及应对危机的政策建议》，硕士学位论文，西南财经大学，2009 年。

第二章 影子银行与金融危机

表 2-6　2007~2008 年美国商业银行业绩比较

单位：亿美元

	2008 年	2007 年	变化（%）
净利息收入	3199.55	3032.23	5.50
非利息收入	1939.62	2109.98	-8.10
贷款损失准备	1512.35	573.10	163.90
债券利得（亏损）	-140.83	-6.41	-2097.00
税前利润	397.64	1428.27	-72.16
净利润	243.41	976.30	-75.10
人均利润（万美元）	1.25	4.99	-75.00

资料来源：联邦存款保险公司（FDIC）。

相关银行提供 948 亿欧元资金，均意味着次贷危机波及其他西方市场。西欧的商业银行不良贷款攀升和银行资产排名发生巨大变动。一方面，受实体经济衰退的影响，爱尔兰银行和苏格兰皇家银行等陷入发展的困境；另一方面，西欧商业银行投资于爆发次贷危机的美国，以及投资于币值由于债务出现大量贬值的东欧和俄罗斯国家，不良贷款将剧增，损失变大。同时，各家商业银行自身实施风险管理措施的不同，银行的资产保值水平不尽相同，从而导致了银行资产排名也发生巨大变动，并相应引起股市的剧烈波动。

欧洲各大银行的排位发生了巨大变化。以 2008 年 4 月的市值计算，在欧洲前 10 大银行排行榜上，英国汇丰银行、西班牙国际银行、法国巴黎银行位居前三。2008 年 1 月市值还排名第二位的荷兰银行则掉出了前 10 大银行的榜单。英国苏格兰皇家银行和巴克莱银行同样掉出榜单，其位置由法国农业信贷银行和法国兴业银行替代。

整体而言，欧洲银行业整体利润下滑，欧盟银行大多受到危机的影响，主要银行损失惨重，其重创程度可能超过美国银行业。从欧洲银行业的整体获利能力来看，数据显示（见表 2-7），位于前 50 位的欧洲大银行在 2008 年整体获利能力减弱，对比 2007 年所有盈利指标均有所下降，有的指标下降幅度巨大。2008 年的净利息收入和非利息收入分别比 2007 年下降了 73.48% 和 80.52%，其下降程度达到自 2001 年以来历史最低；平均资产回报率（ROA）和平均资本回报率（ROE）比 2007 年分别下降了 22.63% 和 20.00%，达到自 2004 年以来的最低；税前利润和净利润比 2007 年分别下降了 82.18%和 84.20%，在所有盈利指标中下降幅度最大，净利润额出现 2004年以来的最低水平。欧洲银行业在金融危机中整体利润损失惨重。

表 2-7　欧洲前 50 家商业银行经营业绩

单位：亿美元

	2008 年	2007 年	变化（%）
净利息收入	837.47	3157.36	−73.48
非利息收入	401.51	2061.26	−80.52
贷款损失准备金	237.88	499.88	−52.41
税前利润	407.38	2285.63	−82.18
净利润	324.28	2052.29	−84.20
净利差	1.20	0.89	34.83
ROA	0.41	0.53	−22.63
ROE	11.56	14.45	−20.00

资料来源：全球银行与金融机构分析库（Bankscope）。

金融危机对亚洲商业银行的冲击主要是通过这些国家对美国的投资以及这些国家商业银行业务的发展变缓来表现的，包括雷曼兄弟在内的投行的破产，使得投资于这些机构的亚洲商业银行遭受了直接的损失。另外，这些国家多为出口外向型国家，欧美国家经济的低迷，使得这些国家出口型的企业受到影响，进而影响其银行存贷款数量。

亚洲经济由于受次贷危机的影响出现持续的下滑，亚洲银行业虽然受次贷危机的影响较小，但是后续影响则在 2009 年或 2010 年显现，表现为亚洲银行业的盈利下降或亏损。

表 2-8　日本前 20 家商业银行经营业绩

单位：亿美元

	2007 年	2006 年	变化（%）
税前利润	347.44	378.46	−8.20
税后利润	228.59	280.92	−18.63
净利息收入	679.77	497.90	36.53
净利差	0.93	1.12	−16.96
ROE	6.35	10.53	−39.70
ROA	0.29	0.60	−51.67
贷款损失准备	101.96	62.06	64.29

资料来源：全球银行与金融机构分析库（Bankscope）。

表 2-8 和表 2-9 说明，次贷危机对日本和韩国银行业的影响虽然小于欧美银行业，但也已显著造成日、韩银行业整体盈利能力的下降。

韩国商业银行整体在 2008 年经营陷入困境，无论是银行的获利能力还是资产质量情况，都比 2007 年大幅下降。净利息收入和利润下降幅度最大，分别超过了 80%；平均资本回报率和平均资产回报率下降幅度也都超过了 70%；成本收入比和坏账/总贷款比率却显著上升，上升幅度超过 40%。从韩国银行业的整体来看，其受次贷危机的影响要大于日本。韩国银行业受损在亚洲地区尤其严重，其整体竞争力显著下降。

表 2-9 韩国前 20 家商业银行经营业绩

单位：亿美元

	2008 年	2007 年	变化（%）
净利息收入	43.92	301.30	-85.42
税前利润	7.61	177.97	-95.72
净利润	3.95	121.54	-96.75
坏账/总贷款	1.34	0.76	76.32
成本收入比	68.05	48.53	40.22
ROA	0.19	1.00	-81.00
ROE	3.67	15.51	-76.34

资料来源：全球银行与金融机构分析库（Bankscope）。

二、金融危机暴露商业银行资本监管不足

次贷危机爆发前，美国各大商业银行资本充足率均达到监管水平，甚至有些还在一定程度上超出了监管要求。然而，次贷危机爆发后，商业银行资本充足率急剧下降，许多商业银行处于破产边缘，资本监管这个屏障在危机冲击下显得不堪一击。次贷危机中商业银行资本监管的不足主要表现在以下几个方面：

1. 资本监管的顺周期性

资本监管的顺周期性是指，由于资本监管制度安排随经济周期的波动而变化，在一定程度上会放大经济波动幅度，加剧经济周期的负面影响。更具体地说，在经济处于上升阶段，资本监管的约束力会被弱化，银行信贷能力增强，这会进一步推动经济的繁荣和泡沫的形成；在经济衰退阶

段，资本监管的约束力会被强化，银行贷款能力受到限制，这会加大经济衰退程度，并给经济恢复带来阻碍。需要指出的是，资本监管的顺周期性，并不是说资本监管框架导致了银行信贷和经济运行的周期性波动。信贷与经济的周期性波动是经济运行固有的特征，并不以资本监管的存在为前提。顺周期缺陷强调的是由于资本监管体系的存在，银行信贷的周期性波动幅度会有所加大，进而也会导致经济周期波动的加剧。

2. 资本监管套利的存在

资本监管套利，是指商业银行采取资产证券化以及其他一些金融创新工具来降低风险资产权重，从而达到提高资本充足率的目的。资本监管套利表面上提高了银行的资本充足率，但实际上银行的总经济风险却几乎没有改变。现实中，当监管资本要求大于商业银行自己所评估的资本要求，银行就会采取措施变相提高资本充足率，即进行资本监管套利。这些资本监管套利行为使得商业银行资本达到了监管要求，但实际上风险并没有相应下降，甚至可能在一定程度上助长了风险的扩大。

自20世纪90年代以来，由于《巴塞尔协议》所存在的某些缺陷，资本监管套利在西方发达国家发展非常迅速，它在为商业银行创造价值的同时，却可能破坏资本充足性要求作为一个审慎政策工具的有效性。次贷危机发生前，商业银行在资本监管压力下将大量的住房抵押贷款进行证券化，这样就躲避了资本监管。这种资产证券化的套利行为既给商业银行带来了巨额的收益，也带来了极大的风险（次级债券泡沫的破裂给商业银行造成了巨大打击）。另外，资本监管套利导致商业银行将资产集中在某一项风险权重较低的资产上，这也提高了商业银行整体风险。次贷危机已经给了商业银行一个非常深刻的教训，商业银行应该正视其所面临的风险，不应一味地追求利润最大化，而忽视安全问题。

3. 资本监管的计量化趋势

商业银行的资本监管是一门科学，但更应当是一门艺术。然而，商业银行的资本监管协议中规定，在计量国际银行的资本充足率时，更为强调内部模型法的作用，对市场风险、信用风险和操作风险给出了庞杂的计算方式。如同美国国家经济委员会主任萨默斯所指出的那样，商业银行的资本状况，原本可以通过资产负债表、损益表等财务基础观察和计算出来，而不是通过复杂的黑箱式的计量技术去计算。

过于依赖计量和统计分布假定，使国际银行的资产负债表越来越表外化,资本充足率越来越计量化,并且几乎可以比使用传统方法计算"节约"50%左右的资本。风险的过于计量化使商业银行能够利用计量规则有效地去"节约"资本金,大大降低资本金抵御风险的能力。次贷危机前各商业银行资本充足率状况均良好,危机爆发后资本充足率却迅速下降,大量商业银行濒临破产或者破产,这说明完全通过计量化计算出来的资本并没有很好地抵御商业银行所面临的风险,计量化的资本充足率计算降低了资本监管的效果。如果能够综合运用计量和财务报表来计算资本充足率,次贷危机造成的后果应该不会这么严重。

三、金融危机对商业银行流动性风险管理的影响

2008年的美国新金融危机首先是一个流动性危机,商业银行和其他金融机构的创新型金融产品和资本运作在过去几年对信用的作用非常大,同时对流动性极其依赖,这些产品和运作在金融动荡的条件下容易丧失再融资功能,使得市场的整体流动性大幅萎缩,从而产生流动性危机。①

商业银行的性质决定了其在经营活动中,由于主、客观因素的共同作用,不可避免地会面临流动性紧缺的情况。此次金融危机,国际银行业的流动性风险暴露无遗,危机过后,国际银行业处于动荡时期,对银行的风险管理能力提出了更高的要求,银行流动性风险管理面临着前所未有的挑战。值得一提的是,尽管现有的国际金融格局缺陷引起全球流动性过剩这一货币现象,但并不意味着国际银行业经营过程中不存在流动性风险。随着金融市场的发展,金融衍生工具的大范围使用,金融市场全球化进程的推进,国际银行业流动性风险管理的内控系统有待完善,流动性风险的衡量、风险管理的理念、管理技术水平和应急处理能力都亟待改善提高。

第一,风险管理中大量使用数理模型,增加了流动性风险管理的操作难度。目前,国际商业银行在风险计量和预测方面大量使用的数理模型,增加了金融产品市场流动性变动的趋同性,其结果是市场流动性过剩或者短缺的程度都被多倍扩大,加大了商业银行流动性风险管理的难度。

第二,金融全球化的发展,增加了银行流动性风险管理的压力。在金

---

① Reinhart, Carmen and Kenneth S.Rogoff, "Is the U.S. 2007 Subprime Financial Crisis So Different? An International Historical Comparison", *NBER Working Paper*, No. 13761, 2008.

融全球化的进程下，各国间的金融市场联动加深，国际金融动态对国际银行业的流动性影响加大。国际资本流动，特别是国际"热钱"的进出，加大了商业银行对流动性风险的预测难度。另外，全球交易系统的广泛应用和跨境业务的发展可能导致流动性问题在同一交易系统间蔓延，进而增加了银行的交易当日资金头寸的管理压力。

第三，金融衍生工具的广泛使用，增加了流动性风险的预测难度。新的金融衍生产品的结构趋于复杂化，信息不对称性高，未来现金流难以预测，从而使得现有的价值评估和风险计量模型难以对其流动性风险进行准确衡量。同时，新的金融衍生工具一般都具有高杠杆特征，易受风险事件"传染"的影响，波动性高，容易扩大商业银行的风险敞口。

四、金融危机对《巴塞尔协议》的挑战

金融危机给欧美等国家的许多商业银行带来包括破产或重组等巨大损失，作为全球金融风险监管准则的《巴塞尔新资本协议》的有效性遭受严重质疑，并且新协议在风险管理方面的内容也被要求进行修改和完善。可以说，金融危机给《巴塞尔协议》和国际银行业带来了重大挑战。

金融危机的爆发表明，即便在市场主导的金融体系中，稳健的商业银行体系对于维护金融平稳运行仍具有非常重要的意义。金融危机使目前银行监管制度的缺陷暴露无遗，作为审慎银行监管核心的资本监管制度已不能适应目前金融市场发展的需要。《巴塞尔协议》虽然对各种新型风险进行了定义与计量，增加了计量风险加权资产的几种新方法，完善了银行对风险的评估，但是却没有对风险意识下降或者信用风险的增加作出充分的考虑，从而不能有效防范跨国银行经营中所面临的各项风险。另外，《巴塞尔协议》没有提出流动性风险的评估方式，没有强调在金融危机等极端情况下的压力测试的重要性。具体而言，金融危机给《巴塞尔协议》所带来的挑战主要表现在以下几个方面。

1. 未能有效预防高杠杆运作

《巴塞尔新资本协议》的适用范围虽然已经在《巴塞尔协议》的基础上进行了扩充，将以银行业务为主的银行集团的持股公司包括在内，使得风险管理的涵盖面进一步扩展，然而对投资银行、对冲基金等金融机构的监管缺失无疑为此次的危机埋下了隐患。商业银行资本充足率按照《巴塞尔

第二章 影子银行与金融危机

新资本协议》是8%，即最高可产生12.5倍的杠杆，其在一定程度上控制了高杠杆所可能产生的风险。由于缺乏监管，投资银行利用融资工具在发行证券化产品时，只需要不到1%的资本充足率。如果算上SIV等表外业务的杠杆效应，那么投资银行的杠杆倍数可高达50~60倍。由于投资银行、对冲基金等金融机构过度地利用杠杆不断发行新的金融产品，使得其实际的抗风险能力非常薄弱，最终由于其无法承受风险而造成整个金融体系崩溃。

美国政府也已经意识到了由于对高杠杆监管的缺失而产生的问题。自2008年3月同意向贝尔斯登开放贴现窗口之后，美联储已经逐步寻求监管职能的扩张。但作为国际银行业监管标杆的《巴塞尔新资本协议》又应该如何将此类监管新问题融入到其框架中去仍然值得深入探讨。

2. 未能有效应对银行经营模式转变的风险

金融创新推动商业银行的经营模式由"购买—持有"模式逐渐转变为"发起—分散"模式，即资产证券化。新模式让银行得以将贷款包装、再包装、再销售，从而盘活资产、增加收益。然而，这一过程只是将风险转移，使得风险更为分散，但其风险暴露并未消失，而且过程变得更加不透明，更不易为市场所真正了解。《巴塞尔新资本协议》虽然在制定的过程中已经意识到了其中所蕴涵的巨大风险，并且对金融创新所产生的新风险进行了定义与计量，提出了信用风险缓释和"信用风险—资产证券化"框架，具体讨论了确认风险转移的操作要求、对资产证券化风险暴露的处理和资产证券化的内部评级法，但其并未对由于经营模式转变而导致的风险意识下降以及交易账户引起的交易对手信用风险的增加作出充分考虑，从而未能有效防范银行经营中所面临的各项风险。

首先，贷款并证券化的经营模式引起风险转移，并使得商业银行的风险意识下降。在资产证券化市场中，银行作为中介机构，通过中介投资方和融资方获取管理佣金，没有重视风险管理的积极性。其次，受到贷款并证券化的经营模式的驱使以及近年来市场对金融衍生产品的信心高涨，银行大都低估了交易账户上的融资风险，交易类资产的规模也因此以两位数的百分比持续增长，甚至众多复杂、流动性不强的信贷产品在交易账户结构中的比重也迅速攀升。然而，《巴塞尔新资本协议》并未针对银行交易账户资产的结构性变化进行有效的监管，从这个意义上来说，对交易账户资产的监管不足也成为次贷危机中大量爆发的交易对手信用风险的原因之一。

3.《巴塞尔协议》的其他挑战

除上述两点之外,此次金融危机还从风险管理范围、风险管理方法和信息披露三个方面对《巴塞尔新资本协议》提出了挑战。首先,新协议里的风险管理范围不够全面,风险管理跟不上金融创新的速度,缺少对流动性风险管理的具体规定。此次危机中,商业银行为追求局部利益,增加资产的流动性和高额利润,缺少对交易对手风险的评估、放松了对信贷的审批、进行大规模的金融衍生品的投资。当借款者违约,无法偿还贷款,整个衍生链断裂时,便产生了衍生风险,进而产生系统性的风险,由于杠杆作用,使得商业银行遭受更加严重的损失。同时,资本充足率里的风险加权资产只是包括信用风险、市场风险和操作风险,而未把流动性风险和跨国风险包含在内,从而可能使得资本充足率的有效性遭受质疑。其次,新协议的风险管理方法应该更加灵活和有针对性,改进交易类资产计量方法,增加极值法的运用。此次金融危机,首发于信用危机,因此新协议应该提高对内部评级模型和风险参数的审慎性要求,来降低系统性风险。此外,新协议为使数据更有前瞻性和提高计量的准确性,应在现有风险计量模型体系基础上,增加压力测试、敏感性分析、情景分析和移动平均分析等方法,并实现定量分析和定性分析相结合。

第五节　本章小结

随着金融市场的发展和金融创新的推进,金融体系的格局发生了根本性变化,影子银行体系迅速崛起。首先,本章对影子银行的概念进行了界定,并详细阐述了影子银行的产生和发展过程,强调了影子银行的场外交易性、经营高杠杆性、资产表外性、监管不透明性等具体特征。通过和传统商业银行的对比,分析影子银行体系在业务经营、融资渠道和风险监管等方面存在的差异,并简要介绍中国影子银行的发展情况。

其次,本章探讨影子银行和国际金融危机之间的联系。笔者认为,这次国际金融危机的根源,就在于影子银行体系无限度扩张。影子银行的脆弱性和风险性,在其迅速成长的同时,给金融体系积累了巨大的金融风险,包括放大的信用风险,错配的投融资期限、对衍生品的依赖性、高杠杆率的经营风险和危机中的风险传染性等。此外，对于国际金融危机，本章通过对比历次金融危机，分析金融危机爆发前的基本规律，并从金融监管、政府救助和国际合作等方面阐述金融危机的经验教训。

最后，本章分析金融危机给全球各国商业银行所造成的冲击和破坏；从银行资本监管角度，讨论国际银行业在金融危机中所暴露的不足；对银行流行性风险管理以及《巴塞尔协议》的新要求等方面来讨论金融危机对国际银行业健康发展带来的全新挑战。笔者认为，关于影子银行体系崩溃和国际金融危机的分析，对中国银行业的发展和改革具有很多启示，对于中国这个新兴金融市场而言，重新思考与审视中国的银行体系的发展战略，审慎协调金融创新与金融市场发展，将是一个意义深远的课题。

第三章　中国银行业在危机中逆境成长

2008年美国次贷危机爆发并逐步演进为国际金融危机以来，世界经济和金融陷入困境，在给我国银行业带来诸多挑战的同时，也带来了诸多机遇。两年多来，正当国际金融业处于挣扎之际，我国银行业有效克服了各种挑战，把握住历史机遇，始终保持良好的发展势头。这既离不开我国政府、银行监管部门、银行业金融机构共同应对金融危机所做的积极努力，也离不开改革开放30年来我国银行业积极改革及其取得的成效。

第一节　中国银行业的改革与发展

金融是现代经济的核心，银行业是金融领域的重要支柱之一，银行业的稳健经营是国民经济平稳健康发展的一个重要条件。改革开放30年来，我国银行业经历了不平凡的发展历程，对促进国民经济稳健发展、改善社会民生发挥了重要作用。经过几十年的发展，中国银行业已取得了丰硕的成果，为抵御此次全球性的金融危机创造了良好的条件。

一、中国银行业改革回顾

1. 引入战略投资者，启动国有银行股份制改造

长期以来，我国国有银行股权结构单一、所有者虚置、公司治理结构不健全、内控机制不完善等问题，导致银行偏离商业化运行轨道，不良贷款长期居高不下。20世纪90年代以来，国有银行不良贷款虽经政策性及

资产管理公司剥离,以及发行特别国债补充资本金,但信贷资产质量低的问题仍没有得到根本解决。2002年末,4家国有银行不良贷款率为26.12%,而国际上优质商业银行不良贷款率为3%以下,中等商业银行不良贷款率在5%左右。为了从体制上消除商业银行依靠国家不断救助的道德风险,以及从法理上排除国家再度"大输血"的可能,迫切需要改变国有银行股权结构单一的现状,实现股权结构的多元化。2003年12月,银监会颁布了《境外金融机构投资入股中资金融机构管理办法》,①拉开了合格的境外战略投资者(以下简称"战略投资者")参与国有银行改革重组的序幕。

引进战略投资者是一种互利双赢的安排。对中资银行来说,一是学习和引进国际发达市场银行的先进服务理念、管理经验以及产品开发与维护技术。二是战略投资者通过发挥外派董事和高管人员在法律意识、职业道德、专业水平和管理能力等方面的优势,帮助中资银行完善公司治理、严格内控、提高透明度、健全财务管理制度,实现现代银行先进管理经验和技术的转移,提高经营管理水平。三是战略投资者将根据入股协议,对商业银行的公司治理结构和内部组织结构设计、IT基础设施的需求设计、市场营销、客户关系、产品开发、银行风险控制技术和管理制度、职员培训、绩效考评、内部审计和控制、金融产品的交叉销售等方面提供援助,有助于银行全方位提高竞争能力和持续盈利能力,改善对客户的服务。四是有助于中资银行增强财务实力,提高资本充足率。

对战略投资者(大部分是国际上著名的大型商业银行)来说,除了为大额资金寻找出路外,主要是为了借助中资银行的资源优势、网络优势以及客户关系,迅速扩大业务和产品范围,以尽快实现本土化。特别是中国尚未完全放开资本项目管制,通过参股迂回介入中国市场,无疑是一种较好的选择(见表3-1)。

---

① 最早规范入股中资银行的政策是1994年颁布的《关于向金融机构投资入股的暂行规定》,但该规定明确禁止外国金融机构投资中资银行。在实践中,只有亚洲开发银行和国际金融公司投资了光大银行和上海银行,这种状况一直持续到2001年底。之后放开了外资银行入股中资机构的限制,但须个案报批,而且单家机构投资比例不得超过15%,所有机构投资不得超过20%。2003年12月发布的《境外金融机构投资入股中资金融机构管理办法》,将单家机构入股比例从15%提高至20%,所有机构入股比例从20%提高至25%。

表 3–1　外资入股中资银行概况

	1980~1999 年	2000~2003 年	2004 年	2005 年	2006 年
案例	合资银行：厦门国际银行、巴黎国际、福建亚洲银行、浙江商业银行、华商银行、青岛国际银行、华一银行等。外资入股：亚洲开发银行持股中国光大银行3.29%股份；IFC持股上海银行5%股份	外资入股：花旗银行持股浦发银行5%股份；汇丰银行、IFC和香港上海商业银行持股上海银行18%股份；IFC和加拿大丰业银行持股西安市商业银行5%股份；IFC持股南京市商业银行15%股份	外资入股：澳洲银行持股济南市商业银行11%股份；新桥持股深圳发展银行17.89%股份；IFC持股民生银行1.1%股份；恒生银行等持股兴业银行24.98%股份；汇丰银行持股交通银行19.9%股份	外资入股：高盛等持股中国工商银行10%股份；美国银行和淡马锡持股中国建设银行14.1%股份；苏格兰皇家银行、淡马锡等持股中国银行21.9%股份；淡马锡持股民生银行4.55%股份；新加坡磐石基金持股华夏银行6.88%股份；荷兰ING集团和IFC持股北京银行14.9%股份；澳洲银行持股杭州市商业银行19.9%股份	外资入股：新加坡华侨银行投资5.7亿元人民币，获取宁波商业银行12.2%的股权；香港大新银行投资6.94亿元人民币，获取重庆商业银行17%的股权
特点	被动的股权投资；牌照严格限制在城市，特别是一家分支行；规模非常有限	规模有限，目标为地区性股份银行；拥有董事席位；以合资方式合作	规模扩大，包含了全国性股份银行；增强了对管理权的要求	规模巨大，涉及3家国有商业银行；部分外资方成为最大股东；实行全面战略合作	商业银行引进战略投资者更加审慎，引进速度趋缓

资料来源：根据各银行网站及相关资料整理。

2005 年，国有银行引进境外战略投资者取得了实质性进展（见表 3–2），美洲银行和淡马锡公司投资建设银行 35 亿美元，苏格兰皇家银行、瑞士银行集团和亚洲开发银行投资中国银行 52.25 亿美元，高盛集团、安联保险公司和美国运通公司投资工商银行 37.8 亿美元。国有银行引入战略投资者后，加快了股份制改革和上市步伐。2005 年 10 月 27 日，建设银行在香港上市，每股发行价为 2.35 元港币，市净率[①] 1.96 倍，处于 5 年来中国大型国有企业境外上市的较高水平，也是 2000 年以来亚太新兴市场所有

[①] 市净率就是价格除以银行的净值（资产减去负债的净资产）。要注意与市盈率的区别，市盈率即每股市价与每股盈利的比率。

金融危机、影子银行与中国银行业发展研究

银行中比较高的上市股值。

继 2005 年建设银行和交通银行成功上市之后，2006 年 6 月 1 日中国银行又成功在香港上市，并随后在上海上市；2006 年 10 月 27 日工商银行在上海和香港同时上市，成为中国 A 股最大的上市公司。

在全球金融危机背景下，国家果断启动开发银行和农业银行改革，向开发银行、农业银行分别注资 200 亿美元和 190 亿美元，向国际、国内表明了中国继续深化金融业改革、维护金融稳定的决心与举措。目前，开发银行已经由政策性银行改造成股份制的商业银行；农业银行完成股改的财务重组工作，2009 年初成立股份公司并于 2010 年 7 月成功在 A 股和 H 股同步上市。

至此，开展股份制改革的工商银行、① 农业银行、中国银行、② 建设银行、③ 交通银行全部完成股改的阶段性任务，平稳运行并取得了良好的经营业绩。与此同时，这些银行公司治理的基本框架也已初步形成，转换内部机制步伐不断加快，风险管理、内部控制、财务管理、资产负债管理和人力资源管理能力得到较大提升，外部约束进一步加大，不仅为全面建设现代金融企业制度奠定了良好的基础，也极大地提升了我国银行业的国际形象。

---

① 工商银行与高盛集团在八大领域 31 个项目上展开合作。2006 年 1 月工商银行与高盛投资团（包括高盛集团、安联集团和美国运通公司）签署了《战略合作协议》，工商银行将与高盛集团在八大领域 31 个项目上展开合作。双方工作团队已就落实战略合作项目召开了 40 余次研讨会，高盛集团为工商银行管理层和员工举办了 10 多次专题讲座，第一批合作开发理财产品将于近期推出。美国运通公司已向工商银行派驻 9 名专家，协助工商银行制定有关银行卡市场营销策略，开发银行卡产品，转让风险控制技术，并开展了多次业务培训。
② 中国银行与苏格兰皇家银行在九大领域 20 个项目上展开业务合作。2005 年 8 月 18 日，中国银行与苏格兰皇家银行签署了《合作框架协议》，中国银行将与苏格兰皇家银行在九大领域 20 个项目上展开业务合作。目前，苏格兰皇家银行已派出百余人赴中国银行商讨合作方案、交流技术、提供培训等，并已派出 26 名管理人员分批次驻中国银行工作，涉及领域包括信用卡、法律及合规、授信风险管理等，并适时扩充新的合作项目。
③ 建设银行与美洲银行在三大领域 20 个项目上展开业务合作。2005 年 6 月，建设银行与美洲银行签署了《战略合作协议》，建设银行将与美洲银行在三大领域 20 个项目上展开业务合作。自 2005 年 9 月以来，建设银行与美洲银行签订的五个战略协助附件均已开始执行，并建立了合作管理机制。根据协议，美洲银行已关闭了其在中国境内的零售网点，在今后至少七年的时间内，每年无偿向建设银行派遣约 50 名专家，向建设银行提供全面、长期的战略协助，内容涵盖零售银行业务、信息技术与电子银行、风险管理、全球现金管理、财务和人力资源管理等领域。

第三章 中国银行业在危机中逆境成长

表 3-2 国有银行引进境外战略投资者情况

国有银行	战略投资者	金额	持股比例（%）	引入时间
建设银行	新加坡淡马锡公司	10 亿美元	4	2005 年 7 月
	美洲银行	25 亿美元	9	2005 年 6 月
中国银行	苏格兰皇家银行集团	31 亿美元	10	2005 年 12 月
	亚洲金融开发公司（新加坡淡马锡公司下属公司）	15.5 亿美元	5	2005 年 12 月
	瑞士银行集团	5 亿美元	1.61	2005 年 12 月
	亚洲开发银行	0.75 亿美元	0.24	2005 年 12 月
工商银行	高盛集团	25.8 亿美元	7	2006 年 1 月
	安联保险公司	10 亿美元	2.50	2006 年 1 月
	美国运通公司	2 亿美元	0.50	2006 年 1 月

资料来源：根据各银行网站及其他资料来源整理所得。

除国有银行外，战略投资者还投资入股了股份制商业银行（见表 3-3）和城市商业银行（见表 3-4）。截至 2006 年 12 月末，已有 29 家境外投资者入股 21 家中资银行，入股金额 190 亿美元，占国内银行总资本的 15% 左右。2007 年 3 月，中信银行与西班牙对外银行达成战略合作协议，根据协议，中信公司向西班牙对外银行出售其目前持有的中信银行 4.83% 的股份，金额为 48.85 亿元人民币。西班牙对外银行将与中信银行在零售银行、风险管理等多个领域开展合作，并向中信银行提供先进技术和管理经验。

表 3-3 股份制商业银行引进境外战略投资者情况

银行名称	引进时间	境外投资者及投资股份
光大银行	1996 年 10 月	亚洲开发银行投资 1900 万美元，获取 3.29%股权
浦发银行	2002 年 12 月	花旗集团投资 7200 万美元，获取 5%股权（浦发增发后，花旗持有股份被稀释到 4.6%）。现拟以 5 亿美元增持至 19.9%，双方已达成框架协议
兴业银行	2003 年 12 月	恒生银行、新加坡政府直接投资公司、IFC 合计投资 3.26 亿美元，分别持有 15.98%、5%、4%股权，成为第二、三、四大股东
深圳发展银行	2004 年 6 月	美国新桥投资集团投资 12.34 亿元，获取 17.89%股权，成为第一大股东
	2005 年 11 月	GE 消费者金融集团投资 1 亿美元，获取 7%股权
交通银行	2004 年 8 月	汇丰银行投资 144.61 亿元，获取 19.9%股权
	2005 年 6 月	交行香港上市，汇丰增加投资 33.5 亿港元，维持 19.9%股权

续表

银行名称	引进时间	境外投资者及投资股份
民生银行	2004年10月	淡马锡控股下的亚洲金融公司投资1.1亿美元，获取4.55%股权
华夏银行	2005年9月	新加坡磐石基金投资10.115亿元，获取6.88%股权
华夏银行	2005年10月	德意志银行和萨尔·奥彭海姆银行联合投资2.72亿欧元，获取14%股权
渤海银行	2005年9月	渣打银行以发起人身份投资1.23亿美元，获取19.9%股权，成为第二大股东
中信银行	2007年3月	西班牙对外银行投资48.85亿元人民币，获取4.83%股权

资料来源：根据各银行网站及相关资料整理。

表3-4 城市商业银行引进境外战略投资者情况

银行名称	引进时间	境外投资者及投资股份
上海银行	1999年9月	国际金融公司（IFC）投资1亿股，获取5%股权
上海银行	2001年12月	汇丰银行投资5.18亿元，获取8%股权；香港上海商业银行投资购买7800万股，获取3%股权；IFC增持1.82亿股，获取7%股权
南京商业银行	2001年11月	国际金融公司（IFC）投资2.19亿元，获取15%股权
西安商业银行	2004年6月	IFC和加拿大丰业银行分别参股2.5%，并将在未来四年内以期权投资方式认购至24.9%
济南商业银行	2004年11月	澳洲联邦银行购入11%股权，并有权在2008年5月增持至20%
北京银行	2005年3月	荷兰ING银行投资17.8亿元，获取19.9%股权，成为第一大股东
杭州商业银行	2005年4月	澳洲联邦银行投资6.25亿元，获取19.9%股权
南充商业银行	2005年7月	德国投资开发公司（DEG）和德国储蓄银行基金（SIDT）分别投资300万欧元和100万欧元，分别获取10%和3%股权
宁波商业银行	2006年1月	新加坡华侨银行投资5.7亿元人民币，获取12.2%股权
重庆商业银行	2006年12月	香港大新银行投资6.94亿元人民币，获取17%股权
营口银行	2008年3月	马来西亚联昌国际证券银行集团投资3.488亿元，获取19.99%股权
厦门银行	2008年12月	香港富邦出资2.3亿元人民币，获取19.99%股权
成都市商业银行	2009年10月	马来西亚丰隆银行出资19.5亿元人民币，获取19.99%股权

资料来源：根据各银行网站及相关资料整理。

中资银行选择的境外战略投资者，不仅体现风险分散原则和充分的国际代表性，而且也贯彻了国家关于"大国是关键、周边是首要"的国家外交总体布局要求。

从地域分布上分析,中国对境外投资者的选择并没有过度依赖和受制于个别国家。从截至2006年3月的26家境外投资者分析,亚太地区国家的有7家,入股金额为64.21亿美元,占投资总额的35.9%;美国的有5家,入股金额为60亿美元,占投资总额的33.5%;欧洲国家的有10家,入股金额为51.96亿美元,占投资总额的29.0%;其他地区的有4家,入股金额为2.94亿美元,占投资总额的1.6%。可见,从投资方来看,既有国际金融组织也有商业银行,既有大型机构也有中小型机构;从被投资方来看,既有国有银行也有股份制银行和城市商业银行,既有沿海和东部地区的机构也有内地和西部地区的机构。

2. 银行监管体制改革取得重大突破

我国金融监管体制的建设大体分为两个阶段:第一阶段是1998年以前由中国人民银行统一实施金融监管;第二阶段是从1998年开始,对证券业和保险业的监管从中国人民银行统一监管中分离出来,分别由中国证券监督管理委员会和中国保险监督管理委员会负责,形成了由中国人民银行、证监会和保监会三家分业监管的格局。2003年3月,经十届全国人民代表大会一次会议批准,中国银行业监督管理委员会正式成立。由此我国正式确立了分业经营、分业监管、三会分工的金融监管体制。

改革后中国金融监管体制的基本特征是分业监管。按照金融监管的分工,银监会主要负责商业银行、政策性银行、外资银行、农村合作银行(信用社)、信托投资公司、财务公司、租赁公司、金融资产管理公司的监管,以大银行业为口径,银监会成立了监管一部、二部、三部、合作金融监管部和非银行金融机构监管部,自上而下相应设立了省局、市分局、县(市)办事处体制。证监会和保监会则分别负责证券、期货、基金和保险业的监管;内部设立了相应的监管部室,自上而下建立了相应会、局(省、市、计划单列)的体制。银监会成立后,中国人民银行着重加强制定和执行货币政策的职能,负责金融体系的支付安全,发挥中央银行在宏观调控和防范与化解金融风险中的作用。这种金融监管组织结构表明,除中央银行负责宏观调控外,其他几个监管机构都是集中于相对行业的微观规制层面。选择这种监管体制的最大好处是有利于提高监管的专业化水平并及时达到监管目标,有利于提高"机构监管"的效率。

就我国现行金融监管体制而言，从其实际运行以来所取得的成效来看，在总体上是值得肯定的，它不仅统一了监管框架，加强了监管专业化，提高了监管效率，而且还有利于中央银行更加有效地制定与执行货币政策。但是，近几年随着金融全球化、自由化和金融创新的迅猛发展，金融业开放加快，金融监管环境发生重大变化，分业监管体制已显现出明显的不适应，其本身所固有的问题也逐渐显露出来。

3. 银行业对外开放步伐加快

（1）银行业对外开放总体概述。十一届三中全会以来，中国银行业对外开放经历了从局部地区到全国范围、从外币业务到本币业务、从外国居民到本国居民的发展历程，在循序渐进中稳步推进。外资银行机构网络不断扩大，业务规模迅速增加，与中资银行广泛开展了业务合作和股权合作。实践证明，中国银行业对外开放政策和措施符合中国对外开放总体战略，与社会主义市场经济发展阶段相适应，与国际银行业发展趋势相一致。通过银行业对外开放，中国引进了国际上先进的银行经营管理理念和技术，以及经济发展和金融体制改革所需的外汇资金，推动了银行业全面改革，提高了银行业的健康度及综合竞争力。

2006年12月11日，中国加入WTO过渡期结束，中国银行业全面对外开放，市场竞争格局和银行体系结构将发生更加深刻的变化。面对这一历史性机遇及其带来的挑战，中国在保障国家金融安全的前提下，坚定不移地继续推进银行业对外开放，认真履行加入世贸组织承诺，按照审慎原则和国际良好标准完善监管制度和风险防范措施，①确保中国银行业持续健康发展。

读史可以明智。对中国近20年银行业开放史进行研究，有助于分析中国银行业未来的发展格局，并采取相应的对策。

---

① 在中国加入世界贸易组织前，我国对外资银行监管侧重于以限制性措施为主。加入世贸组织后，我们对外资银行的监管转变为以审慎性措施为主，实行符合国际标准的和更加审慎的政策，逐步统一中外资银行政策，促进中外资银行在我国市场上的公平竞争。比如，1994年实施的《外资金融机构管理条例》规定，外资银行总资产不得超过实收资本与储备金之和的20倍，这是一种非审慎性限制措施，限制外资银行资产规模的增长，2001年取消了这一规定，监管部门不再人为限制而是通过市场竞争自动调节；再如人民币业务，1996年实施的《上海浦东外资金融机构经营人民币业务试点暂行办法》规定，外资银行人民币负债不得超过外汇负债的35%，1999年实施的《关于扩大上海、深圳外资银行人民币业务范围的通知》将这一限制放宽到50%，但是在调控手段上仍然是一种非市场化手段，因此2001年取消了这一比例。

第三章 中国银行业在危机中逆境成长

1979年,日本输出入银行在北京设立第一家外资银行代表处,拉开了中国银行业对外开放的序幕。从中国外资银行的发展历程分析,大致可分为四个时期:一是起步发展期(1979~1993年)。这一阶段,中国银行业对外开放的总体战略是,通过外资银行的进入引进外汇资金和改善对外资企业的金融服务,创造更好的投资环境。1981年,中国批准改革开放后的第一家外资银行——香港南洋商业银行深圳分行。1983年,人民银行颁布了第一部关于外资金融机构管理的部门规章《关于侨资、外资金融机构在中国设立常驻代表机构的管理办法》。1985年,国务院发布了关于外资金融机构管理的第一部行政法规《中华人民共和国经济特区外资银行、中外合资银行管理条例》,同年,允许外资银行在厦门、珠海、深圳、汕头和海南经济特区设立营业性机构。1992年,又批准沿海7个城市对外资银行开放。由于改革开放刚刚开始,许多政策都具有实验性质,引进外资银行主要是为了配合沿海经济特区的外向型经济发展的需要,外资银行大部分来自香港银行和少数日本和欧美银行。截至1993年底,外资银行在中国13个城市设立了76家营业性机构,经营对外资企业和外国居民的外汇业务,资产总额达到89亿美元。

二是快速发展期(1994~1997年)。在这一阶段,中国经济体制改革取得突破性进展,加快了建立社会主义市场经济体制的步伐,对外贸易全面发展,外商投资显著增加,对外开放的总体格局基本形成。为进一步提高对外开放水平和改善投资环境,中国实施了相关政策,完善涉外经济法规,保持了外商来华投资的良好势头,外资银行业务随着外资企业在中国的迅速成长以及中资企业国际业务的发展而快速发展。为了鼓励和规范外资银行的发展,1994年国务院发布了《中华人民共和国外资金融机构管理条例》。1996年底,人民银行颁布了《上海浦东外资金融机构经营人民币业务试点暂行管理办法》,允许符合条件的外资银行试办人民币业务。这一阶段,外资银行进入快速发展期,截至1997年底,在华外资银行营业性机构达到175家,4年内增加了99家,资产总额增长了3.3倍多。

三是收缩调整期(1998~2001年)。1998年7月,中国宣布取消外资银行在中国设立机构的地域限制,允许外资银行在任何城市设立机构。但由于受亚洲金融危机和中国加入WTO不确定性的影响,外资银行在亚洲地区的发展趋于谨慎,在华机构布局和业务拓展也明显放缓,个别外资银行退出了中国市场。外资银行业务经历了3年收缩期,资产总额出现了负增长，从 1997 年末的 378 亿美元下降到 1999 年末的 318 亿美元，部分外资银行关闭了在中国的营业机构和办事处。

四是加速发展期（2002 年至今）。2001 年 12 月 11 日，中国正式加入 WTO,① 承诺在 5 年之内逐步取消对外资银行的业务限制，首批对外资银行开放了上海、天津、深圳、大连 4 个城市的部分人民币业务。2002 年，国务院颁布了《中华人民共和国外资金融机构管理条例》，人民银行先后颁布了《中华人民共和国外资金融机构管理条例实施细则》和《外资金融机构驻华代表机构管理办法》；2003 年 12 月，中国银监会颁布《境外金融机构投资入股中资金融机构管理办法》，规定了投资入股中资银行的具体比例，为中外资银行股权合作提供了法律依据。为了适应中国银行业加入 WTO 的需要，2006 年 11 月，中国政府对《中华人民共和国外资金融机构管理条例》进行了修订，更名为《中华人民共和国外资银行管理条例》，明确了外资银行管理实施法人导向政策。同时，中国银监会出台了配套的《中华人民共和国外资银行管理条例实施细则》。上述法规、规章的颁布，标志着对外资银行的监管步入了法制化、规范化轨道，外资银行进入了新的发展时期。

在履行加入世贸组织承诺的同时，中国还根据经济发展和金融改革需要，在承诺之外积极实施了一系列自主开放措施。一是积极支持和鼓励外资银行在中西部和东北地区发展，提前向外资银行开放了西安、沈阳、哈尔滨、长春、兰州、西宁等城市的人民币业务，放宽其在这些地区经营人民币业务的盈利资格条件，为外资银行在中西部和东北地区设立机构和开办业务开辟了绿色通道，在同等条件下优先审批其设立机构和开办业务的申请。二是适时调整外资银行营运资金政策，逐步减少经营本外币业务的

---

① 根据 WTO 有关协议，我国将逐步取消对外资银行的限制。正式加入时，取消外资银行办理外汇业务的地域和客户限制，外资银行可以对中资企业和中国居民开办外汇业务。逐步取消外资银行经营人民币业务的地域限制：加入时，开放深圳、上海、大连、天津；加入后 1 年内，开放广州、珠海、青岛、南京、武汉；加入后 2 年内，开放济南、福州、成都、重庆；加入后 3 年内，开放昆明、北京、厦门；加入后 4 年内，开放汕头、宁波、沈阳、西安；加入后 5 年内，取消所有地域限制。逐步取消人民币业务客户对象限制：加入后 2 年内，允许外资银行对中国企业办理人民币业务；加入后 5 年内，允许外资银行对所有中国客户提供服务。允许外资银行设立同城营业网点，审批条件与中资银行相同。加入后 5 年内，取消所有现存的对外资银行所有权、经营和设立形式，包括对分支机构和许可证发放进行限制的非审慎性措施。允许设立外资非银行金融机构提供汽车消费信贷业务，享受中资同类金融机构的同等待遇；外资银行可在加入后 5 年内向中国居民个人提供汽车信贷业务。允许外资金融租赁公司与中国公司在相同的时间提供金融租赁服务。

营运资金档次，降低营运资金要求。三是允许外资银行与中资银行同步开办衍生产品交易业务、合格境外机构投资者境内证券投资托管业务、代客境外理财及托管业务，允许外资银行开办代理保险业务。四是根据与香港和澳门特别行政区签订的关于建立更紧密经贸关系的安排（CEPA），允许香港和澳门地区银行以优惠条件在内地设立机构和开办业务。五是调整外资金融机构参资入股中资银行比例，允许合格的境外战略投资者按照自愿和商业原则投资入股中资银行，参与中国银行业改革。截至2006年12月底，已有29家境外机构投资入股21家中资银行，入股金额190亿美元。

加入WTO以来，中国认真履行承诺，积极推进银行业对外开放。①

截至2010年底，共有45个国家和地区的185家银行在华设立了216家代表处。14个国家和地区的银行在华设立了37家外商独资银行（下设223家分行）、2家合资银行（下设6家分行，1家附属机构）、1家外商独资财务公司。另有25个国家和地区的74家银行在华设立了90家分行，其中，台湾地区的台湾土地银行、第一商业银行、合作金库银行和彰化银行成为首批进入大陆地区设立分行的台资银行。截至2010年底，外资银行在我国27个省（区、市）45个城市设立了机构网点，较2003年初增加25个城市。2010年，银监会印发《关于外资银行在所在城市辖区内外向型企业密集市县设立支行有关事项的通知》，首次允许外资银行在总行或其分行所在城市辖内外向型企业密集市、县设立支行，积极发挥外资银行在县域外向型经济发展中的作用。

---

① 2001年12月，取消外资银行办理外汇业务的地域和客户限制，允许外资银行经营对中国企业和中国居民的外汇业务，在上海、深圳、天津和大连四个城市向外资银行开放人民币业务；2001年12月，颁布《中华人民共和国外资金融机构管理条例》（修订版）。2002年1月，颁布《中华人民共和国外资金融机构管理条例实施细则》（修订版）；2002年12月，在广州、青岛、珠海、南京、武汉五个城市向外资银行开放人民币业务。2003年12月，在济南、福州、成都和重庆四个城市向外资银行开放人民币业务，允许外资银行在已开放人民币业务的地域经营对中资企业的人民币业务；2003年12月，颁布《境外金融机构投资入股中资金融机构管理办法》，规定入股中资银行的资格条件和持股比例。2004年12月，在昆明、北京、厦门、沈阳和西安五个城市向外资银行开放人民币业务。2005年12月，在汕头、宁波、哈尔滨、长春、兰州、银川、南宁七个城市向外资银行开放人民币业务。2006年11月，颁布《中华人民共和国外资银行管理条例》；2006年11月，颁布《中华人民共和国外资银行管理条例实施细则》；2006年12月，取消外资银行经营人民币业务的地域和客户限制，允许外资银行对所有客户提供人民币服务，取消对外资银行在华经营的非审慎性限制。

根据法规规定，外资银行分行、独资银行和合资银行为营业性机构，经批准可按规定经营存款、贷款、结算、托管和代理保险等业务，并可在符合开业时间、盈利状况和审慎经营等方面的条件后申请开办人民币业务。与此同时，中国积极鼓励外资银行金融创新，允许外资银行在华开办金融衍生产品交易业务、境外合格机构投资者境内证券投资托管业务、个人理财业务、代客境外理财业务、电子银行等业务，促进了外资银行业务品种和服务方式的多元化。

截至2011年9月末，外资银行在华已设立39家外资法人银行（下设247家分行及附属机构）、1家外资财务公司、93家外国银行分行和207家代表处。与加入WTO前相比，外资银行分行数增加175家，支行数则从6家增加到380家。截至2011年9月末，外资银行资产总额为2.06万亿元，与加入WTO前3730亿元的资产规模相比，年均复合增长率达19%。据调查，外资银行资产平均增速数倍于境外母行（或总行），其中74%的外资银行资产增速超过境外母行（或总行）在其他国家或地区设立的分支机构，17%的外资银行持平。在资产规模稳步增加的同时，外资银行在华经营基本面健康，资产质量良好。截至2011年9月末，不良贷款率为0.41%，低于全国银行业平均水平，法人银行拨备覆盖率达270.72%；整体流动性充足，流动性比例达70.94%；境内资产负债比为152.41%；法人银行资本充足、资本质量高，平均资本充足率和核心资本充足率分别为18.2%和17.77%。

以在沪外资银行为例，2012年，在华发展信心稳定的外资银行来沪新设机构热情不减，对在华的发展持续投入，截至2012年末，全球六大洲均有银行在上海设立营业性机构，其中外资法人银行22家、外资银行分行78家、外资银行支行100家、外资银行代表处83家。据统计，上海外资法人银行近5年累计获得增资约380亿元，其中2012年增资约70亿元。截至2012年末，上海外资法人银行资产、存款和贷款余额分别为1.62万亿元、1.11万亿元和7341亿元，同比增长6.03%、6.65%和6.92%；不良贷款率0.34%，整体拨备覆盖率283.11%；累计盈利125.01亿元，盈利状况处于历史最好水平；五家外资法人银行资产规模超过1000亿元。

为促进外资银行在华稳健发展，维护银行体系安全运行，银监会对外资银行在华发展实施"分行与法人双轨并行，法人银行导向"政策，简称法人化政策。实施法人化政策可有效隔离境外风险传染,最大限度地维护本国金融体系稳定和保护存款人利益,发挥东道国监管当局监管的主动性、有效性。

外资银行法人化趋势明显,已成为在华主要经营形式。为实现本地化发展,31家外国银行将在华分行改制为本地注册法人银行。截至2011年9月末,外资法人银行数已是加入WTO前的3倍,营业网点数量占外资银行营业网点总数的87%。外资法人银行资产占外资银行整体份额从加入WTO前的5.24%跃升至87.66%,存款份额更高达95.56%。其中,排名前五位的外资法人银行资产均超过千亿元,达到全国性股份制商业银行水平。外资银行法人化政策对于防范外资银行跨境风险取得了良好效果。国际金融危机期间,对于个别外资银行母行突然出现破产危机,危及其在华子行,银监会在与母国监管当局协调处置行动中,充分行使中方对于处置该行在华子行资产的自主权,有力保证了该行在中国的有限公司平稳安全运营,避免了对我国金融体系稳定造成风险,充分证明法人化政策对于有效防范跨境金融风险的重要作用。

(2) 在华外资银行SWOT矩阵图分析。为了进一步分析外资银行未来的发展方向和经营策略,笔者综合考虑了外资银行的内部优劣势,并对其外部环境进行机会威胁分析,用SWOT矩阵图形表示出外资银行所处的形势,如图3-1所示。

从图3-1可知,外资银行的发展战略主要有四种类型,其中第Ⅰ象限为发展战略型,代表外部环境优良,自身优势明显的一种状态。在这种状态下,外资银行着重考虑如何充分利用外界环境中的机会,充分发掘和运用内部资源,以求得快速发展。第Ⅱ象限为稳健战略型,代表外部环境基本适合外资银行发展,但自身素质一般的一种状态。在这种状态下,外资银行宜先采取调整措施扭转内部劣势,提高自身素质和能力,然后寻求发展。第Ⅲ象限为紧缩战略型,代表外部环境不适合发展,内部资源又处于劣势的一种情况。在这种状态下,外资银行应考虑如何避开威胁,消除劣

---

① "SWOT矩阵图形"代表分析企业优势(Strength)、劣势(Weakness)、机会(Opportunity)和威胁(Threats)。"SWOT矩阵图形"实际上是对企业内外部条件的各方面内容进行归纳和概括,进而分析组织的优劣势、面临的机会和威胁的一种方法。其中,优劣势的分析主要着眼于企业自身的实力及其与竞争对手的比较,而机会和威胁分析将注意力放在外部环境变化对企业的可能影响上面。企业在维持竞争优势的过程中,必须认识自身的资源和能力,采取适当措施,做好SWOT分析。

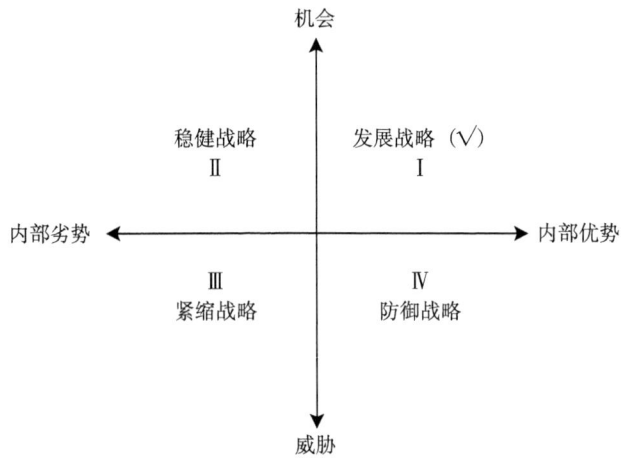

图 3-1　外资银行内部优劣势的 SWOT 矩阵

势。第Ⅳ象限为防御战略型，代表外部环境不适合外资银行发展，但拥有内部优势的一种状态。在这种状态下，外资银行宜先考虑如何分散风险，然后寻求新的发展机会。

从内部看，外资银行大多具有先进的管理水平、突出的业务创新能力、雄厚的资金实力、强大的高科技平台、声誉卓著、筹资成本较低等优势，劣势主要表现在外资银行不具备本土经营及网络的优势，不具备经营人民币业务的经验等。但从总体上分析，它们的内部竞争优势明显。从外部情况分析，中国经济发展平稳，加入 WTO 后对外资银行实行国民待遇，银行监管法规健全，银行业竞争较为有序，适合外资银行的发展。基于上述原因，外资银行在中国大多采取发展战略。

在拓展海外市场方面，中资银行通过在境外直接设立机构、并购和参股境外金融机构的形式积极开拓海外市场。2010 年，中国银行业稳妥实施境外机构布局战略，拓宽业务领域，进一步提升跨境金融服务能力。中国工商银行米兰分行、马德里分行、巴黎分行、布鲁塞尔分行、阿姆斯特丹分行、卡拉奇分行，中国银行金边分行、中国建设银行悉尼分行，交通银行胡志明分行均顺利获得境外监管机构批准。中国农业银行也积极推进境外机构布局和建设，在已拥有香港分行和新加坡分行的基础上，该行悉尼代表处于 2010 年 3 月 10 日开业，纽约、伦敦、东京、首尔 4 家代表处升格为经营性机构的境内申请获得中国银监会批准，农银国际控股有限公司顺利整合农银国际证券有限公司和农银国际保险有限公司。① 交通银行、中国银行、招商银行、建设银行4家银行获得台湾地区的金融监管机构批准在台设立代表处，并都已经营业，其中，中国银行、交通银行代表处已于2011年9月向中国台湾方面金融监督管理机构申请升格为分行。在引进外资的同时，中国银行业审慎实践"走出去"的战略。截至2010年底，5家大型商业银行在亚洲、欧洲、美洲、非洲和大洋洲共设有89家一级境外营业性机构，收购（或）参股10家境外机构，6家股份制商业银行在境外设立5家分行、5家代表处，2家城市商业银行在境外设立2家代表处，我国银行业利用境内外两个市场、两种资源的能力进一步提升。② 2012年6月1日，八部委联合下发《关于加快培育国际合作和竞争新优势指导意见的通知》，提出稳步推进金融的国际化。人民币国际化和银行业国际化是一个并行的进程，人民币国际化将加快银行业的国际化。金融国际化包括资本账户开放、人民币国际化程度提高和金融机构国际化。随着金融自由化和我国国际金融市场开发程度的提高，银行业经营的外部环境在悄然发生变化，银行业国际化进程逐步加快。2011年底，我国16家上市银行共设立、参股海外分支机构1290个，比2010年增加63个，比2007年大幅增长55.6%。中国银行拥有的机构数最多，达到1003个，占已设立上市银行海外分支机构数的77.75%。以工行为例，该行董事长姜建清撰文指出，"工行将紧密跟随中国经济全球化进程，到2014年境外网络覆盖的国家和地区达到40个以上，基本形成对与我国主要经贸往来地区全覆盖、与客户金融服务需求相适应的全球经营网络"。

（3）银行业对外开放对中国金融业的影响。一是推动了中国银行业的金融创新。外资银行将先进的管理理念、成熟的管理技术和产品引入中国市场，促使中资银行提高了创新意识和创新能力，加快了制度、管理和技术等方面的创新步伐。在组织架构方面，中资银行开始优化内部管理架

---

① 截至2010年末，农行境外分行及控股机构资产总额822.54亿元，实现净利润11.44亿元。数据来自《中国农业银行2010年年报摘要》，《证券时报》2011年3月30日。
② 在与香港、台湾地区的银行合作方面，截至2011年9月末，已有6家台资银行在大陆设立分行，10家台资银行在大陆设立代表处（其中10月份新设立2家代表处）。截至2011年9月末，已有14家香港地区的银行在内地设立了14家分行（下设4家支行）、8家外商独资银行（下设82家分行、189家支行）和9家代表处。内地银行在港设立了13家子行（子公司），4家中小内地银行在港设立了代表处，业务也有快速增长。(引自刘明康主席2011年10月19日在《经济日报》上的书面致辞)。

构,积极探索和实施垂直化管理体制,逐步强化业务管理线的职能;在业务流程方面,中资银行加快了以客户为中心、以风险控制为主线的业务流程再造,推行前、中、后台相互分离的控制系统,加速了信息管理系统的升级和完善,提高了经营分析和管理能力;在经营模式方面,中资银行积极探索经济资本增加值、风险调整后的资本回报率等业绩考核方法,逐步发展高附加值产品,提高中间业务收入,开拓零售业务,实现业务发展模式和盈利模式的转变和优化。中资银行金融创新能力和资源配置效率显著提高,综合竞争力不断增强。

二是为中外资银行合作的日益深化提供了良好的环境。中国银行业对外开放以来,中外资银行的合作从业务合作发展到股权合作,共同发展、互利共赢的格局进一步深化。在业务合作方面,中外资银行发挥各自的比较优势,实现了利益双赢。在股权合作方面,中外资银行展开了更深层次的股权合作。在吸引海外投资方面,截至2010年末,共有32家中资商业银行引进41家境外投资者,引进外资余额为384.2亿美元。外资金融机构投资入股不仅增强了中资银行的资本实力,改变了中资银行单一的股权结构,更重要的是为中资银行公司治理水平的提高起到了一定的推动作用,促进了管理模式和经营理念与国际先进银行逐步接轨。参股中资银行也为外资银行提供了参与和分享中国经济发展和银行业改革成果的机会,扩展了它们在中国的市场覆盖范围,有利于其深入开拓中国市场。

三是对外开放促使中国银行业监管水平和能力得到了锻炼和提高。中国高度重视银行业对外开放过程中的风险防范和审慎监管,参照国际银行监管惯例,基本构建了公平、统一、透明的监管环境,在统一中外资银行监管标准方面取得了重大进展;根据外资银行发展状况,不断完善外资银行监管制度和监管体系的建设,建立风险评估、外国银行分行综合评价和母行支持度评价等监管体系,提高外资银行监管水平。银监会还通过加强银行监管的国际交流与合作,提高银行业风险监管和防范能力。截至2010年6月底,中国与美国、英国、加拿大、德国、韩国、新加坡、中国香港、中国澳门、法国、澳大利亚和意大利等38个国家和地区的金融监管当局建立了双边监管合作机制,内容包括信息交换、市场准入和现场检查中的合作、监管信息保密、监管磋商等多个方面。作为发展中国家的代表,中国积极参与了《有效银行监管核心原则》和《新资本协议》等银行监管国际标准的制定,不断创造条件推动本地化实施,促进了中国银行业监管的国际化和专业化。2011年,银监会已配合国际货币基金组织和世界银行完成对我国有效银行监管核心原则的评估工作,并进一步找出我国银行业法律框架、风险管理以及相关监管实践中存在的薄弱环节和差距,以提高银行业监管的能力和水平。

(4) 规范民间金融,公平引导民间资本进入银行业。我国始终高度重视引导民间资本参股银行业金融机构有关工作,注重发挥民间资本在推动银行业金融机构改革和设立方面的重要作用。2003年以来,我国陆续配套出台一系列政策措施,倡导促进民间资本参与大型商业银行股改上市、中小商业银行股权优化及农村合作金融机构深化改革等各项工作,鼓励民间资本参与设立银行业金融机构,民间资本已成为银行业资本金的重要组成部分。

中国银行业的改革进程中,从未对民间资本设置法律障碍和歧视性政策。《商业银行法》中没有禁止民间资本参与设立商业银行的条款。银监会成立后,积极支持民间资本投资入股银行业金融机构。2006年,银监会调整放宽农村地区银行业金融机构市场准入政策,允许包括民间资本在内的各类资本参与发起设立村镇银行等新型农村金融机构。2008年,印发《农村中小金融机构行政许可事项实施办法》,全面放开民间资本入股异地农村中小金融机构的政策限制。2010年4月,印发《关于加强中小商业银行主要股东资格审核的通知》,将中小商业银行主要股东持股比例控制在20%以内,进一步加大支持民间资本进入的力度,促进中小商业银行建立较为合理的股权结构和运行规范,希望并鼓励中小商业银行呈现"多股东、小比例、多种经济成分并存"的股权结构状态,完善中小商业银行公司治理机制。2010年11月,印发《关于加快推进农村合作金融机构股权改造的指导意见》,要求到2015年底前,地(市)及城区机构法人股平均比例应高于50%,县域机构平均比例应高于35%。

目前,民间资本已经是我国银行业资本金的重要组成部分。民间资本参与了部分大型商业银行和股份制商业银行的首次公开募股(IPO)和股权优化。据不完全统计,民间非金融机构类投资者在全国股份制商业股比例达到8.67%,在城市商业银行持股比例达到42.59%。全国农村中小金融机构股本中民间资本超过2400亿元,占股本总额超过90%。民间资本在各类农村中小金融机构的入股比例分别为:农村资金互助社99.8%,农村信用社99.3%,农村合作银行95.8%,农村商业银行77.7%,村镇银行

54.8%（其余股份大部分由民间资本间接持有）。

目前，广东、江苏、浙江等经济较为发达的区域，民间资本进入银行业情况良好。据不完全统计，截至2010年底，广东已改制5家农村商业银行中，民营企业持股43.4亿元，占实收资本的31.9%。江苏108家中小商业银行和农村中小金融机构民间资本占总资本的50%以上，其中江苏银行民间资本占总资本的34.9%，江苏长江商业银行民间资本占总资本的87.0%。浙江（不含宁波）72家农村合作金融机构民间资本占总资本的35.2%。浙江稠州商业银行、浙江泰隆商业银行、台州银行、浙江民泰商业银行民间资本占比均达到95%以上。民间资本进入银行业金融机构，银行和企业方面均出现了显著变化。一是银行股权资本和产权结构渐趋多元化。股东整体素质得到优化，公司治理进一步完善，执行力有效提升，成为自我修复、自我纠偏的重要机制。二是银行服务小企业能力得到提升。民间资本的加入使银行业金融机构能够及时了解各行业的发展动态和民营企业的金融需求，不断创新服务品种，提高服务能力。三是入股民营企业发展更趋规范。银行业在增资扩股过程的审核入股要求中，积极帮助民营小企业改善财务管理状况、提高信息规范性、强化诚信意识及资本约束意识。

二、2003年以来中国银行业改革取得的成就

1. 银行业整体实力持续增强，抗风险能力不断提高

截至2012年底，中国银行业金融机构资产总额133.62万亿元，负债总额124.95万亿元，如图3-2所示。2012年中国商业银行实现税后利润12386亿元，同比增长34.5%。截至2012年底，商业银行按贷款五级分类的不良贷款余额为4929亿元，不良贷款率为0.95%。在资本充足率方面，2012年末，商业银行整体加权平均资本充足率13.25%，加权平均核心资本充足率10.62%。281家商业银行的资本充足率水平全部超过8%。2012年，我国商业银行整体的拨备覆盖率达到295.51%。

2. 银行业改革的质量不断提高，国际社会地位显著提升

银行业改革从最初的只是由国家单纯向银行业注资、剥离不良资产，发展到注资与促进银行业股权结构、公司治理、风险管理等体制机制转变的结合，实现了由简单的治标向标本兼治转变，改革质量逐步提高。同

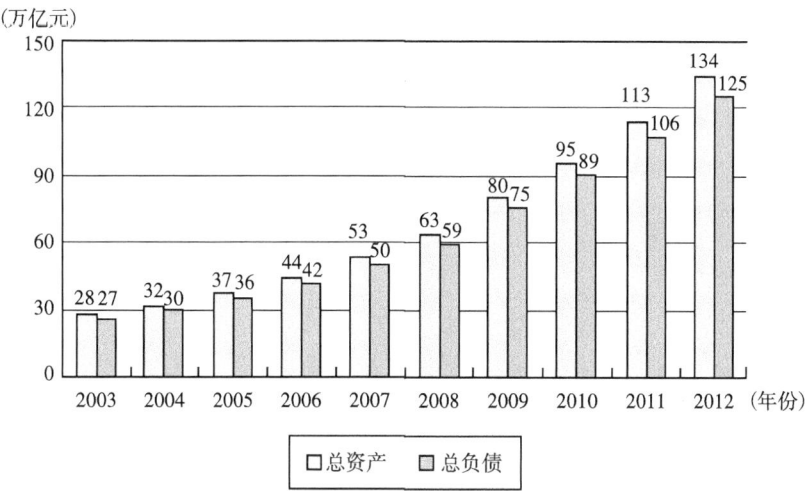

图 3-2　2003~2012 年末中国银行业金融机构资产规模增长情况

资料来源：中国银监会网站。

时，银行业对外开放领域稳步扩大，国际社会地位显著提升。在 2010 年英国《银行家》杂志全球前 1000 家银行排名中，中国共有 84 家银行上榜，其中有三大银行的盈利跻身前十，其中中国工商银行和中国建设银行分列第一位和第二位。

全球金融危机后，中国在国际金融市场上的话语权不断增强，人民币在周边国家和地区的影响进一步扩大，从而为中资银行的国际化发展创造了巨大的空间。2011 年，工行、农行、中行、建行四大行境外资产占比分别为 4.28%、1.33%、23.45%、3.61%，其境外利润占比分别为 3.76%、0.70%、21.32%、0.14%。其中，中国银行虽然境外资产占比较高，但是剔除其历史上形成的港澳地区业务，则和其他银行呈现出相同的特征。

3. 银行业公司治理状况明显改善，风险管控能力显著提高

一是经营理念和方式发生重大变化。发展目标从片面追求数量转变为质量为先、兼顾数量，价值意识、资本约束意识、风险管理意识和品牌意识深入人心。经济资本、经济增加值和经风险调整后的资本回报等先进管理方法得到重视和应用。二是大部分银行业金融机构建立并完善了符合现代金融企业制度要求的公司治理基本框架，机制效应开始显现。三是按照国际先进商业银行的规范要求搭建风险管理组织体系，逐步强化风险管理

体系的垂直独立特征，包括设置直属总行管理的地区性授信审批中心和地区审计部门，推行分行风险管理负责人的委派制等。四是初步优化、完善业务操作流程和分级授权制度，强化内部风险评估体系的建设。大型商业银行已经开始按照《巴塞尔新资本协议》内部评级法的要求开发内部评级法系统。

4. 各类银行业机构协调均衡发展，有序竞争格局逐步形成

经过60年的发展和30多年的改革开放，我国银行业已经发展成为以国有商业银行为主体、政策性金融与商业性金融适当分离，多种金融机构分工协作、多种融资渠道并存、功能互补、协调发展的服务体系。国有商业银行绝对主导地位被打破，市场份额有所降低。四大国有银行资产份额由1993年的80.4%下降到2010年的48.67%。国家开发银行股份有限公司已正式挂牌成立，政策性银行改革取得重大进展。股份制商业银行资产规模、市场份额、盈利水平大幅提高，资本充足率已全部达标，且稳步提升，如图3-3所示。城商行成为我国数量最多、城市分布最为广泛的商业银行类别。农村中小金融机构多元化产权模式格局初步形成，整体实力迅速增强，支农主力军作用日益明显。邮政储蓄体制改革取得实质性突破，邮政储蓄银行建成了全国覆盖面最广、交易额最多的个人金融服务网络。四家资产管理公司完成政策性不良资产处置回收目标，积极探索商业化转

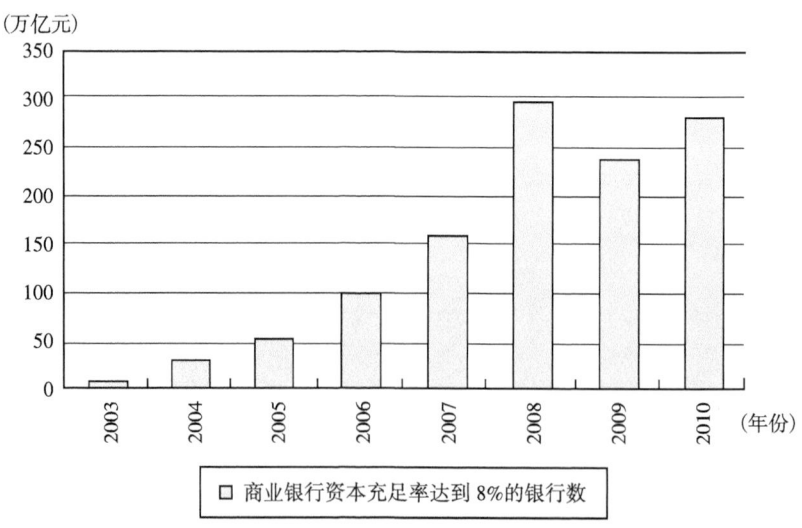

图3-3 2003~2010年中国商业银行资本充足率稳步提升

资料来源：中国银监会网站。

型。非银行金融机构功能定位溯本归源，增加了汽车金融公司、货币经纪公司等新的组织形式，成为金融体系不可缺少的重要组成部分。

据中国银监会初步统计，截至 2012 年末，我国银行业金融机构境内本外币资产总额为 131.3 万亿元，比 2011 年同期增长 17.7%。分机构类型看，大型商业银行资产总额 57.9 万亿元，增长 11.4%；股份制商业银行资产总额 23.4 万亿元，增长 27.9%；城市商业银行资产总额 12.3 万亿元，增长 23.7%；其他类金融机构资产总额 37.5 万亿元，增长 20.4%。中资全国性四大银行和中小型银行 2012 年末人民币信贷收支如表 3-5 和表 3-6 所示。

表 3-5　中资全国性四大银行 2012 年末人民币信贷收支

单位：亿元

项目 Item	2012.12
来源方项目 Funds Sources	
一、各项存款 Total Deposits	512774.40
二、发行金融债券 Financial Bond Issue	60359.27
三、向中央银行借款 Borrowing from the Central Bank	406.13
四、同业往来 Business with Counterpart	34380.97
五、其他 Other Items	184.42
资金来源总计 Total Funds Sources	608105.18
运用方项目 Funds Uses	
一、各项贷款 Total Loans	341091.84
（一）境内贷款 Domestic Loans	340305.57
（二）境外贷款 Overseas Loans	786.27
二、有价证券及投资 Portfolio Investment	126894.54
三、缴存准备金存款 Reserves with the Central Bank	9936.83
四、同业往来 Business with Counterpart	96974.20
资金运用总计 Total Funds Uses	33207.77

注：1. 本表机构包括工行、农行、中行、建行。
2. 数据来源自中国人民银行网站。

表 3-6　中资全国性中小型银行 2012 年末人民币信贷收支

单位：亿元

项目 Item	2012.12
来源方项目 Funds Sources	
一、各项存款 Total Deposits	208778.74
二、发行金融债券 Financial Bond Issue	31459.16

续表

项目 Item	2012.12
三、向中央银行借款 Borrowing from the Central Bank	3384.25
四、同业往来 Business with Counterpart	58135.68
五、其他 Other Items	−5219.52
资金来源总计 Total Funds Sources	296538.31
运用方项目 Funds Uses	
一、各项贷款 Total Loans	168365.01
（一）境内贷款 Domestic Loans	167435.84
（二）境外贷款 Overseas Loans	929.18
二、有价证券及投资 Portfolio Investment	44478.19
三、缴存准备金存款 Reserves with the Central Bank	7239.12
四、同业往来 Business with Counterpart	42896.75
资金运用总计 Total Funds Uses	33559.23

注：1. 中资全国性中小型银行指本外币资产总量小于 2 万亿元且跨省经营的银行。
2. 数据来源自中国人民银行网站。

截至 2012 年末，银行业金融机构境内本外币负债总额为 122.6 万亿元，比 2011 年同期增长 17.5%。其中，大型商业银行负债总额 54 万亿元，增长 11%；股份制商业银行负债总额 22.1 万亿元，增长 28.3%；城市商业银行负债总额 11.5 万亿元，增长 23.8%；其他类金融机构负债总额 34.9 万亿元，增长 20.1%。2012 年商业银行流动性情况如表 3-7 所示。

表 3-7　2012 年商业银行流动性情况

单位：%

2012 年	第一季度末	第二季度末	第三季度末	第四季度末
流动性比例	45.66	46.69	45.23	45.83

注：商业银行包括大型商业银行、股份制商业银行、城市商业银行、农村商业银行和外资银行。
资料来源：中国银监会网站。

5. 银行业服务能力和水平不断提高，功能日益完善

通过改革开放，我国银行业不断改善服务理念、手段和方式，产品和服务单一的状况得以改变。为解决中小企业融资难和农村金融服务不足等问题，近年来银监会大力倡导中小企业金融服务，稳步推进中小企业贷款

"六项机制"建设,大力支持农村金融发展,完善农村金融体系,增加"三农"信贷投入。各银行业金融机构积极响应,主动改变业务流程和组织架构,创新产品和服务,努力满足小企业多样化、个性化和"三农"发展的融资需求。截至2010年末,金融机构中小企业人民币贷款余额(含票据贴现)17.7万亿元,同比增长22.4%。其中,中小企业贷款余额7.5万亿元,同比增长29.3%,较2009年同期增长3000亿元,有效缓解了中小企业和"三农"发展过程中的资金困难。同时,银行业还密切关注国计民生,积极履行社会责任,服务奥运,援助灾区,参与公益事业,支持环境保护,服务水平显著提升。

6. 监管理念和方法日益成熟,银行监管有效性不断提升

随着我国银行业体系的不断发展,我国银行业监管体系也逐渐形成和完善。从最初的行政式管理到现在的科学审慎监管,从最初的合规监管为主发展到现在的风险为本、合规监管并重的科学体系,监管理念、方法、手段不断改进,有效性不断提高。银监会成立以后,在总结以往多年监管经验和教训的基础上,确立了四条监管新理念、四个监管目标和六条监管标准,作为监管活动的准则和出发点;同时,确立了"准确分类—充足拨备—做实利润—资本充足率达标"的持续监管思路,作为规范监管工作程序、实施审慎监管的重要依据;银监会对照巴塞尔委员会《有效银行监管核心原则》进行自我评估,不断丰富监管手段;根据国际监管规则,结合国际实践,加强资本监管,提高我国银行业风险管理能力;研发银行业监管信息系统、风险预警系统、现场检查系统等,探索监管评级标准,不断改进监管手段;加强境内外双边和多边监管合作,已与34个国家和地区的金融监管当局签署了双边监管谅解备忘录或合作协议。

在我国银行业进入改革开放的第30个年头,发端于美国的次贷危机席卷全球,演变为自1929年大萧条以来最严重的全球金融危机。在这场百年一遇的金融危机的冲击下,全球金融体系遭受重创,我国银行业经受了全面的洗礼。正是由于坚持审慎经营、科学发展的理念,中国积极采取多种措施抵御金融风暴,中国银行业保持了稳健运行,也进一步彰显了中国银行业改革开放后所取得的成效。

第二节　金融危机给中国银行业带来的机遇与挑战

一、中国银行业面临的挑战

1. 经济下行周期对银行业的影响

从经济形势来看，全球经济复苏缓慢、国内经济增长方式和结构调整使宏观经济面临较大不确定性。欧盟、美国、日本等主要经济体开始出现复苏迹象，但仍面临财政赤字高企、失业率居高不下等诸多问题，全球经济复苏的内生动力仍然不足。全球贸易景气度仍在低位徘徊。对中国而言，出口环境仍不理想，外需疲弱可能成为常态。国内实体经济虽然企稳向好趋势明显，但仍存在下行风险。当前中国经济正处于经济结构调整的重要时期，资产价格过高和通货膨胀压力加大等问题尚待解决，货币政策与汇率政策的微妙变化将对银行业经营产生不可忽视的影响。

2. 全球金融市场波动与通货膨胀环境加剧带来的挑战

一方面，后国际金融危机时期，以美国实施第二轮量化宽松货币政策为代表，包括美、欧、日在内的西方发达国家纷纷抢着实施一轮又一轮量化宽松货币政策，为全球市场注入了前所未有的流动性，其中很大一部分正源源不断地流向经济发展较快、后续发展潜力巨大的新兴市场国家。2010年流入新兴市场国家的私人资本相比2009年的5810亿美元增加40%以上，达到8250亿美元。① 新兴经济体输入型通胀压力已经逐步显现。目前，不少新兴经济体 CPI 涨幅已远远超过5%的温和通胀警戒线。2010年12月，印度、越南、俄罗斯、巴西、阿根廷等国家的 CPI 分别上涨了6.47~11.75个百分点。

另一方面，全球性大宗商品剧烈波动。2010年下半年，国际铜价约上涨60%，原油价格约上涨40%，国际黄金价格于2010年底达到1400美

---

① 国际金融协会2010年11月统计。

元/盎司的历史高点。在极端天气频现及流动性泛滥的背景下，包括玉米、大豆、小麦在内的全球农产品价格也涨势迅猛。国际金融市场频繁大起大落，过几年就会爆发出一次个别国家或地区的金融危机，将来也并不排除再次发生国际性金融危机的可能。这对于正在实施"走出去"的中国银行业机构而言，无疑将面临巨大的不确定性和市场风险，给银行持续安全稳定发展带来严峻挑战。

3. 地方政府融资平台风险和房地产调控带来的挑战

为应付金融危机的冲击，中国政府出台了四万亿元投资的刺激内需政策，2008~2009年，中国银行业短时期投放巨量信贷。银行贷款在行业结构上向重化工业、房地产等领域集中，在期限结构上向中长期贷款集中，在客户结构上向大企业集团和政府融资平台集中。这其中已潜藏着一定的金融风险。一是房地产行业贷款风险隐患上升。随着房地产调控向深度推进，房地产市场不确定性增加，房地产行业贷款信用风险上升。二是地方融资平台等重点领域信贷风险显现。根据银行业2010年6月底自查数据显示，地方政府平台公司贷款余额超过7万亿元。部分银行业金融机构对各级地方融资平台授信总量较大，集中度较高，风险管控不足，地方融资平台信贷隐藏较大风险。三是流动性风险压力增大。这主要表现为存贷款期限结构背离加剧，银行业金融机构平均流动性比率有所下降。四是信贷资产类理财产品带来资产表外化潜藏风险。一旦大量表外资产转入表内，商业银行可能会在资本市场寻求更多融资。

4. 金融监管环境持续加强带来的挑战

金融危机推动全球金融监管改革迈出巨大步伐。为弥补金融监管体系存在的缺陷，促进金融体系的稳健运行，各国监管部门在本次危机爆发后均推出了一系列的金融监管改革方案。国内外银行业监管更为严格、审慎。2009年12月17日，巴塞尔委员会公布《巴塞尔协议Ⅲ》征求意见稿，希望通过提高银行体系的资本金要求和流动性标准，提升银行业的抗风险能力。2010年12月16日巴塞尔委员会发布了第三版《巴塞尔协议》，并要求各成员经济体两年内完成相应监管法规的制定和修订工作。根据Basel Ⅲ要求，我国银行业将面临着更高的资本要求，在严格资本定义并扩大资本覆盖风险范围的基础上，大型银行和中小银行的资本充足率分别不低于11.5%和10.5%，并引进动态拨备率和杠杆率作为资本监管的重要补充。2010年末，我国商业银行整体加权平均资本充足率12.2%，加权平均核心资本充足率10.1%。尽管如此,仍有多家商业银行面临着补充资本的压力。此外,根据《商业银行资本信息披露指引》,商业银行将按国际惯例进行信息披露,提高商业银行经营的透明度,并按统一的国际会计准则报告真实数据,这在客观上会加强商业银行的内部控制与管理,但同时也使商业银行风险更加暴露,并伴随严格的市场退出机制。监管部门通过窗口指导控制银行的贷款投放以及对外投资等业务,比如降低贷款比例等,这会使银行过于谨慎而失去一定的盈利机会。

5. 日益激烈的同业竞争带来的挑战

在此次国际金融危机中,市场参与主体的非审慎经营弱化了市场约束,一定程度上导致了资产证券化工具的滥用,成为危机形成的诱因。商业银行等金融机构为了扩大贷款规模逐利,不惜放低借贷标准;投资银行、评级机构为了创设更多的证券,不惜降低执业标准,向投资者出售不合格的证券产品,特别是保险基金、养老基金等机构投资者,为了追求收益,不惜降低风险溢价,参与高风险投资,这一系列不审慎的行为造成了证券市场内在的约束机制失灵,导致了危机的形成。当前,国内金融机构面临的竞争越来越激烈,金融机构创造利润的内部驱动也越来越强烈,业务创新和恶性竞争无疑会加剧业务风险。

一方面,外资银行大量进入,在较短时间内实现了机构数量的增加及资产规模的扩大。至2010年末,在华外资银行营业机构数近400家,资产总额近1.74万亿元。与此同时,外资银行的业务经营范围也在逐步扩大,至2010年末获准经营人民币业务的外国银行分行、外资法人银行近79家,获准从事金融衍生产品交易业务的外资银行机构56家,外资银行已成为中国国内市场的重要竞争者。另一方面,民间资金将融入正规金融体系。一直在正规金融体系外循环的民间资金将受到规范并逐步融入正规体系。大量原来存在于"地下"的民间借贷组织改组为小额信贷机构。同时,随着2009年6月银监会《小额贷款公司改制设立村镇银行暂行规定》的公布,大量私有资本性质的小型农村金融机构纷纷涌现。此外,股份制商业银行、城市商业银行、非银行金融机构包括金融租赁公司、汽车金融公司的逐步发展壮大都将改变我国的金融结构,使国内银行业竞争加剧,市场份额面临重新划分。

6. 利率市场化和人民币汇率形成机制改革带来的挑战

为应对全球金融危机,增强政策监管和调控的科学性与针对性,我国明确提出要构建逆周期的金融宏观审慎管理制度框架,加大了对利率市场化和人民币汇率形成机制的改革。"十二五"规划明确要求:要有规划、有步骤、坚定不移地推动利率市场化和汇率形成机制改革。目前,外币贷款利率、大额外币存款利率以及部分小额存款利率已经放开,在货币市场上,央行票据、国债在整个银行间市场和交易所市场回购利率也已实现了开放,同时人民币利率改革发展到"存款利率规定上限,贷款利率规定下限"的阶段。利率市场化的基本趋势就是银行存贷利差收窄,将带来巨大的利润压力。由于受信用等级、社会形象等因素的影响,大小银行之间必然通过比价轮动,形成多层次的利率级差。在当前我国银行业还主要依赖存贷利差收入生存的情况下,利率市场化将会从根本上颠覆商业银行现有的盈利模式。国际国内实践表明,利率市场化加快带来的直接影响是导致银行业净息差缩小和利息收入水平下降。现在看来,从2011年起,推进利率市场化已进入行动的轨道,这给商业银行的资产负债管理、风险定价、持续盈利能力等带来严峻的挑战,特别是对一些资金实力有限、风险定价能力不高、金融创新能力不强的中小银行带来了生存的压力。这需要中国各类银行金融机构积极应对,找寻到差异化竞争和创新发展的成功模式。只有成功经受住利率市场化的挑战,商业银行的资产负债平衡能力、定价能力、资金运营能力、国际竞争能力才会有大幅度提升,商业银行间的差距将逐步显现。

随着人民币汇率制度改革的深化,人民币汇率不再盯住单一美元,形成更富弹性的人民币汇率机制。人民币汇率市场化改革,要求商业银行加强汇率风险的防范,而同时由于人民币小幅升值引起更强的升值预期,可能会有更多的外汇资金选择结汇,从而对商业银行的外汇理财产品和其他外汇衍生业务的发展带来不利影响。此外,随着人民币小幅升值,也将使得国内部分行业和企业的景气状况发生一定程度的变化,从而相应影响到商业银行在这些行业信贷资产的质量。若人民币中长期进一步升值,则受不利影响的行业范围将进一步扩大,影响程度也将更加显著。对于受到人民币升值不利影响的行业来说,可能会面临盈利能力和偿债能力的下降,这增大了银行在相关行业贷款的风险,势必会促使商业银行重新审视其相关的授信业务。

金融危机、影子银行与中国银行业发展研究

二、中国银行业面临的机遇

从国内环境来看,中国银行业在后危机时代将面对一个更加成熟的金融环境。

1. 金融市场的深度和广度将进一步加深和改善,为商业银行综合化经营开辟新的路径

金融危机的冲击为中国金融市场广度和深度的改善提供了动力,如更多规避汇率、利率、价格风险的衍生工具的出现、人民币债券市场的活跃、对财富管理需求的增加等。金融市场体系的日益完善,多层次资本市场和外汇、期货、贵金属市场以及各类新型市场稳步发展,给商业银行带来了融资、清算、托管等方面的大量服务需求;同时,金融创新的空间进一步打开,商业银行可以更多地依托资本市场和相关机构开展业务,以更加多元化的服务方式提供流动性创造、风险管理和收益提升等不同类型的产品,更好地满足客户多样化的金融需求。中国银行业将会从目前传统的存贷款业务出发,全面、多层次发展,提高盈利能力和风险管理能力。

2. 人民币国际化进程加快,为商业银行国际化战略加速推进铺平了道路

过去的几年,中国银行业经受住了国际金融危机的考验,在国际排名、业务竞争力等方面脱颖而出,金融危机为中国银行业在国际舞台施展才华提供了新的机遇。随着中国作为世界第二大经济体地位的巩固,更多中资企业"走出去"步伐加快,进一步拓展了商业银行国际结算、跨境财富管理等国际业务的市场空间。特别是人民币加速国际化,创造了巨大的跨境人民币结算与投资业务需求,大大提升了中国在国际金融体系中的话语权,扩展了中资金融机构的成长空间。商业银行国际化发展将逐步进入战略产出期,开拓海外市场的机会更多、空间更大、条件也更有利,经营理念全球化、海外布局网络化和跨境业务规模化的特征更为明显。

3. 全球银行业的重新洗牌,使中国银行业地位提升

从国际经济形势看,全球经济和金融市场力量对比发生变化。一是新兴市场国家增长强劲。在美欧经济可能陷入长期疲软的情况下,中国、印度、巴西等新兴市场国家正在以稳定的增长势头对全球经济增长发挥更为

重要的推动作用。二是全球银行业竞争格局重新洗牌，中国银行业的地位有所提升。根据英国的《银行家》杂志2010年7月发布的全球1000家大银行排名，中国共有84家银行跻身全球1000家大银行之列，其一级资本占1000家银行一级资本总额的8.9%，而税前利润则高达1000家银行利润总额的25.39%。

4. 以转变经济发展方式为主线，产业结构调整为中国银行业转型发展创造了新的市场机会

后金融危机时代，中国经济结构战略性调整步伐加快，经济发展将呈现从"快"向"好"、从"国强"向"民富"、从"外需"向"内需"、从"高碳"向"低碳"、从"世界工厂"向"世界市场"等一系列转型，这为商业银行的转型发展创造了有利条件。一是社会财富不断积累，内需潜力逐步释放，人口老龄化逐渐加深，要求银行业进一步丰富个人金融服务，提高财富管理水平，不断满足人民群众日益增长的多样化金融服务需求。二是中国城乡统筹发展特别是城镇化和社会主义新农村建设积极稳妥推进，要求银行业继续提供城乡基础设施建设，以及城镇吸纳农村转移人口所需的住房、就业、就学等相关金融服务空间很大。三是产业结构调整持续推进，传统产业加快改造提升，低碳经济理念方兴未艾，高附加值、高技术的战略性新兴产业不断涌现，现代服务业蓬勃发展，要求银行业继续调整优化信贷结构，大力支持产业结构优化升级。四是经济社会全面协调可持续发展，要求银行业继续加大对"三农"、中小企业、就业、消费、节能环保、科技创新等重点领域和薄弱环节的支持，促进区域协调以及经济、社会、环境协调发展。在这样的大环境下，银行业有望在更高平台上实现与国民经济的良性互动和协同发展。

5. 从监管环境看，国内外银行业监管更为严格、审慎，有利于银行业的平稳健康发展

金融危机推动全球金融监管改革迈出巨大步伐。为弥补金融监管体系存在的缺陷，促进金融体系的稳健运行，各国监管部门在本次危机爆发后均推出了一系列的金融监管改革方案。具体来看，一是强调宏观审慎监管，防范系统性风险。例如，成立跨部门委员会，以加强对系统性金融风险的识别和监控、协调各监管机构关系；构建逆周期的监管机制，以缓解银行体系亲周期性的负面影响。二是强调全面监管，扩大金融监管范围，弥补监管漏洞。三是强调国际监管合作，完善国际金融监管框架。四是加

强银行薪酬监管，约束过度投机行为。五是更加注重消费者和投资者的利益保障。六是加强监管约束力度，例如提高金融交易信息披露要求、限制过度杠杆、反避税等。一系列强化监管措施的推进，从长远看，有利于银行业的平稳健康发展。

银监会2012年6月7日发布了《商业银行资本管理办法（试行）》，该办法根据Basel Ⅲ确定的银行资本和流动性监管新标准，增强银行业金融机构抵御风险的能力，表3-8所示为过渡期系统性银行资本监管指标对比。

表3-8 过渡期系统性银行资本监管指标对比

指标体系	具体指标	我国监管部门要求	Basel Ⅲ要求	达标时间	
				我国监管部门	Basel Ⅲ
资本充足率	普通股核心资本	最低5%	最低4.5%	2012年开始实施，2018年达标	2013年1月1日~2015年1月1日
	一级资本	最低6%	最低6%		
	总资本	最低8%	最低8%		2019年前仍为8%
	资本留存缓冲	2.5%	2.5%		2016年1月1日~2019年1月1日
	逆周期资本缓冲	0~2.5%	0~2.5%		2016年1月1日~2019年1月1日
	系统重要性银行附加资本	1%	1%		2013~2018年间逐步实施
杠杆率	核心资本/未加权表内外资产	最低4%	最低3%	2012年开始实施	2013~2018年间逐步实施
拨备率	拨备/信贷余额	最低2.5%		已实施	2013~2018年间逐步实施
	拨备覆盖率	最低150%		已实施，动态调整	
流动性	流动性覆盖率	最低100%		已实施	2015年开始实施
	净稳定融资比率	最低100%			2018年开始实施

资料来源：银监会2012年6月7日发布的《商业银行资本管理办法（试行）》（中国银监会2012年1号令）。

第三章 中国银行业在危机中逆境成长

第三节 中国银行业应对危机的主要方法和策略

一、金融危机对中国经济的影响及政府主要应对措施

在管理汇率体制和资本项目非开放的条件下,中国的金融市场在本轮危机中受到的直接冲击相对较小。金融危机对中国经济的影响主要是由于外部实体经济的衰退引发外部需求的急速下滑,并导致中国经济出现了结构性的产能过剩,而外贸出口的大幅下滑又进一步影响固定资产投资的增速。

为抵御金融危机对我国的不利影响,防止国民经济深度下滑,中国政府强力启动了一系列经济刺激计划,实行积极的财政政策和适度宽松的货币政策,有力地扩大了国内需求。概括来看,中国政府的一系列经济刺激计划主要包括以下几个方面。

1. 强力拉抬内需,增强投资和消费对经济增长的拉动作用

(1) 投资方面。大规模增加政府投资,积极调动社会投资。在两年内通过增加安排1.18万亿元中央投资,拉动四万亿元投资规模,资金投向主要包括:加快建设保障性安居工程;加快农村基础设施建设、加快铁路、公路和机场等重大基础设施建设;加快医疗卫生、文化教育事业发展;加强生态环境建设;加快自主创新和结构调整;加快地震灾区灾后重建各项工作;提高城乡居民收入;加大金融对经济增长的支持力度等。同时,发挥政府投资"四两拨千斤"的作用,进一步拓宽民间投资渠道和领域,吸引更多社会资金参与政府鼓励项目的建设。

(2) 消费方面。重点放在增强消费能力、发展消费热点、完善消费政策、改善消费预期等方面,提高企业退休职工基本养老金、城乡居民最低生活保障标准和优抚对象的待遇水平,较大幅度增加各项涉农补贴。开展家电下乡、农机具下乡和汽车、摩托车下乡,积极拓展农村市场,挖掘农村消费潜力,完善汽车等消费政策,促进房地产市场稳定发展。努力消除制约消费的政策障碍,稳定和增强居民的消费预期。

2. 实施适度宽松的货币政策,为国家系列经济刺激计划的落实提供配套金融服务支持

从 2008 年下半年起,五次下调存贷款基准利率,其中一年期存贷款利率累计下调 1.89 个百分点,一年期存款利率累计下调 1.62 个百分点;四次下调金融机构人民币存款准备金率,其中大型金融机构累计下调 2 个百分点,中小型金融机构累计下调 4 个百分点;引导商业银行扩大贷款总量;扩大商业性个人住房贷款利率下调幅度,支持居民首次购买普通自住房和改善型普通自住房;明确取消对金融机构信贷规模控制;加强信贷政策引导,鼓励和引导金融机构在保持信贷总量合理均衡增长的基础上,坚持"区别对待,有保有压",优化信贷资金结构,重点为中央投资项目、"三农"、中小企业、就业、助学、灾后重建、扩大消费、自主创新等领域提供信贷支持。

3. 实施产业振兴规划,调整产业结构,淘汰落后产能,培育新的产业增长点

重点是组织实施钢铁、汽车、船舶、石化、纺织、轻工、有色金属、装备制造、电子信息、现代物流十个产业调整和振兴规划。一是加大信贷支持,调整税收政策,实施重要产品的收储,稳定生产,稳定市场,支持企业渡过难关;二是调整产业结构,促进技术进步,淘汰落后产能,培育新的产业增长点;三是加快改革创新,鼓励兼并重组,形成具有较强竞争力的大型企业集团和产业集群。

4. 加快区域经济发展,优化生产力布局

密集出台一系列有关区域经济发展的规划和方案,强调加强城乡统筹和区域协调,形成产业结构的梯级布局。区域规划政策的核心旨在通过充分利用区域地理优势,调整产业结构,优化生产力布局,实现各区域的协调发展,形成鲜明的区域经济特色,构建中国经济未来可持续发展的内在动力。

5. 加大科技扶持力度,加强自主创新和科技攻关,促进形成新的经济增长点

加大财政对国家重点科技项目的投入力度,加强自主创新基础能力建设,重点推进重大科技基础设施、科技基础条件平台、知识创新、技术创新等工程建设;结合重点产业振兴,推广应用一批能够有效促进产业升级、技术改造和节能减排的自主创新技术;推动高技术产业集聚和特色产业基地发展；建立人才和创新的有效激励机制，实施海外高层次人才引进计划，吸引海外高层次人才回国（来华）创业。

6. 健全社会保障制度，积极促进就业，着力解决涉及群众切身利益的医疗和教育等方面的问题

实施更加积极的就业政策，在安排投资和确定重大建设项目时，注重发挥对就业的带动作用；加快完善社会保险体系，进一步提高各类社会保险统筹层次，扩大各类社会保险的有效覆盖范围，启动实施农村新型养老保险试点；加大扶贫开发力度，实施新的扶贫标准，对农村低收入人口实行全面扶贫政策；提高全民医疗卫生保障水平，抓紧落实医药卫生体制改革实施方案，用三年时间基本建成覆盖全国城乡的基本医疗卫生制度。同时，全面推行城镇居民医疗保险制度，进一步提高新型农村合作医疗保险参保率，加大城乡医疗救助力度。

国家一系列经济刺激计划，可概括为扩内需、保增长、稳出口、调结构和促民生五个方面，从短期来看，经济刺激计划的实施有效遏制了经济增速快速下滑的势头，宏观经济呈现企稳向好的积极变化；从长期来看，有助于实现我国经济结构性调整，拓展国内需求，构建以内需为主导的新经济政策。

二、中国银行业应对危机的主要策略

在国家经济结构调整与监管变革的影响下，在国内外多种发展理念的交织与碰撞下，中国银行业坚持经营转型的方向，在危机中实现了稳健增长。截至 2010 年末，我国银行业金融机构境内本外币资产总额达到 94.3 万亿元，比 2009 年同期增长 19.7%。据统计，13 家全国性银行 2010 年共实现净利润 6659 亿元，日均净赚 18.24 亿元，平均每家银行净利润超过 500 亿元，占已公布 2010 年年报的上市公司净利总和的 45%。目前，经营转型仍在继续，中国银行业从加强金融监管、加大经营转型力度，以及从发展战略、业务流程、业务结构、金融创新等多个方面应对金融危机的冲击。

1. 银行监管机构加强银行业审慎风险监管

一是有效隔离风险的跨市场传递。2007 年初，次贷危机刚显露端倪，中国银监会即发布有关规定，严禁银行为企业债券发行以及各种金融衍生产品的推出和出售提供担保，阻断金融风险从债市、股市向信贷市场转嫁

金融危机、影子银行与中国银行业发展研究

的渠道。同时,还积极加强对大型银行的并表监管,加强跨业、跨境风险监管。这是我国银行业监管的一个很重要的特色。二是严格实施二套房贷政策,积极防范房地产金融风险。2007年9月和12月,银监会两次会同人民银行联合发布"通知",加强商业性房地产信贷监管,坚持采用审慎的最低首付比例和利率水平,同时开展房地产贷款专项调查,要求商业银行开展房地产贷款压力测试,对规范和引导二套房信贷起到了积极作用。三是加强资产证券化业务监管,引导银行业金融机构审慎开展资产证券化,严禁将房地产不良贷款进行证券化,防止房地产信贷风险通过证券化被放大。此外,各地银监部门还加强理财产品监管,严格防范创新业务风险和误导性销售,加大了对代客理财业务的监管力度,要求商业银行代客理财业务必须做到"成本可算,风险可控,信息充分披露"。四是加强资本充足率监管。银监会积极学习和借鉴国际同行的监管制度、标准和技术,结合我国实际,改进监管方式和手段,在建设具有中国特色的现代银行监管框架方面已经取得了显著成效,构建了新的审慎监管框架。完善了逆周期超额资本和损失准备监管制度,科学动态地使用资本充足率、拨备覆盖率等手段,改进监管方法和技术,着力提高科学监管水平。在科学监管理念的引领下,中国银行监管的有效性明显上升,银行业整体抗风险能力显著增强,经受住了国际金融危机的严峻考验。2012年,我国商业银行资本充足率水平大幅提升。截至2012年末,商业银行整体加权平均资本充足率13.25%,加权平均核心资本充足率10.62%,表3-9为我国2012年商业银行拨备情况。

表3-9 2012年商业银行拨备情况

单位:%

2012年	第一季度末	第二季度末	第三季度末	第四季度末
拨备覆盖率	287.4	290.18	289.97	295.51

注:商业银行包括大型商业银行、股份制商业银行、城市商业银行、农村商业银行和外资银行。
资料来源:银监会网站(http://www.cbrc.gov.cn/chinese/home/jsp/index.jsp)。

2.加快国际化经营步伐,稳步推进海外扩张

肆虐全球的金融危机并没有改变全球经济金融一体化的大趋势。在这样的大背景下,伴生于中国改革开放与经济金融发展的银行业国际化、综合化之路不会改变。近年来,我国商业银行综合化经营以及境外布局仍然

稳步推进，便是有力证明。2010年，第二批银行系金融租赁公司试点启动，首批获准投资保险公司股权的试点银行全部成功入股保险公司，都是中国银行业在综合化经营的道路上具有里程碑意义的大事件。2010年10月召开的十七届五中全会提出，要逐步发展我国大型跨国公司和跨国金融机构，提高国际化经营水平。伴随着我国企业"走出去"的脚步，中国银行业的国际化将迎来快速稳定发展时期。

3. 加快流程银行建设，提升运营效率

自原中国银监会主席刘明康于2005年10月提出"流程银行"的概念后，构建流程银行的理念迅速被各家银行所接受。金融危机后，中国银行业流程银行建设体系步伐加快，商业银行开始积极寻求机构扁平化、业务垂直化、流程科学化，持续推进流程银行建设，提升业务运营效率。国际金融危机的爆发使这一任务变得更加紧迫。

2009年以来，中国银行业的流程银行建设取得了较大进展。工、农、中、建、交五大国有银行纷纷实现前中后台业务分离，按照集中后台、充实前台的原则，将基层机构网点和一线营销部门的非营销及服务职能逐步剥离到后台集中处理，对资金清算、单证、放款、资金配置、授信等实施专业化的运作管理。进入2010年，成都银行、浙商银行等城市商业银行也开始了推进流程银行建设的尝试。流程银行建设正逐渐成为激烈竞争之下中国商业银行的共同选择。

4. 深入实施业务经营转型，提升市场竞争力

金融危机后，我国"金融脱媒"趋势加快，债券市场发展提速。随着资本市场的恢复性发展，将进一步增加直接融资在社会融资总量中的占比，相应地，以银行为媒介的间接融资在社会融资总量中的占比将会进一步降低。为应对这一趋势，国内银行加快业务经营转型步伐，不断培育新的业务增长点，增强可持续发展能力。一是中间业务发展步伐加快，中国银行业积极开展债券结算代理、做市商、银行理财、财务顾问和债券承销等业务，开辟新的业务空间和盈利增长点，避免过分依赖存贷款利差的盈利模式。二是全方位调整优化资产、负债、客户、收益和渠道结构，培育和发展资本节约型、抗经济周期型、服务创新型业务，构建多元、稳定、均衡的收益增长格局。三是调整客户结构，大力拓展私人银行、中小企业市场，通过多渠道、多元化资产营销，改变银行业务种类单一、高度同质化、市场容量有限等问题。四是适应经营转型，国内银行业积极转变绩效

评价体系，从传统的以当期账面利润和不良资产率为核心的绩效考核体系，转变为以经风险调整后的资本回报率（RAROC）和经济增加值（EVA）为核心的绩效评价体系，克服传统绩效评价指标无法准确衡量银行价值创造过程中所承担风险的缺陷，提升可持续发展能力。

5. 把握经济发展节奏，积极融入国家经济建设

金融危机后，中国政府出台一系列应对危机的政策和措施。国内银行业坚持有保有控，积极调整和优化信贷结构，加大对符合国家信贷政策的产业和项目支持，包括绿色金融、节能减排、环保产业、新能源产业的支持，加大对重点基础设施投资项目和十大振兴产业的专项项目和技术改造项目的信贷支持。对符合国家节能减排和土地、环保要求的企业、项目、新型产业按照"绿色信贷"原则加大支持力度。支持扩大消费信贷和居民首套自住型住房消费，积极开发适合城乡家庭特点的消费信贷产品，积极支持家电、汽车、农机下乡，促进农村市场的流通和消费。工商银行、农业银行、民生银行等中资银行纷纷成立中小企业业务专营机构，拓宽中小企业融资渠道，同时加大对零售和"三农"信贷业务的支持和投入，通过消费信贷品种的产品创新、渠道整合和营销方式创新，拓展消费信贷业务空间，集中推进汽车、住房、家电、教育、旅游、农村居民消费等与民生密切相关的产业信贷消费。

6. 实施全面风险管理，关注可持续发展

世界金融史上，危机从来就没有间断过。每次金融危机都会带给我们不同的经验和教训，但有一点是相同的，即银行业应更加注重风险管理、更加关注可持续发展。此次金融危机后，国内各银行纷纷加快建立覆盖全机构、全业务、全流程、全类别、全员的全面风险管理体系，以资本充足率、经济资本限额和关键风险指标控制全行风险总量，完善风险管理框架与工具，建立健全风险管理责任机制与考核评价体系。在内控管理方面，已在公开市场上市的各家银行，按照上市银行的内部控制规范，推进内控合规体系建设，完善内部控制环境，改进内部控制程序，加强内部监督和信息披露，倡导合规文化。

三、中国银行业发展趋势

百年一遇的国际金融危机加速了全球经济格局的转变，改变了全球金

融市场运行的总趋势,推动全球金融监管改革迈出巨大步伐,造就了金融市场的大变局,给中国银行业带来历史性的发展机遇和挑战。展望未来,面对复杂的经济金融形势和日趋激烈的竞争环境,中国商业银行的发展将展现出一些鲜明的特点和趋势。

1. 中国银行业国际竞争力将进一步提升

依托于稳步增长的中国经济,中国银行业已经实现并有望延续国际同业难以企及的高速增长。随着经济全球化的进一步发展、中国对外开放基本国策的深入实施以及中国经济实力的不断增强,中国银行业"走出去"的步伐将更加坚定和稳健。随着我国商业银行盈利能力的提升、资本实力的增强和国际化程度的提高,商业银行在国际市场上的竞争能力将更为突出。

2. 中国商业银行将强化核心竞争优势

在全面提升竞争能力的同时,根据市场环境与自身特点培育核心竞争力,是商业银行在未来银行业竞争中取胜的关键。在同质化竞争严重的情况下,商业银行必须依托于核心竞争优势把握目标客户、占领细分市场。这不仅表现为差异化的战略和服务、具有独特优势的业务和产品,还表现为特色化的品牌价值与企业文化建设。

3. 中国商业银行将持续推动业务及客户结构调整

激烈竞争之下,顺应国家政策的调整、积极发掘具有潜在金融需求的新领域以改变现有竞争格局,是商业银行的必然选择。例如,信贷资源由批发业务向零售业务倾斜,由传统产业向战略性新兴产业倾斜,由城市市场向农村市场倾斜,由大企业、集团型客户向中小企业倾斜;业务经营渠道由传统网点向电子银行过渡;增长方式向提高中间业务驱动力的方向转变。

4. 中国商业银行将进一步向全能型的服务中介转变

近年来,商业银行在基金、保险、证券、金融租赁等领域均有所涉猎,但总体来看,我国银行业的综合化经营仍处于起步阶段。随着商业银行资本实力和风险管理能力的增强,中国银行业加快推进综合化经营的条件也日趋完善和成熟。在监管机构的指导下,未来商业银行综合化经营的步伐将进一步加快。

金融危机、影子银行与中国银行业发展研究

第四节 本章小结

本章在总结中国银行业改革与发展经验的基础上,分析了我国银行业在本轮金融危机中所面临的机遇与挑战,指出我国银行业由于得到有效的监管和健康的发展,在本轮金融危机中实现了逆市发展的骄人业绩。

本章首先对中国银行业改革开放历程进行了回顾,重点对引进战略投资者和银行股份制改造进行分析,介绍了近30年来中国银行业的对外开放情况,总结了自2003年中国银监会成立以来,中国银行业取得的主要成就。其主要表现在:银行业整体实力持续增强,抗风险能力不断提高;银行业改革的质量不断提高,国际社会地位显著提升;银行业公司治理状况明显改善,风险管控能力显著提高;各类银行业机构协调均衡发展,有序竞争格局逐步形成;银行业服务能力和水平不断提高,功能日益完善;监管理念和方法日益成熟,银行监管有效性不断提升。

其次,本章对我国银行业在本轮金融危机中所面临的机遇与挑战进行了分析。本章认为,面临的挑战主要包括:经济下行周期对银行业稳健发展可能带来不利的影响;全球金融市场波动与通货膨胀环境加剧对中国银行业风险管理和持续安全稳定发展带来的严峻挑战;地方政府融资平台风险和严格实施房地产调控可能对银行的资产质量稳定带来的严峻挑战;金融监管环境持续加强带来的挑战;日益激烈的同业竞争带来的挑战;利率市场化和人民币汇率形成机制改革对银行安全稳定发展带来的严峻挑战。面临的机遇主要包括:金融市场的深度和广度将进一步加深和改善,为商业银行综合化经营开辟了新的路径;人民币国际化进程加快,为商业银行国际化战略加速推进铺平了道路;全球银行业的重新洗牌;以转变经济发展方式为主线,产业结构调整为中国银行业转型发展创造了新的市场机会。从监管环境看,国内外银行业监管更为严格、审慎,有利于银行业的平稳健康发展。

最后,本章对银行业应对危机的方法和策略进行了归纳总结。文章认为,金融危机对中国经济的影响主要是由于外部实体经济的衰退引发外部需求的急速下滑,并导致中国经济出现了结构性的产能过剩,而外贸出口

第三章 中国银行业在危机中逆境成长

的大幅下滑又进一步影响固定资产投资的增速。为抵御金融危机对我国的不利影响,防止国民经济深度下滑,中国政府强力启动了一系列经济刺激计划,实行积极的财政政策和适度宽松的货币政策,取得了积极的成效。中国银行业按照国家的总体战略,从加强金融监管、加大经营转型力度,以及从发展战略、业务流程、业务结构、金融创新等多个方面应对金融危机的冲击,胜利实现了在危机中谋发展,在发展中抗危机。

第四章 国际社会应对危机的主要经验和做法

2008年的次贷危机和2009年的欧洲债务危机成为世界经济关注的焦点。虽然存在各种经济制度、体制结构上的差异,但是作为全球金融业最发达的欧美地区的商业银行等金融机构,以及欧美各国中央银行和政府作为货币、财政政策制定者在应对危机时的做法仍将为我国银行业的发展提供一个良好的历史经验借鉴。同时,在金融混业化和经济全球化的大背景下,了解国外商业银行在应对危机时采取的做法也可为国家间的协调合作提供一个良好的平台。

第一节 银行管理与危机应对简介

银行作为金融系统的中介机构,其经营管理的基本过程是以尽量低的成本获取资金,通过投资适当的金融产品或者其他投资产品以获取利润,同时保持一定的现金储备以满足存款客户随时提现的要求;此外,在对商业银行的国际监管中,著名的《巴塞尔协议》[①]及其后续修订版本强调了对银行自身持有资本的要求,确定了银行资本监管的三大支柱,即最低资本金要求、监督检查和市场约束。

对银行管理的基本原则可以归类为四个方面:流动性管理、资产管理、负债管理及资本充足率管理。上述四项原则可以看做是针对银行体系

---

① 该协议于1988年7月在瑞士巴塞尔通过,全称为《关于统一国际银行的资本计算和资本标准的协议》。

固有的脆弱性所制定，因此在理论上可以作为银行业防范潜在危机的基本原则和制度。进一步地，银行一旦面对来自其自身的或是外部原因引起的危机，则往往从上述四项原则着手制定应对危机的策略，即补充流动性、出售资产或进行资产重组、购买贷款提供机构出售的贷款以及提高资本充足率以防止未来的潜在危机。

在流动性方面，世界范围内最主要的应对手段是持有准备金（包括一国央行所要求的法定准备金及超额准备金）。当银行储户出现非正常的提现需求时，银行可以通过其自身持有的超额准备金满足客户的要求，从而避免以较高利率向其他银行或企业借款的行为，或是牺牲投资利润出售自有证券获得流动性。另外，由于持有超额准备金存在机会成本，因此银行可以选择流动性仅次于现金，但具备一定收益的证券等资产作为二级准备金。因此，在流动性管理方面，银行首先应该确定超额准备金的数量；其次选取作为二级准备金的资产组合。在美国，大多数银行选择美国政府发行的债券作为二级准备金。

在投资产品的选择方面，银行应在流动性、收益性和安全性三者之间做出权衡，即在保证投资产品尽量高收益的同时通过多样化的资产组合来降低风险。一般来说，银行可以选择多种类型的证券及向客户发放不同类型的贷款等来达到分散风险的目的。但在20世纪80年代，不少银行的主要投资产品选择局限于能源、房地产和农业领域内。金融危机期间，能源、不动产和农产品价格的暴跌造成了这些银行的巨大损失。

负债管理方面的创新始于20世纪60年代，当时美国的主要货币中心银行通过利用更多的负债项目来提供准备金和流动性，并以此促进了隔夜贷款市场的扩张和可转让定期存单等金融工具的出现。近几十年来，可转让定期存单和银行借款作为银行资金来源的重要性大幅提高。负债管理的灵活性和对高利润的追求，推动了银行增加高收益贷款在资产中的比例。

资本充足率管理理论认为，为预防银行危机的发生，银行必须持有一定的资本规模。与持有低资本金的银行相比，在发生巨额贷款违约时，银行持有较高的资本金可以作为极好的缓冲以吸收损失，从而减少破产的可能性。

第四章 国际社会应对危机的主要经验和做法

第二节 美国应对次贷危机的主要经验及启示

一、危机发生的背景

2008年的金融危机始于美国金融市场的次贷危机，以3月摩根大通以2.4亿美元的低价收购贝尔斯登为标志；2008年7月，美国政府正式介入对危机金融机构的救助，财政部联手美联储对两大房贷融资机构房地美和房利美实施3000亿美元的援助方案并于9月接管"两房"；同 时期，美国五大投行之一的雷曼兄弟申请破产保护；美林银行以总计440亿美元的价值被美国银行收购；美国国际集团AIG接受政府850亿美元的救助；仅存的另外两大投行——高盛和摩根斯士丹利宣布转为银行控股公司；接着华盛顿互惠银行被美国联邦保险公司接管，成为美国历史上最大规模的银行倒闭事件；美国政府8000亿美元的救助计划于10月在国会获得通过，10月底政府对美国的九大银行进行了1250亿美元的资本注入。

美国著名经济学家、诺贝尔经济学奖获得者约瑟夫·斯蒂格利茨从政府方面的宏观经济政策着手分析，认为布什政府针对富人的大规模减税政策并未达到其宣称的刺激经济的目的，随之产生的却是4年内美国政府的财政状况的迅速恶化：由占国内GDP总额2.4%的财政盈余变为占GDP总额3.6%的财政赤字。与此同时，联邦储备委员会为了刺激经济，将名义利率降至1%（实际利率此时已经为-2%），促进了美国国内普通消费者的提前消费。2007年7月，美国信用卡债务已增至9000亿美元。此时，利率的上升导致消费者无法偿还其贷款，美国国内出现了大量的破产和普通家庭失去房屋的现象，经济也开始了一轮大规模的萎缩过程。作为世界上最大的经济体，美国在经济上的任何不利表现都将会导致全球性的问题。斯蒂格利茨及另一位经济学家斯蒂夫·洛奇认为，美国经济的增长模式是错误的，即"房地产市场泡沫如果不提早消除，问题就会变得越来越大"，而在危机大面积爆发之前，斯蒂格利茨所指的问题"已经很严重了，这个问题在逐步展开，就像火车不断行驶过程中的节拍一样"。当时美国经济存在的问题是,银行系统存在过量的流动性(欧洲的一些银行也存在此类问题)。美国经济对房屋贷款和所持有资产的依赖,使美国经济深受影响。不良贷款占美国住房抵押贷款市场的10%~15%,但其影响并不局限在美国的金融机构和欧洲的银行,就损失和按揭市场行情而言,这种影响是全球性的。

二、危机形成的原因分析

大多数学者认为2008年金融危机的根源之一是美国在宏观经济政策尤其是货币政策方面的失误,加之其他各方面的原因与货币政策一起作用于实体经济,更加大了金融体系运行的脆弱性,主要表现为以下几个方面。

1. 错误的利率政策

在经历了1999~2000年的股票市场泡沫之后,美联储采取了激进的措施——降低利率。2002~2004年,美联储基金利率跌至1%,利率的降低导致购房成本的下降,这极大地助长了2001~2006年的房地产泡沫。随着美国经济的逐渐复苏,通货膨胀压力开始凸显,因此从2004年6月起,美联储开始实行加息政策,两年内连续17次上调利率,使得利率从2004年的1%升至2006年的5.25%,其间贷款利率和住房价格指数变化如图4-1所示。

另外,美国房地产市场在经历了2001~2005年的持续走强之后,2006年进入了修正期,2007年美国住房市场的销售量和销售价格开始大幅下跌,创下20年来的最大跌幅,如图4-2所示。与此同时,利率上升使得大部分次级抵押贷款利率被重新设定,借款者的还款压力骤增,房价的持续下跌导致借款者即便出售房屋也无法还清本息,最终只能选择违约,如图4-3所示。因此,之前所发行的次级抵押贷款的拖欠率和违约率不断上升,2006~2007年,包括美国第二大次级抵押贷款公司——新世纪金融在内的数家抵押贷款发行商倒闭。

2. 过低的个人储蓄水平

危机爆发前夕,美国国内的个人储蓄率出现了大幅下降。20世纪70~80年代,美国国内储蓄率占个人收入的份额一度达至9%~10%,在21世纪初期下降了近两个百分点;2006~2007年,更是跌至0.4%(在成熟的资

第四章 国际社会应对危机的主要经验和做法

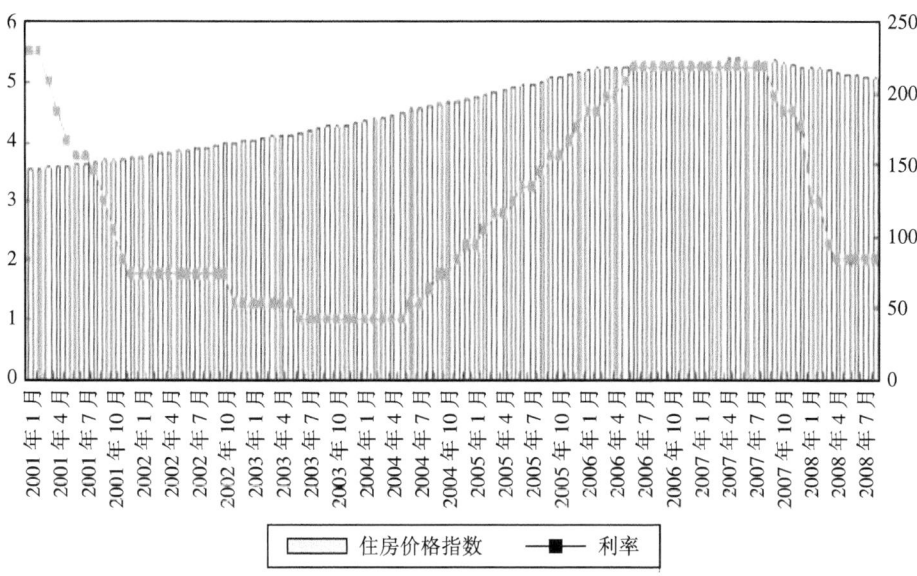

图 4-1　次贷危机前夕美国利率和住房价格指数变化（单位：%）
资料来源：BLOOMBERG、中信建设证券研究发展部。

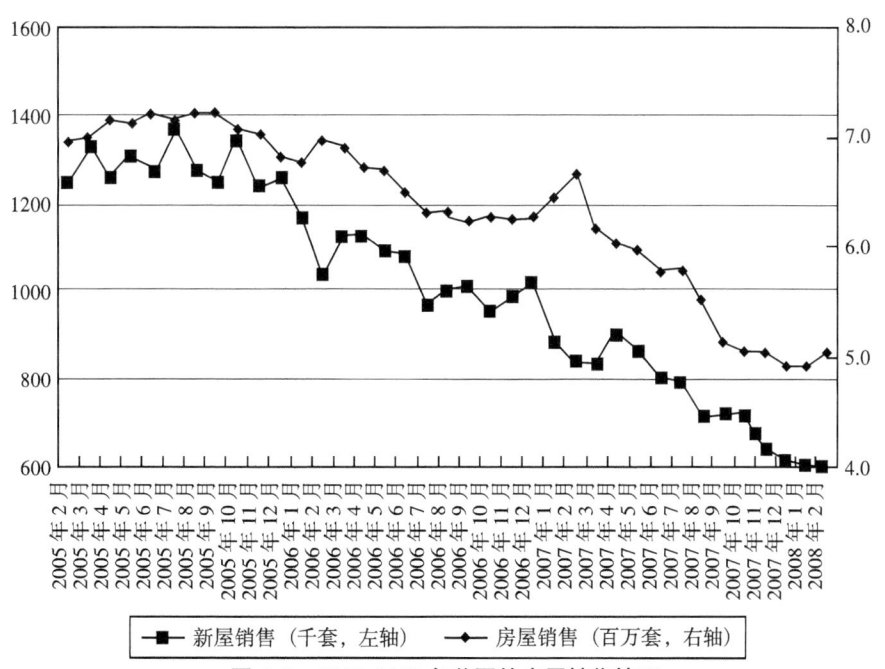

图 4-2　2005~2008 年美国的房屋销售情况
资料来源：BLOOMBERG、中信建设证券研究发展部。

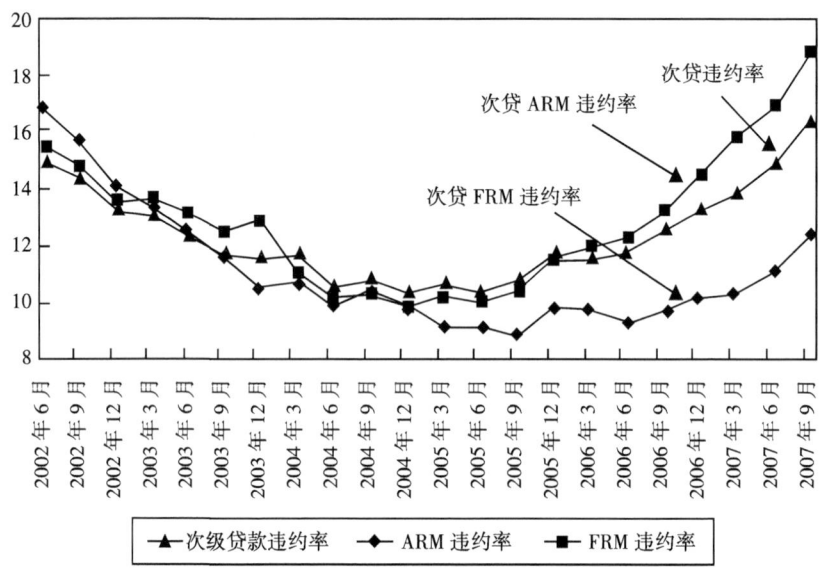

图 4-3 2003~2007 年美国次级贷款的违约率（单位：%）

资料来源：BLOOMBERG、中国银河证券研究所。

本主义经济体中从未出现过零储蓄率的情况），2000~2007 年美国国内储蓄占收入比重变化如图 4-4 所示。过低的储蓄率极大地降低了个人的还款能力，为以后的危机爆发埋下了深深的隐患。

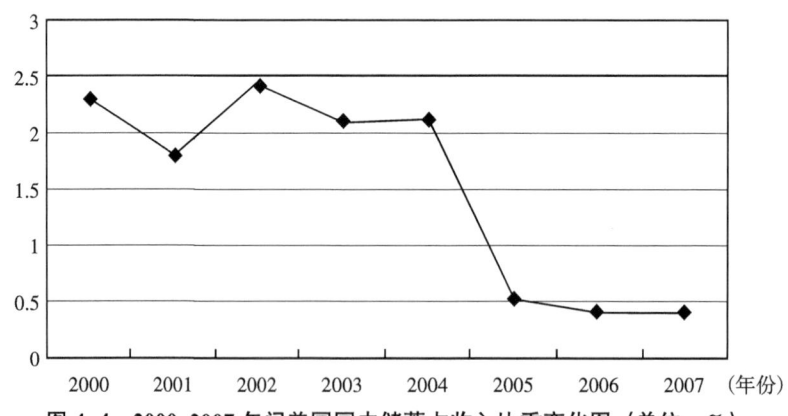

图 4-4 2000~2007 年间美国国内储蓄占收入比重变化图（单位：%）

资料来源：抵押贷款银行家协会。

3. 过度繁荣的住房抵押贷款市场

危机爆发前夕，美国的抵押贷款规模非常大，截至2006年底，历经了几年的房地产市场繁荣后，全美抵押贷款余额高达97050亿美元（见图4-5和图4-6）。

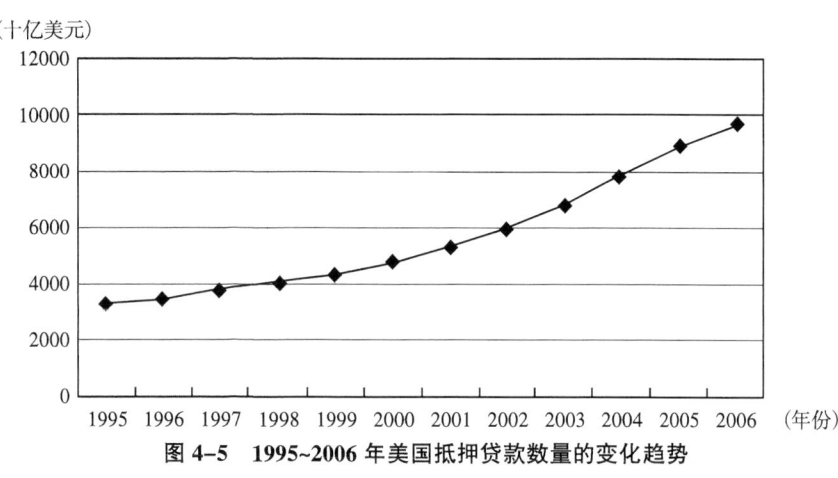

图4-5　1995~2006年美国抵押贷款数量的变化趋势

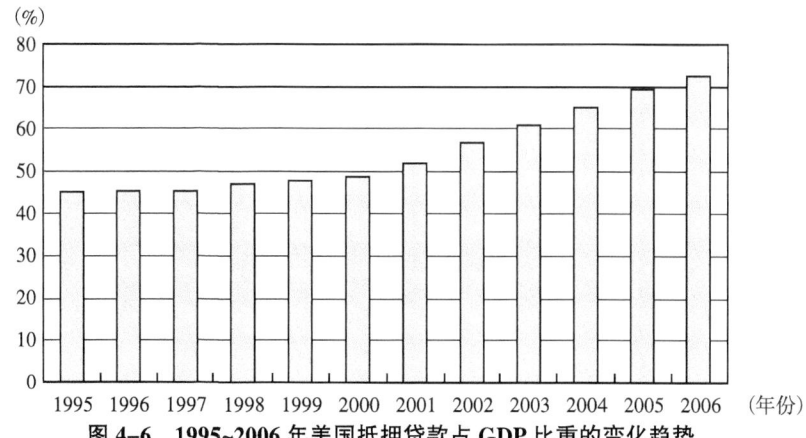

图4-6　1995~2006年美国抵押贷款占GDP比重的变化趋势

资料来源：美联储、CEIC。

由以上两图可知，1995~2006年，美国的按揭贷款数量及其占GDP的比重均呈快速上升趋势。其中，在危机爆发前夕的2006年，美国抵押贷款占GDP的比例高达72.5%，同期的中国香港为40%，中国内地仅为11%，1997年，中国香港房地产市场最为繁荣之时这一数据也仅为46%，因此美国国内的风险远高于其他国家或地区，并在当时呈现逐年上升的趋势。

与此同时，在抵押贷款中，次级债①的比重也不断上升，由图4-7可知，从2002年起，美国次级贷款及其所占比重不断攀升，除了次级贷款以外，Alt-A抵押贷款②规模也在不断扩大。2005年和2006年发放的次级贷款规模分别约为6450亿美元和6000亿美元，同期Alt-A贷款则分别高达3920亿美元和4000亿美元。2006年新发放抵押贷款中，20.1%为次级抵押贷款，而13.4%③为Alt-A抵押贷款。这些都成为危机爆发的重要因素。

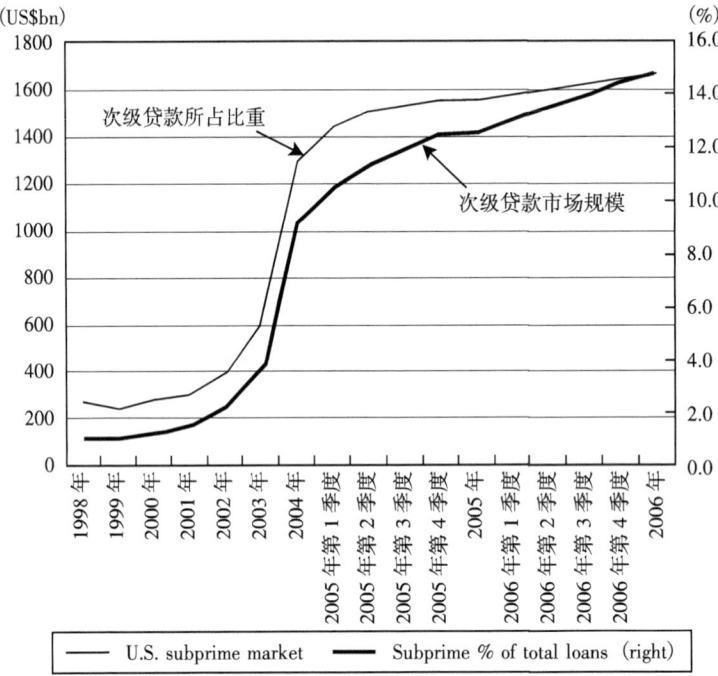

图4-7　1998~2006年美国次级贷款规模及其所占比重
资料来源：美国抵押贷款协会。

4. 过度的资产证券化

美国次贷危机演变成资本市场全面危机的重要原因就是因为过度的资产证券化，使得信用风险从次级债供应商转嫁到了资本市场上的机构投资

---

① 指的是固定期限不低于5年（包括5年），除非银行倒闭或清算，不用于弥补银行日常经营损失，且该项债务的索偿权排在存款和其他负债之后的一种商业银行长期债务。
② "Alt-A"贷款则是介于优质抵押贷款和次级抵押贷款二者之间，这种贷款通常包括那些信用分数在620~680分的借款人的贷款，泛指那些信用记录很好或不错，但缺少或完全没有固定收入、存款、资产等合法证明文件的人。
③ 资料来源：高盛研究报告。

第四章 国际社会应对危机的主要经验和做法

者和个人投资者，致使危机爆发时刻，遭受损失的就不仅仅是那些次级抵押贷款提供者，而是扩散到了全球资本市场，其中也包括我国的几家商业银行（如中国银行、中国建设银行等）。其过程在本书第一章里已详细说明，此处不再赘述。

5. 信用评级机构存在着"利益冲突问题"

信用评级本质上是提供一种信用风险的信息服务，起到风险揭示的作用。由于资产证券化的产品都是经过一系列打包、分拆等操作后组合而成的，一般投资者难以判断其内在风险和价值，所以往往依靠评级机构发布的结果来对其进行定价。因此，在资产证券化过程中，评级机构的信用评级起着至关重要的作用。利益冲突问题指的是评级机构所获得的利益与其社会责任相反的情况。评级机构本身存在着严重的利益冲突的主要原因是其收入主要来源于证券发行者交付的评级费用。因此，证券发行商支付费用的收费模式将对评级机构的独立性和公正性产生较大的影响。评价同样价值的次级债券，评级公司可以获得评价传统债券两倍的收入，向信用评级机构支付这些昂贵手续费的不是次级债券的投资者，而是债券的发行商。所以，为了得到较高的信用评级，债券发行商不惜向评级公司支付高昂的手续费。从表4-1可以看出，2006年，次级债券的收入已经成为评级公司收入的重要来源，结果就是评级公司对这些债券的评级失去了客观性和真实性，为危机的爆发埋下了隐患。

表4-1 2006年三大评级公司次级住宅抵押债券业务量及所占市场份额

评级公司	评级债券数量（种）	金额（亿美元）	市场份额（%）
穆迪	637	533.80	99.1
标准普尔	646	533.53	99.0
惠誉	265	244.34	45.3

资料来源：中国人民银行驻美洲代表处研究报告。

三、美国应对次贷危机的措施及启示

1. 美联储的主要措施及启示

（1）美联储应对次贷危机的主要措施。从2007年夏天开始到2008年

· 113 ·

上半年，以美联储和欧洲央行为主的中央银行向银行体系提出了约 3.5 万亿美元的贷款任务，开启了历史上最大的干预措施。当时，随着危机的加剧，美联储创造了一系列的贷款便利工具。2007 年 12 月中旬，美联储创造了新的定期资金招标工具——固定期限融资便利（TAF）。① TAF 第一次拍卖价值为 200 亿美元，共有 93 家银行提交了出价总值为 620 亿美元的申请；接着又有一次价值为 200 亿美元的拍卖，共 73 家银行出价 580 亿美元。通过这种方式，美国银行在 12 月得到了 400 亿美元的资金。2008 年 1 月，美联储将来自 TAF 每月两次拍卖的贷款上限提至每次 300 亿美元；3 月，该数目提至 500 亿美元；5 月，贷款上限升至 750 亿美元；7 月，美联储计划将每月两次的拍卖变为每月 3 次。在 2008 年 6 个多月的时间内，美联储已经通过 TAF 累计贷出了 7350 亿美元的贷款。

与此同时，美联储还建立了另外两个贷款便利工具。2008 年 3 月 31 日，美联储宣布为了扩大证券借款便利，授权纽约联储执行又一个超常规的调控手段——固定证券借贷便利（TSLF）。美联储计划通过该机构向券商贷款以协助其渡过危机。在其后不到 3 个月的时间中，美联储通过 TSLF 放出了 3700 亿美元的贷款。然而，在 TSLF 开始运行之前，世界第五大投行贝尔斯登破产。因此，美联储又采取了另一项措施，即授权纽约联储创造一种新的贴现窗口融资工具——一级交易商信贷便利（PDCF），旨在提高一级交易商对证券市场交易者提供融资的能力。运用这种工具，一级交易商可以通过不同级别的债权作为抵押进行贷款融资，这是自 1929 年美国经济大萧条以来美联储首次将信用扩大至非银行金融机构。该工具于 3 月 17 日开始实施，至少为期 6 个月，必要的时候还可能延长期限。在创造该工具后的一周内，美联储就按要求向证券公司发放了 288 亿美元的贷款。美联储并未报告其通过 PDCF 贷出的资金总量，但据专业人士估计，在 7 月结束前，美联储通过这些贷款机构向其国内存在危机的金融机构贷出的资金总额超过 1 万亿美元。

值得注意的是，上述贷款是总额而非净额，其中大多数是 28 天的短期贷款，这意味着它们到期必须被偿还。一旦贷款偿还，贷款净额就为零，但是那些被偿还的资金能够作为贷款再次进入市场，因此 1 万亿美元的贷款并不意味着其在市场上全部流通，它是贷款不断地被放出和收入累

---

① TAF 是一种新型的贴现窗口，即通过招标方式向财务状况良好的存款类金融机构提供贷款。

计加总所得,从数量层面上说其对市场流动性的影响难以估算。这对面临突发性危机的央行来说又提出了一个更大的挑战,即在短时间内迅速做出反应的同时还应注意所采取的措施对未来中期和长期的影响,比如怎样精确计算向危机银行提供的总流动性;在向商业银行提供资金以缓解其资金链断裂之时,应该怎样对这部分救助资金进行监管,确保银行对其的运用在规定范围之内等。

根据美联储的消息,通过信贷机构和其他一系列渠道,市场上的贷款总量从2007年12月中旬的760亿美元升至2008年5月底的4400亿美元。哈佛商学院的研究数据显示,在金融危机高峰时期(2008年第四季度),规模较大的机构贷款者得到的新增贷款与前一季度相比下降了47%,与信贷泡沫(2007年第二季度)高峰时期相比下降了79%。至少表面上看来,这些贷款是被用来减轻"信贷收紧"。虽然真实投资(如营运资本及资本支出)的贷款额在2008年第四季度仅下降了14%,但与信贷泡沫高峰时相比,用于真实投资的新增贷款数量已经收缩至与以重组(如杠杆收购、兼并收购、回购)为目的的新增贷款数量相当。

美联储当时面临着两个问题:一是陷入危机的金融机构能否支撑过7月;二是是否需要采取像救助贝尔斯登那样由美联储出面干预的非常规行动。从现在看,对于第一个问题,美联储的救助措施显然已经达到目标:救助措施实施之后从整体来看,美国金融机构维持了正常的运行;对于第二个问题,答案是显而易见的,美联储采取了积极的措施来协调政府的救助行为。进一步分析美联储向银行提供流动性的操作。当受助银行得到这些贷款时,它们向美联储提供抵押品,这实际上意味着,美联储用出售现金换取流动性证券。在这一过程中,毫无价值的证券通过现金或国库券从银行的账户转移到了美联储的账户,借此来帮助银行掩盖其破产的事实。理论上,银行应该在其偿还贷款时收回它们的抵押品,但是也可能美联储保留了抵押品用来代替全部或部分偿还。在这个问题上美联储并未给出明确答案。即使抵押品被退回,一个月贷款的保险仍旧每月为银行提供两次用新贷款偿还旧贷款的机会,使得抵押品远离银行的账户。这种方法不是第一次被使用,纳粹时期的银行家Hjamar Schacht就曾经使用类似的方法回收德国的债务。但与其相比,美联储这次使用规模要大许多,而且危机很可能仅仅只是一个开端。

(2)美联储救市措施的启示。通过以上的分析可知,美联储一系列的救助行为的核心原则是通过向危机金融机构注资，以缓解当时困扰整个金融业的流动性不足问题。尽管当时国内民众及党派之间存有争议，但争议的焦点大多集中在是否应该救助个别的华尔街巨头。在增强市场的流动性方面，大家则达成了广泛的共识。但是，当银行将自身危机转嫁给宏观经济政策时，向经济注入流动性将面临着两个结果：其一，由于人们对经济的信心已经丧失，整体经济环境恶化，在这种危机环境下，金融机构放出新贷款很可能增加自身的风险，因为新贷款出现违约的概率更大，出于自身贷款安全性的考虑，金融机构很可能出现"惜贷"行为，新注入的资金一旦进入受助的金融机构就沉淀在该机构内部，因此仍旧无法解决整体经济的流动性不足问题，此时，这一措施基本失效，并且很可能为未来经济好转时的通货膨胀埋下隐患。其二，如果人们对政府的救市政策充满信心，并且对经济的好转持积极态度，则救市资金的过快注入将带动经济中潜在的流动性，这样极容易立即发生通货膨胀现象，进而开启下一轮的危机之路。因此，注入流动性的必要性是毫无疑问的，但更加重要的是选择何种方式注入流动性，使之既不因为各种原因而趋于无效，同时也不矫枉过正。美国的金融市场相对发达，其注入流动性的操作手段具有较多的选择性。此外，从上面的分析中可以得知，面对危机，许多金融机构的行为看似是为了降低其自身运行的风险，实则并非明智：它们简单地将危机时期放出更多的贷款等同于更多的贷款违约，却没有意识到危机发生前已经放出的贷款才是真正的风险所在。"惜贷"行为除了进一步恶化经济环境之外，在降低银行面临的违约风险上也收效甚微。

（3）关于央行独立性与其最后贷款人职责的争论。2008年美联储救市过程中引发的另一个值得关注的问题就是中央银行的独立性与其最后贷款人职责之间的矛盾。虽然许多国家禁止中央银行直接向财政融资，但是在实际操作中，由于政府政策的权威性以及必须保证国家整体经济的正常运行，中央银行往往可以通过各种方式间接地向财政融资。2008年金融危机至今，美联储采取连续的量化宽松政策，其本质就是通过大量印刷钞票购买美国财政部发行的债券，从而为经济注入流动性。显然，美联储的行为已经远不是传统理论中认为的将财政政策与货币政策互相协调、共同作用。

经济学家斯坦利·费希尔（Stanley Fischer）将中央银行的独立性分为两类：一是工具独立性（Instrument Independence），也就是中央银行使用货币政策工具的能力；二是目标独立性（Goal Independence），也就是中央银行设定货币政策目标的能力。通常认为美联储具备以上两类独立性，主要表现为两点：一是委员会成员的任期长达14年且不能被免职，从而避免了政府的更迭对其制定货币政策造成影响；二是委员不得连任，这就减少了委员一味迎合总统和国会的动机。从美联储的收入来源方面讲，主要是其持有的证券资产和向银行发放的贷款，这就避免了美联储由于在收入方面对外界的依赖而丧失其独立性。

当然，由于美联储所接受的法律规范是由国会颁布的，因此，其受到国会及总统的影响不可避免。但相形之下，美联储明显比美国其他政府机构具有更强的独立性，并且也是世界上独立性最强的中央银行之一。其他发达国家中，加拿大的中央银行控制货币政策，但当央行与政府出现分歧时，央行必须遵从财政部长发布的指令；世界最古老的中央银行——英格兰银行在目标独立性方面也不及美联储，因为其通货膨胀目标是由财政大臣制定的；日本方面，直到1998年生效的新银行法才赋予了日本银行更大的独立性，但由于政府仍然可以控制日本银行与货币政策无关部分的预算，因此日本银行的独立性在一定程度上还是受到了限制；欧洲中央银行于1999年开始正式运转，其结构参照美联储体系的模式，既独立于欧盟，又独立于各国政府，对货币政策具有完全的控制权，兼具目标独立性和工具独立性，是迄今为止世界上最独立的中央银行。近年来中央银行的独立性问题得到了较为广泛的共识，其显著的发展趋势是中央银行的独立性将逐步增强。中央银行的独立性既能够避免政治经济周期（每次选举前，政府会采取扩张性的政策来降低失业率和利率；选举后出台紧缩政策来抵消之前扩张政策带来的不利影响），又能够更好地抵御来自政府的压力。反之，若一国的中央银行受控于其政府或者财政部，则很可能将被当做弥补巨额预算赤字的工具，被迫购买更多的国债，从而导致经济中出现严重的通货膨胀倾向。当然，中央银行的独立性也意味着其权力和职责的不对等，一旦缺乏对货币政策制定者失职行为的惩戒机制，货币政策制定者的行为将无法得到应有的限制；同时，过于完全的独立性很可能削弱其作为

---

① 现任以色列中央银行行长。

金融危机、影子银行与中国银行业发展研究

最后贷款人的职责。危机期间，美联储承担着为财政融资的实质角色，从维护国家整体经济运行的角度来讲，这种意义上的独立性丧失是处于危机中的一种战略目的。因此，中央银行的独立性应该以保证国家经济为前提，建立在国家经济正常运行这一基础之上。

（4）结论：商业银行难以独立应对"挤兑"风潮。历史经验表明，当一国的银行业整体面临危机时，其将蔓延扩散至整个国民经济，最普遍的现象就是"挤兑"风潮。所谓挤兑，就是在信用危机的影响下，存款人和银行债券持有人争相向银行和银行债券发行行提取现金和兑换现金的一种经济现象。"挤兑"的直接结果就是银行业资金链的断裂。当所有商业银行都存在这种情况时，从商业银行自身层面开始的"自救"行动会受到资金不足的限制。对于投资银行来说，由于其经营范围的广泛性以及拥有资产的多样性，允许其通过出售所拥有的优质资产进行融资以缓解资金短缺问题。但对于商业银行来说，由于受经营范围的限制以及在社会经济金融活动中扮演的角色——接受许多普通居民的存款，其面临危机、发生挤兑时多依靠该国的最后贷款人——中央银行为其提供流动性补充，而在美国则由存款保险机构为商业银行提供危机时的流动性帮助。从历史经验来看，银行业危机往往需要政府提供巨额财政支出以协助其渡过危机。由于银行业在一国经济中扮演的重要角色，这种解救行动是必需的，并且是为后危机时代进一步解决银行危机的一个基本前提。表4-2所示为关于一些国家救助银行的成本数据。

表4-2 世界主要金融危机发生国救助银行的成本数据

单位：%

年份	国家	成本占GDP的比重
1980~1982	阿根廷	55
1997~2002	印度尼西亚	50
1981~1983	智利	41
1997~2002	泰国	33
1997~2002	韩国	27
1997~2002	马来西亚	16
1994~1997	委内瑞拉	16
1995	墨西哥	19
1990~2002	日本	20
1989~1991	捷克	12

续表

年份	国家	成本占GDP的比重
1991~1994	芬兰	11
1991~1995	匈牙利	10
1994~1996	巴西	13
1987~1993	挪威	8
1998	俄罗斯	5~7
1991~1994	瑞典	4
1984~1991	美国	3

资料来源：Daniela Klingebiel and Luc Laewen, eds., Managing the Real and Fiscal Effects of Banking Crises, *World Bank Discussion Paper* No.428 (Washington: World Bank, 2002).

2. 美国商业银行的主要措施及启示

（1）美国商业银行应对次贷危机的主要措施。在此次金融危机中，美国的商业银行普遍遭到重创，损失惨重，从2007年开始到2008年上半年，金融危机使得世界上的商业银行和投资银行注销了近4000亿美元的资产和信贷损失，其中以大机构为甚。花旗集团、瑞士银行和美林都注销了将近400亿美元的资产；汇丰银行约200亿美元；苏格兰皇家银行、美国银行及摩根士丹利各自大约为150亿美元。为了自保，各大银行纷纷采取措施以应对危机。

当一个公司出现巨大亏损或者经营困难时，其自救途径主要有三个方面：削减股息、裁员和注资，旨在控制成本，提高抗风险能力。在这次危机中，身陷囹圄的华尔街巨头们也不例外。在公布第四季度季报当日，花旗银行即宣布削减股息和大规模裁员。与此同时，它还获得了阿联酋主权财富基金阿布扎比的75亿美元注资。2008年，花旗银行公布了第二轮融资方案，接受新加坡政府投资公司、科威特投资局和美国数家投资机构约145亿美元的注资以缓解其流动性问题。美联银行是当时美国第四大银行控股公司，2008年第一季度亏损达到70800万美元，注销了7亿美元的资产并且募集了10亿美元的紧急资本。作为当时美国国内最大的储蓄和贷款银行，华盛顿互助银行注销了将近9亿美元的资产，同时募集了10亿美元的资本以协助其渡过危机，其中部分来自私募基金——德克萨斯太平洋集团，由于西海岸房地产市场的暴跌，其基础资产也遭到巨大损失。根据报告，美国第十三大银行控股公司State Street Corp在抵押贷款相关的证券资产组合方面损失了34亿美元，并且试图通过发行新股募集25亿美元的资本,此举稀释了原有股东的股票价值。

(2)美国商业银行应对措施的启示。一是商业银行应对危机的核心是补充流动性。由上述关于商业银行应对危机采取的措施可见,各金融机构的反应是以补充流动性为核心,这与传统银行管理中关于银行危机应对部分的内容相一致。其实,即使银行业危机是潜在可能的,只要银行能够保持流动性,银行业的运行就能持续很长时间,也就是说危机的潜在时间可以持续很长。这些引起储蓄者或贷款者信心丧失的因素可以来自市场变动、政策变化或者政治动荡,这些因素的出现将导致公众预期效益的改变和银行运营方面的系统性急剧转变,进而爆发流动性危机。银行流动性不足的出现很容易迅速传导至其他银行,因为银行或支付体系的脆弱性将会影响所有银行的信誉。即使某个体银行的经营处于稳健状态,其仍会受到银行业的整体拖累而出现危机。同时,来自一国银行的系统性危机经过金融或贸易渠道的传播,很可能蔓延至整个国际社会。因此,流动性对于遏制银行业体系经营的整体恶化至关重要。

补充流动性的方式多种多样,但是应该注意,从银行业系统的角度看,如果通过债务重组这一方式来补充流动性,应当尽力避免这一过程中银行资产名义上的减少,因为名义资产的减少将导致银行资本的减少,这很可能对存款者造成其他损失。其具体做法是可以通过降低真实利率或者延长存款的到期日来达到债务重组的目的,从而避免银行名义资产的立即损失。

二是加强商业银行经营方向的管理。除了宏观经济的失衡,全球金融危机出现的另一个重要原因是传统金融系统的大规模转型。其中,一个主要趋势是美国国内商业银行通过个人收入提取金融利润。除了包括次级抵押在内的房地产行业,个人对私有金融的依赖还体现在教育、健康、养老金和保险等领域。同时,大型公司对银行融资的依赖程度降低,它们可以通过发行股票等方式向市场募集所需的资金。因此,商业银行不得不寻找获得利润的新出路,这就促进了商业银行转向消费者和房地产贷款领域。在美国,此类贷款占银行总贷款的比重从20世纪60年代的30%上升至2005年的50%。另一个导致商业银行金融转型的重要原因是资产证券化正逐渐成为商业银行与投资银行竞争的方法。商业银行试图在公开金融市场上通过专项交易等方法获取利润,其向这些金融操作的转变在一定程度上导致了金融工程和金融衍生交易的兴起。

导致商业银行能够承担投资银行传统角色的原因主要有两方面：其一，早在20世纪80年代，美国掀起了一系列的并购浪潮，导致了金融机构的规模超过了证券包销和配置所需的规模；其二，类似"401K"个人养老金计划手段的引进，使得工人阶层的家庭储蓄流向公开金融市场。因此，商业银行在从事投资银行业务进行利润更高的交易活动的同时，其经营风险也随之急剧增加。危机爆发前夕美国个人储蓄占可支配收入份额如表4-3所示。

表4-3　危机爆发前夕美国个人储蓄占可支配收入份额（2000~2007年）

2000年	2001年	2002年	2003年	2004年	2005年	2006年	2007年
2.3	1.8	2.4	2.1	2.1	0.5	0.4	0.4

资料来源：抵押贷款银行家协会；按揭贷款测量，截至2008年3月24日。

三是关注金融工程带来的商业银行经营风险。金融工程使银行可以通过自身的账户进行交易。1999年，联邦废除了《格拉斯—斯蒂格尔法案》，该举措进一步扩大了金融工程的影响，目前商业银行从形式上已经能够从事更具风险性的投资银行业务，仿效投资银行的运作意味着商业银行更加依赖于在公开市场借款的流动性。通过将抵押贷款证券化并且将其出售给其他的金融机构，商业银行能够创造出更多的流动性来应对债务需求，并且保持新增贷款的速度。这些使商业银行可在资产负债表上尽可能降低传统的流动性警戒线。因为通过抵押贷款的证券化，商业银行能够将信贷风险从资产负债表上剥离，并且以持有最低数量的资本来支持它们的资产。短期来看，资产证券化使商业银行在创造流动性的同时保持其偿债能力，并且获取了大额利润。然而，一旦房地产泡沫破灭，抵押贷款支持的资产在市场上的需求急剧降低，其风险将迅速转嫁给商业银行。同时，复杂的衍生工具使金融信息披露有限，透明度降低，市场对银行的贷款者难以获得足够的信息，进一步加剧了商业银行的风险。因此，对于过度开发金融衍生产品给商业银行带来的风险要予以充分关注。

四是提高商业银行的融资能力。金融危机的爆发极大地增加了借款的难度，不论是持有抵押贷款支持资产的商业银行还是投资银行都很难在货币市场上自由获得借款。流动性的大幅降低使某些经营状况较差的银行因为再融资困难而破产。资产价格的迅速下降随即引发巨额损失，而一旦银行的偿债能力受到质疑，将进一步影响银行的融资能力。

金融危机、影子银行与中国银行业发展研究

金融危机期间，各种类型的新增银行贷款大幅减少。原因之一是一些公司因为暂停扩大再生产计划而减少了对贷款的需求，但是更深层次的原因则是市场上的贷款供给大幅减少（这一点可以通过美联储设置的许多"贷款便利"得以印证）。显然，信贷供给下降意味着利率面临着上升压力，与其他原因引起的经济衰退导致的贷款萎缩相比，前者的影响程度将更大，进而加大了此类原因引发的危机的处理难度。另外，哈佛大学商学院的研究结果表明，[①]在贷款过程中，银行与借款者之间的关系发挥了一定的作用。大多数情况下，流动性受限银行的借款者无法轻易转向流动性较强的银行，导致了一些银行即使拥有足够的贷款资金，也不愿意与之前没有任何合作经验的公司合作。因此，在危机时刻，适时提高商业银行的融资能力，避免信贷萎缩显得尤为重要。

四、银行体系危机的根源之一——影子银行

通过上面对金融危机期间商业银行的应对策略和政府的救助策略可以发现，凡是涉及银行危机，最为一致的现象就是表现为银行系统的流动性不足和资金链断裂，除了部分陷入危机程度较浅或者本身质地优良的商业银行能够通过自身比如出售部分资产、发行股票或债券进行再融资外，商业银行在面对危机时更多的还是被动地依靠外部（主要是政府的注资）来抵抗流动性不足所带来的风险，这是由商业银行危机本身所具有的性质导致的。然而，进一步分析，导致流动性不足的普遍原因是商业银行在经营发展过程中大规模开展的资产证券化活动。就目前的情况来看，不仅是投资银行和证券公司，绝大多数的商业银行在经营过程中都伴随着影子银行的产生及其不断发展。这里的影子银行具体指的是将房地产贷款转化为有价证券，在资本市场进行交易的金融机构。这样传统上银行系统提供的房地产融资业务就成为一项投资业务，属于银行的证券化活动。从金融危机爆发的原因和过程中可以发现，资产证券化这一金融工具扮演着绝对重要的角色。"影子银行"正是产生于资产证券化和银行业与资本市场发展的整合过程中。2008年金融危机的爆发凸显了影子银行在金融系统中日益

---

① Ivashina V. and Scharfstein D, "Bank Lending during the Financial Crisis of 2008", *Journal of Financial Economics*, No.9, 2010, pp.319-338.

第四章 国际社会应对危机的主要经验和做法

增加的重要性。这一趋势在全世界尤其在美国已经得到了充分的体现,并且将对全球金融体系产生更为广泛、深刻的影响。

在一个以市场为基础的金融体系中,银行业和资本市场的发展是不可分割的。市场的资金情况显著受到金融中介机构的杠杆率变动的影响,"以小博大"是其重要特点,因此此类中介机构资产负债表的增长可以引起信贷的大规模扩张,反之,若其资产负债表减少,则很可能引发潜在的金融危机。资产证券化这一做法的初衷是将风险转移给那些风险承受能力更大的金融机构,然而,通过允许银行或非银行金融中介机构购买其他金融中介机构的证券而提高其自身的杠杆率,资产证券化实际上增加了金融体系的脆弱性。在后金融危机时期形成的新的金融体系这一背景下,过高的杠杆率和期限的不匹配将会削弱金融系统的稳定性,这一现象已经在全球范围内取得了广泛的共识。因此,我们应该建立更加严格的金融监管体系,对银行经营过程中的资产证券化行为进行更多的监督和限制。

第三节 世界各国应对欧洲债务危机的主要经验及启示

一、欧洲债务危机发展回顾

2008年席卷全球的美国次贷危机给世界各国的经济带来了剧烈的波动,各国政府和中央银行纷纷采取扩张性的货币政策和财政政策,协助本国经济渡过危机。然而一波未平,一波又起。自2009年12月8日起,全球三大评级公司[①]纷纷下调对希腊的主权评级,在全世界范围内引起轩然大波,成为引发欧洲债务危机的导火索。

其实早在2009年10月初,希腊政府已宣布其财政状况恶化,财政预算赤字占GDP的比重将达到12.7%,公共债务占GDP的比重将高达

---

① 三大评级公司是标准普尔、穆迪和惠誉。

113%，这些都远远超过了欧盟《马斯特里赫特条约》①规定的 3%和 60%的上限，引发了市场的普遍担忧。2009 年 12 月 8 日，惠誉将希腊信贷评级由 A-下调至 BBB+，前景展望由正转负；12 月 16 日，标准普尔将希腊的长期主权信用评级由 A-下调为 BBB+；12 月 22 日，穆迪宣布将希腊主权评级从 A1 下调到 A2，评级展望为负面。接连的信用评级下调使得希腊债务危机全面爆发，并引发欧元汇率的大幅下跌。2009 年 12 月至 2010 年 1 月底不到两个月的时间内，欧元汇率急剧下跌 10%以上；2010 年 2 月 9 日，欧元空头头寸已增至 80 亿美元，创历史新高；2010 年 5 月 4 日，欧元汇率创下 12 个月新低。与此同时，欧美股市也全线下跌，道琼斯工业指数、纳斯达克指数、伦敦《金融时报》100 种股票平均价格、法国巴黎股市 CAC40 指数、德国法兰克福股市 DAX 指数均大幅下挫，创下了近几个月来的最大跌幅。随后，欧元汇率在经历了 1 年多的反弹之后，重新延续此前跌势，市场开始重新担忧希腊退欧问题，新增加的西班牙地方政府求援及银行业援助等问题也持续打压欧元，使欧元汇率于 2012 年 7 月创下 24 个月以来的新低。

另外，欧洲其他国家的情况也不容乐观。2009 年 11 月 9 日，葡萄牙政府宣布该年其财政赤字占 GDP 比重为 8%，该数目远远高出之前预计的 5.9%；2010 年 1 月 11 日，国际三大评级公司之一穆迪对葡萄牙发出警告，宣称若其不将财政赤字控制在有效范围内，将下调该国的资信评级；2010 年 4 月，标准普尔将葡萄牙的长期货币发行信贷评级由 A+调降至 A-。尽管近几年来葡萄牙政府采取紧缩性的财政政策大幅减少公共开支，但根据相关机构预测，葡萄牙政府的债务危机形势依旧严峻。同时，欧元区的另外一个国家西班牙也身陷囹圄，2009 年，西班牙的政府赤字占 GDP 比重高达 11.4%，在欧元区内仅次于希腊和爱尔兰；2010 年 4 月 28 日，标准普尔将西班牙债券的资信评级由 AA+下调至 AA；财政收支的不断恶化和经济的不景气使得西班牙国内失业率急剧攀升。此外，爱尔兰、意大利等国也出现了不同程度的债务问题，欧元区外的英国也未能幸免，据 OECD②统计，2009 年和 2010 年，英国的财政赤字分别为 11.3%和

---

① 该条约于 1991 年 12 月的第 46 届欧洲共同体首脑会议上签订，它为欧共体建立政治联盟和经济与货币联盟确立了目标与步骤，是欧洲联盟成立的基础。
② 该组织成立于 1961 年，全称为经济合作与发展组织，是由 30 多个市场经济国家组成的政府间国际经济组织，旨在共同应对全球化带来的经济、社会和政府治理等方面的问题。

第四章 国际社会应对危机的主要经验和做法

11.5%，远远高于3%的警戒水平。欧洲债务危机造成欧元暴跌、股市大幅下挫的同时，也引发了各国国内经济和社会的动荡。希腊、西班牙、葡萄牙、意大利等国相继爆发大规模的游行和罢工事件，在一定程度上影响了国内政治和经济的稳定。欧洲债务危机事件进展如表4-4所示。

表4-4 欧洲债务危机事件进展

时间	具体事件
2009年12月8日	惠誉将希腊信贷评级由A-下调至BBB+，前景展望为负面
2009年12月15日	希腊发售20亿欧元国债
2009年12月16日	标准普尔将希腊的长期主权信用评级由A-下调为BBB+
2009年12月22日	穆迪将希腊主权评级从A1下调到A2，评级展望为负面
2010年2月4日	西班牙财政部指出，西班牙2010年整体公共预算赤字占GDP的9.8%，德国预计2010年预算赤字占GDP的5.5%
2010年2月5日	西班牙股市当天急跌6%，创下15个月以来最大跌幅
2010年2月9日	欧元空头头寸已增至80亿美元，创历史新高
2010年4月9日	惠誉下调希腊政府债务信用评级
2010年4月23日	穆迪将希腊主权债务评级下调至A3，希腊正式向欧盟与IMF申请援助
2010年4月27日	标准普尔下调希腊评级至垃圾级别
2010年4月28日	标准普尔将西班牙债券的资信评级由AA+下调至AA
2010年5月2日	欧盟与IMF向希腊提供总额为1100亿欧元的救助
2010年5月10日	欧盟批准7500亿欧元的希腊援助计划
2010年11月23日	标准普尔将爱尔兰的长期主权信用评级从AA-下调至A，同时将其短期主权信用评级从A-1+下调至A-1
2011年7月22日	欧盟召开欧洲峰会，欧元区领导人统一向希腊提供1000亿欧元的新融资。欧盟峰会草案显示，暂定将欧洲金融稳定工具（EFSF）期限从7.5年延长至最少15年，将EFSF贷款利率下调至3.5%
2011年9月21日	标准普尔将意大利的主权评级从原来的A+/A-1+下调至A/A-1，前景展望为负面
2011年10月8日	惠誉宣布，将意大利外币和本币长期发债人违约评级由之前的A+调降至AA-；将其本外币短期发债人评级由之前的F1+下调至F1，其中长期发债人违约评级的评级展望为负面。惠誉同时将西班牙外币和本币发债人违约评级由之前的AA+调降至AA-，评级展望为负面
2011年10月13日	穆迪发布报告说，法国主权债务状况恶化，债务负担进一步加重。在目前3A评级国家中，法国的债务指标表现最弱
2011年11月9日	意大利10年期国债收益率升至7.48%，为1997年以来最高纪录
2011年11月10日	欧盟委员会发布经济预测报告说，欧洲经济增长恐将陷于停滞，2012年欧元区经济增长率预计仅为0.5%

续表

时间	具体事件
2011年11月17日	法国10年期国债收益率攀升至3.81%，与德国同期国债收益率之差扩大至204个基点，创下欧元面世以来最高纪录，显示出欧债危机向欧元区核心国家蔓延的趋势
2011年11月29日	标准普尔下调数家英国大银行评级，包括巴克莱银行、汇丰银行和苏格兰皇家银行。而瑞士信贷银行和德意志银行的评级保持不变
2011年12月6日	标准普尔将欧洲金融稳定工具（EFSF）信用评级列入负面观察名单
2012年1月6日	惠誉公司将匈牙利主权信用评级从此前的BBB-下降一个等级至BB+。至此，三大国际主要评级机构均已将匈牙利的主权信用评级降至垃圾级
2012年1月13日	标准普尔宣布下调9个欧元区国家的长期信用评级，将法国和奥地利的3A主权信用评级下调一个级别至AA+，同时将葡萄牙、意大利和西班牙评级下调两个级别
2012年2月13日	希腊议会13日凌晨以2/3多数通过了该国与欧盟和国际货币基金组织达成的关于第二轮救援贷款的协议，欧盟和国际货币基金组织将向希腊提供1300亿欧元（约合1710亿美元）的新救援贷款
2012年2月23日	欧盟委员会公布的最新经济预期显示，2012年第一季度欧元区实际国内生产总值（GDP）预计将下降0.3%，2012年整个欧盟的GDP预计将与2011年持平
2012年4月18日	IMF发布最新《全球金融稳定报告》称，预计到2013年底大型欧盟银行资产负债表缩减规模可能将高达2.6万亿美元，接近总资产的7%
2012年5月17日	信用评级机构惠誉将希腊长期主权信用评级从B-下调至CCC，指出希腊有可能离开欧元区是此次信用评级下调的主要原因。惠誉在评级报告中指出，自5月6日希腊举行议会大选之后，希腊国内反对现有纾困计划的呼声日趋高涨，反对紧缩财政方案的政党获得大多数民众的支持，希腊留在欧元区的可能性降低
2012年7月2日	惠誉表示，欧盟峰会结果将在短期缓解欧元区主权评级所面临的压力，但解决欧债危机仍需花费很长时间。成立统一的银行监管机制对欧元区长期存在影响重大，而用新协定来帮助西班牙银行业的决定可缓解主权债务投资者对偿还顺序滞后的担忧；但在欧盟峰会上所达成的举措仍存在较高的执行风险
2012年8月1日	国际评级机构穆迪表示，预计2012年希腊实际GDP将萎缩7%，2013年实际GDP将萎缩2.3%，并称希腊退出欧元区的风险依然很大
2012年12月17日	国际评级机构惠誉预计在2013年下半年，意大利经济有望逐步走出衰退。但2013年意大利银行业评级展望仍为负面，坏账的快速增加仍是大银行需要面对的最大风险；预计该国银行业资产质量在2013年将继续恶化
2013年1月25日	国际评级机构惠誉宣布下调塞浦路斯主权评级，将该评级下调两档，由BB-下调至B，且前景仍为负面。惠誉指出，塞浦路斯政府近期很有可能会对该国深陷困境的银行业加大援助力度，但这会令该国政府背负上额外的负担，从而使政府财政处境进一步恶化
2013年2月22日	评级机构穆迪将英国主权评级从AAA调降至AA1，展望为稳定。穆迪称，调降英国评级部分是由于中期经济增长前景持续疲软，预期经济增长迟滞的状况将延续至2015年之后

资料来源：东方财富网，http://topic.eastmoney.com/ozwjt/；华泰证券研究报告《欧债危机跟踪》。

二、欧洲债务危机形成的原因分析

欧洲债务危机的爆发,对欧洲乃至整个世界都造成了巨大的影响,成为近年来继次贷危机之后的又一重大金融事件。究其原因,主要有以下几点:

1. 欧洲国家传统的支柱行业在次贷危机中遭到重创

从产业结构的角度来看,希腊的经济结构较为单一,经济上高度依赖海运业、旅游业和农业,其占GDP的比重分别达到7%、17%和12%。国家出口以传统的农产品和初级产品为主,而对于一些技术密集型的附加产品则高度依赖进口。单一的经济结构导致希腊抵御金融危机的能力较弱,传统行业在次贷危机中遭到了严重的打击。据统计,2009年前8个月,由于金融危机导致银行信贷收紧,希腊有400多艘船舶遭到封存,占总船只数目的10%,海运业收入下跌31.3%,其对经济的贡献率由7%下降至1.2%;与此同时,受危机影响,前往希腊的旅游人数骤减,旅游收入因此减少了12亿欧元,同比下降13.3%;农产品价格也呈现显著下滑趋势,因此,希腊的经济在这次危机中陷入萧条。西班牙的支柱产业则以房地产和旅游业为主,金融危机导致房地产价格大幅下跌,旅游业也是连年遭受重创,一些度假地的入住率甚至不足50%,金融危机对西班牙的经济造成了严重的打击。爱尔兰则以农业为传统支柱产业,金融危机爆发期间,农产品价格的大幅下降给爱尔兰经济造成了重大影响。为应对危机,以上各国均采取扩张性的货币政策和财政政策以刺激经济的发展,造成财政赤字和政府债务水平的大幅上扬,导致债务危机的最终爆发。

2. 欧元区自身体制的缺陷

2002年1月1日起,欧元在成员国间正式流通,其发行由欧洲银行统一控制,单一的成员国几乎丧失了通过发行货币调节经济的能力。因此,在对经济进行调节时,成员国间往往选择发行债务筹措资金。同时,在欧盟区内,成员国相互之间融资成本较低,这就导致了成员国过分的借贷和财政支出行为,根据《马斯特里赫特条约》的规定:一国债务总额占GDP比重的上限为60%,一国财政赤字占GDP的比重上限为-3%,但是欧元区的绝大多数国家都超过了这一标准,图4-8和图4-9反映了2009年危机爆发时欧元区各成员国的债务情况和赤字情况。

由图4-8和图4-9可知,在一国债务总额占GDP的比重方面,除芬

金融危机、影子银行与中国银行业发展研究

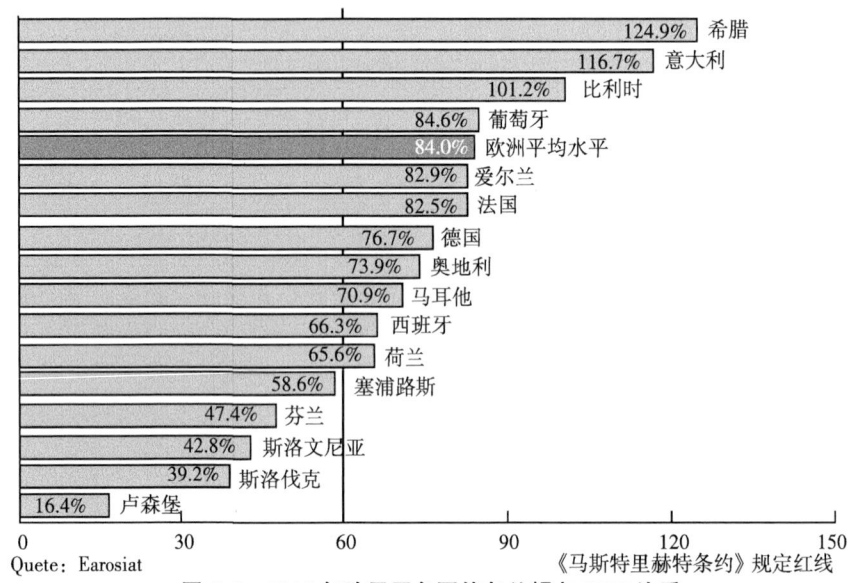

图 4-8　2009 年欧元区各国债务总额占 GDP 比重

资料来源：东方财富网，http://topic.eastmoney.com/europedebt/。

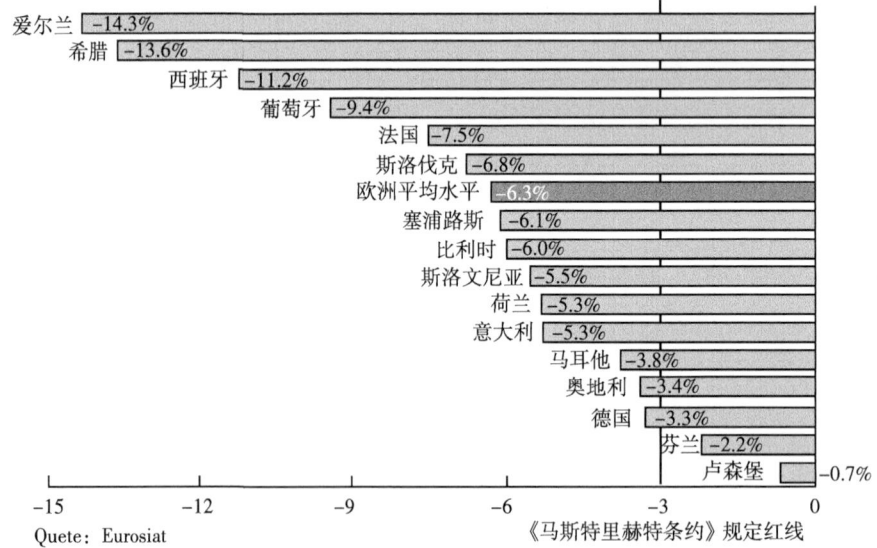

图 4-9　2009 年欧元区各国公开赤字占 GDP 比重

资料来源：东方财富网，http://topic.eastmoney.com/europedebt/。

兰、斯洛文尼亚、斯洛伐克、卢森堡和塞浦路斯外，其余国家均超过了警戒线；在一国财政赤字占 GDP 的比重方面，仅有芬兰和卢森堡这两个国家达标。这些都为欧洲债务危机的全面爆发埋下了深深的隐患。

3. 投资性资本炒作的推进作用

2001年，希腊正式加入欧元区。但是，当时希腊真实的财政赤字占GDP的比重已为-5.2%，远远超过了《马斯特里赫特条约》所规定的3%的上限。为此，希腊政府与美国高盛集团合作，签订货币互换与信用违约掉期协议，使得希腊财政赤字占GDP比重成功地降至1.5%，达到了欧元区的标准。葡萄牙、西班牙、意大利等国也有类似的情况。然而，高盛却在希腊债务未到期之际，通过一系列的炒作做空欧元，使得欧元兑换美元的汇率大跌，希腊各国归还债务的成本急剧上升。同时，高盛利用一系列资产证券化手段在名义上帮助希腊减少了约为23.67亿欧元的外债，但这些热钱"最终"还是流入希腊政府部门，进一步加重了政府的财政负担，助长了危机的爆发和蔓延。

三、各国应对欧洲债务危机所采取的措施

面对愈演愈烈的欧洲债务危机，各国政府及央行均采取了一系列措施以稳定经济，具体包括以下几个方面。

1. 实施紧缩性的财政政策

次贷危机后过于宽松的财政政策是导致此次欧洲债务危机的重要原因之一，因此欧债危机爆发之后，欧洲各国纷纷制定紧缩性的财政政策以减少开支。从希腊方面看，希腊政府于2010年3月3日公布了一份财政赤字紧缩方案，该方案的具体做法包括：削减公共员工的假期补贴，冻结政府部门的退休金计划，降低政府部门工作人员的奖金；同时，将企业的增值税率从19%提高到21%，并且对烟酒及奢侈品实施高额税负；2010年5月6日，议会通过财政紧缩方案，计划三年内减少约为300亿欧元的开支。2011年10月20日，希腊议会通过了包括裁减国营企业员工、增加房产税等内容的新一轮紧缩措施。从葡萄牙方面看，葡萄牙政府于2010年3月6日通过一项关于未来3年的财政紧缩计划，成为继希腊之后最早出台紧缩性财政政策的欧元区国家，具体措施也包括降低国家公务人员的工资和奖金水平，减少国家对社会领域部门的优惠补助，压缩公共投资，对负债公共企业确定负债限度，停止执行公务员提前退休并支付基本工资的做法，将公务员的退休年龄延长至65岁；此外，葡萄牙政府还计划通过

调整财政政策、发行融资债券和国库券等措施增加收入。根据该计划，到2013年，葡萄牙年度预算赤字水平占GDP的比重将从2009年的9.3%降至欧盟规定的3%以内。2011年11月，为实现2012年预算目标，葡萄牙政府不得不采取更严厉的临时性紧缩措施，包括取消对部分公务员、国营企业员工和退休人员的节假日补贴，大幅上调多种商品的增值税，允许私企在未来两年里将每天工作时间延长半小时，取消或部分取消税收优惠措施和社会福利待遇。从西班牙方面看，2010年5月27日，议会通过了政府财政紧缩方案，此项法案的实施预计将减少150亿欧元的开支；同时，西班牙政府将增值税率提高到18%，旨在3年内实现赤字的减少。为了完成赤字削减目标，西班牙政府于2011年末公布了一项规模达89亿欧元的2012年公共开支削减计划及增税措施，减支项目集中于掌管公共工程的科学与发展部、工业能源部和财政部；与此同时，西班牙政府多数公共部门将停止招聘，同时停止上调最低工资；另外，对资本收益税和富人所得税实施为期两年的增税措施。这些举措预计可为政府增加收入总计60亿欧元。从英国方面看，2010年6月22日，英国财政大臣公布了"二战"以来最为紧缩的紧急财政预算，旨在削减公共开支和增加税收以减少财政赤字，计划2010~2015年每年削减320亿英镑的财政开支，并从2011年起将增值税率由17.5%提高到20%，争取在2015~2016财年实现结构性财政平衡并出现盈余。其中，该法案的80%靠减少财政支出完成，20%靠增加税收实现。2012年12月，英国财政大臣奥斯本表示，英国将坚定不移地坚持紧缩政策，且紧缩措施将延长一年至2013年，以消除经周期调整的当前预算赤字。此外，法国、意大利、德国、爱尔兰也公布了相应的财政紧缩方案，旨在降低财政赤字以渡过债务危机。

2. 欧盟、国际货币基金组织及各大中央银行向市场联合注资

2010年5月2日，欧元区财长特别会议决定，将向希腊提供1100亿欧元贷款，贷款期限为三年。其中，欧元区国家的出资额为800亿欧元，另外的300亿欧元由IMF提供。该方案可协助希腊政府偿还即将到期的85亿欧元国债，但该项举措的实施并没有阻止形势的恶化，欧债危机反而愈演愈烈，并迅速蔓延至整个欧洲。2010年5月10日，欧盟启动了历史上最大的救助机制，即向市场注入7500亿欧元以阻止希腊危机向周边国家蔓延。该救助资金由三部分构成，其中欧元区国家根据相互间协议提供4400亿欧元，IMF提供2500亿欧元，其余600亿欧元则由欧盟委员会

以欧盟《里斯本条约》相关条款为基础,通过金融市场募集得到,具体如图4-10所示。与上次的注资不同,此次援助的对象不再局限于希腊,还包括形势严峻的西班牙、意大利和葡萄牙等国。

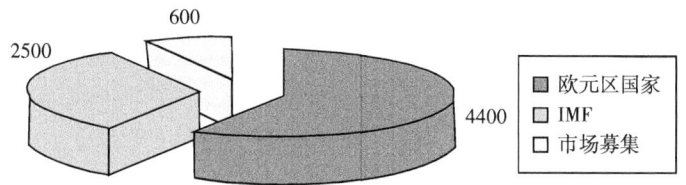

图4-10 7500亿欧元救市资金的组成(单位:亿欧元)

紧接着,世界各大中央银行开始采取相应的行动。2010年5月10日,欧洲央行宣布,将开始陆续收购各国政府债券,此举开启了欧洲历史上央行收购政府债券的先例。同日,美联储启动了与欧洲央行、加拿大、英国和瑞士4家央行的临时货币互换机制,以缓解国际金融市场的美元流动性压力。日本央行也于2010年5月10日宣布,即日起向短期市场注入2万亿日元(216亿美元),以应对希腊主权债务危机对日本金融系统的影响。

值得注意的是,欧洲金融稳定基金(EFSF)机构的成立也为缓解欧元区国家的债务危机提供了有力的保障。欧洲金融稳定基金是在欧洲爆发主权债务危机的背景下成立的一项临时性救援机制,旨在向申请援助并得到批准的欧元区成员国提供临时性专项紧急贷款,并以欧元区成员国的信用作为抵押发行债券融资。该基金成立于2010年5月9日,将于2013年6月到期,届时将由欧洲金融稳定机制取代,成为欧元区的常设救援基金。

EFSF设立之初的资金规模约为4400亿欧元,除去对希腊的两次援助和对爱尔兰、葡萄牙的1400亿欧元资助,其贷款能力仅为2500亿欧元左右。随着欧洲主权债务危机的不断蔓延,EFSF的救援资金已经远远无法向其区内成员国提供足够的贷款,因此,2011年7月21日欧元区各国政府同意修改EFSF的框架以将其资金规模从4400亿欧元扩容至7800亿欧元。随后,作为欧元区最大经济体且对EFSF出资最多的国家——德国,于2011年9月29日通过了欧洲金融稳定基金扩大权限案,欧元区其他国家议会也相继通过该项议案,扩容方案于同年10月中旬顺利完成,使得

---

① 该条约于2007年12月13日在葡萄牙首都里斯本签署,2009年1月正式生效。该条约相当于简化版的欧盟宪法。

EFSF 的可贷资金规模从之前的 2500 亿欧元增长至 4400 亿欧元。

3. 大力推动经济改革，寻求经济增长的长期措施

不论是政府财政削减计划还是各大机构向市场紧急注资，都只能缓解一时的危机，而实现本国经济的增长才是走出危机的长久之计。为此，欧洲各国纷纷推出了经济改革计划。2010 年 6 月 17 日，欧盟峰会通过了"欧洲 2020 战略"的十年发展规划，该规划提出以下三种增长方式：一是以知识和创新为内容的"智能增长"；二是以发展绿色经济和提高总体竞争力水平为基础的"可持续增长"；三是以扩大就业和促进社会融合为目标的"包容性增长"。同时，欧洲央行决定维持现有欧元区 1%的利率水平不变。

同年 7 月 21 日，IMF 发布报告建议，欧元区当前有必要加强政策协调，实施完善的财政政策和货币政策，制定有力的中长期调整计划，保证财政供应的可持续性；同时，实施结构性改革以促进经济增长。最后，对银行体系的薄弱环节予以重视，并从根本上进行重组以防范危机。

4. 强化对金融行业的监管措施

危机的爆发往往与放松对金融机构的监管密不可分，为此欧洲各国加强了对金融行业的监管措施，具体措施包括以下两个方面：一是对银行进行压力测试以缓解市场对欧洲银行状况的担忧。2010 年 6 月 17 日，欧盟峰会召开，宣布对欧洲 20 个国家的 91 家银行进行压力测试。7 月 23 日，欧洲银行业监管委员会公布了测试结果。结果表明，91 家银行仅有 7 家未达到标准，这 7 家银行中一家来自德国，一家来自希腊，其余均来自西班牙，而只需注资 35 亿欧元，它们即可良好地渡过危机。欧洲银行业监管委员会表示，即使处在危机最为严峻的时刻，这 91 家银行的核心资本充足率从 10.3%降至 9.2%，但仍然远高于 6%的警戒线，而这 91 家银行资产的规模占欧洲总体银行业的 65%，因此欧洲银行业总体处于较为安全健康的状态，可以有效地抵御外界的风险。欧盟的此项措施旨在提高投资者信心以稳定市场。但在此之后，爱尔兰向欧盟和 IMF 申请援助，原因是该国援助参与测试并通过考验的爱尔兰银行的成本过高，因此，这次银行压力测试结果遭到了公众的严重质疑。2011 年 3 月 4 日，欧洲银行业监管委员会再次实施银行业压力测试，这次压力测试针对欧盟境内的 88 家银行，并且在更加严格的条件下进行，以观察这些银行能否抵御严重的金融危机。

二是建立更加健全的金融监管体系。长期以来，欧洲大陆国家一直强调加强对金融业的监管，但因各种原因而未能付诸实施。金融危机爆发之

后，欧洲各国重新审视了对金融创新产品和金融机构监管的必要性，在全面金融监管改革方面采取了实质性的措施。2011年，欧洲建立起了三大金融监管机构，分别是欧洲银行业监管局、欧洲保险与职业养老金监管局和欧洲证券与市场监管局。与此同时，欧盟还设立了一个欧洲系统性风险委员会（ESRB），其成员主要为各国中央银行行长。ESRB负责监测整个欧盟金融市场上可能出现的宏观风险，并在必要情况下及时发出预警和建议应采取的措施。这一体系的成立具有重大的开创性意义。

首先，监管层次和监管对象更加全面。除了传统的银行业外，监管的范围还涵盖了证券市场、保险、职业养老金在内的整个金融服务领域；同时，欧洲监管局具备对特定类型的金融机构、金融产品和金融活动进行调查的权限，评估其市场风险，遇到紧急情况时，欧洲监管局有权临时禁止或限制某些有害的金融活动或者金融产品，并向欧盟委员会提出立法建议，永久性禁止这类产品或活动进入市场。

其次，欧洲中央银行在金融监管体系中的职能和地位得到提升。在这种体系下，欧洲中央银行可以向欧洲系统风险委员会提供更加全面的信息和服务，以便其对整个欧盟的金融系统进行宏观审慎监管。

最后，欧盟金融监管机构的职能和权限得到扩展。在新的监管体系下，三个监管局有权监督各国监管机构执行欧盟的相关法律法规的情况，在涉及跨国金融机构监管时，如果各国监管机构之间存在争议，欧洲监管局可以对其进行相应的调停，调停结果具备法律效力。此外，监管局还可以直接对机构下达监管命令，对相关的违法行为发出指令或提出警告。

四、欧洲债务危机应对措施的启示——基于商业银行的角度

1. 欧盟成员国处理银行危机的规则——值得参考的模式

在本次欧洲债务危机中，危机国家采取大幅紧缩性财政政策，尽力减少财政赤字，改善财政状况。紧缩财政政策对于主权债务危机国家的商业银行意味着一旦该国银行业出现危机，政府将无法担负起救助银行的巨额成本。因此，危机之后对于银行业来说，最关键的问题就是怎样应对未来危机出现时无法偿还银行的巨额债务。就此，欧盟委员会于2011年1月提出了一份议案，其内容主要针对全体欧盟成员国的处理危机银行的规

则。从这一规则的内容来看，它制定的一系列关于危机时期对无偿债能力银行的救助机制，这对未来银行业应对危机提供了一个可资参考的模式，主要表现在两个方面。

（1）该规则强调了在救助危机银行时的成本最小化问题。作为一国负债经营的金融中介机构，商业银行的经营具有特殊性，一旦整个行业陷入危机，势必对经济造成剧烈影响，因此政府必然会采取相应的救助措施以挽救其濒临倒闭的命运。这其中又以发展中国家为甚，因为其经济对金融危机抵御能力较弱，商业银行经营的潜在风险较高。如果一国同时因为主权债务危机需要缩减财政支出，银行的救助成本必然由纳税人来承担。因此，从某种程度上来说，商业银行在没有花费任何成本的情况下接受了国家提供的"保险"，因此，在其发展的同时，应当承担一定的社会责任，在管理过程中加入作为一个国家金融服务的提供者所承担的这种"社会职能"所对应的管理理念。这不仅依靠国家对商业银行的监管及相应法规制度的外部约束，更应作为一种企业精神贯彻到银行经营管理文化中，尽量做到"纳税人不应为银行的损失埋单"，尤其在国家财政处于危机时期。

（2）这一规则指出，为了保护纳税人的利益，在国家财政政策无法提供足够的资金救助时，银行注销一级债务应该成为未来处理无偿还能力银行的一种选择：这就是最具争议的银行"金融保释"提议。具体可以通过以下两种互补方式达到这一目的：一是将注销部分债务或将其转为股本；二是允许银行发行一定需求量的债务，一旦银行流动性不足陷入危机时，银行将可以将债务注销或是将其转换为股权。在理论上，上述"金融保释"提议是一个很好地将银行业危机的解决成本最小化的方法。然而，在实践中，投资者对银行发行的此类债务需求甚少，因为它既没有债权投资所具有的确定性收益，又没有股票投资所具有的高收益。同时，此类债务的发行成本高，即便能够发行，也容易引发关于此类债务的法定发行数量的一系列争议。本书认为，"金融保释"这一方法能够在一定程度上减轻处于严重危机中的银行的债务负担。结合实际情况，当下欧洲许多国家的情况是，即使由国家财政完全为银行的一级债务埋单，一些银行依旧无法走出危机，债务问题依然严重，正所谓"冰冻三尺，非一日之寒"，很多银行的问题累积已久。因此，除了政府直接注资危机银行外，更重要的是急需建立一个"金融保释"机制。其实，这可以看做是对银行风险控制"事前、事中、事后"三阶段的最后一个阶段的完善。

2. 加强欧元区内部银行间的互助合作

相对于拉美银行业危机由于高度美元化带来的在政府救助方面的限制，欧盟内部各成员国危机银行之间更多面临的是一种国际间的协调，具体言之，欧元区各国应该积极为其各自银行提供一个与国外银行互助合作的平台。然而，在前两年的欧债危机过程中，政府不但没有提供这种协调的平台，反而允许本国银行冻结外国银行在本国的资产，引起了被冻结资产国家的强烈反抗，甚至一度威胁到欧盟体系的维持。在此，本书认为，在危机时刻更应该强调银行间的协调互助，尤其是在银行间同业市场方面。在现代金融体系中，银行间同业市场至少起到两个重要作用：一是中央银行的干预行为通过银行间市场引导利率走向；二是一个良好、有效的银行间市场将提供一个良好的渠道，使资金从流动性相对较足的金融机构流向流动性不足的金融机构。因此，如果借助于完善的金融体系和活跃的银行间同业市场，所制定的政策则能够实现其理想利率的目标并且引导资金更有效地流动。

然而，实际上欧洲银行在面对危机时相互间存在着不少"以邻为壑"的现象。以爱尔兰和德国为例，2008年10月2日，爱尔兰宣布为国内六大银行的价值4000亿欧元的银行存款提供为期两年的担保，这一救助措施对于其稳定本国银行系统起到了积极作用。但是，当投资者纷纷将其资金转向更加安全的爱尔兰境内银行时，其他国家银行的利益遭到损害，其中又以英国最为严重。同样，德国银行业应对危机时采取了以下两项措施：一是为其地产融资抵押银行提供500亿欧元的救助；二是为其国内银行的个人存款业务提供担保。在这两项措施实行之后，瑞典、奥地利、英国、丹麦和冰岛五国不得不提高存款担保额度，以防止资金流出，因此，这五国的利益也遭到了一定程度的损害。

欧洲债务危机发生地多为发达国家，与发生在新兴市场国家的银行危机相比，整体市场环境（包括国外环境和国内环境）还算相对稳定。由于欧元区成员国之间共同受到一些法律政策的约束，这种比较稳定的国家关系将有助于实施比较一致的政策，或者尽量减少各国"以邻为壑"政策对其他国家造成的消极影响。另外，新兴国家往往存在大规模的资本流入现象，借助于新兴国家的银行体系，这些资本将进一步增强银行顺周期性而大量放贷。相比之下，发达国家拥有更成熟的银行体系和更好的资本流动监管措施，其本身受到资本流动的危险也较少，因此在面对共同危机的情况下，欧元区成员国银行间应该大力加强相互间的互助合作。上文曾提及欧盟各国对银行进行共同压力测试，并且试图建立更为统一有效的银行业监管体系，这些都不失为银行间互助合作的良好方法。

五、欧洲债务危机对中国的启示

1. 加强对地方性政府债务的风险管理

2011年，我国外债偿债率为1.72%，债务率为33.31%，负债率为9.52%；短期外债与外汇储备的比例为15.75%；① 财政赤字与全国GDP的比例为1.5%。② 按照国际标准，上述指标均在安全线以内。因此，从总体来看，我国的审慎性优于大多数发达国家，短期内爆发债务危机的可能性微乎其微。但是应该注意到，我国地方性政府的债务规模在近几年来迅速膨胀，成为我国宏观经济运行中不可忽略的风险因素。

据国家审计署披露，2010年末，全国省、市、县三级地方政府性债务余额约10.7万亿元，其中约八成为地方政府融资平台贷款。由于平台公司投资的项目大都具有非经营性，难以产生稳定的现金流，依靠项目本身难以归还银行贷款本息，因此大部分贷款以第二还款来源作为支持，其主要来源就是土地收入，但是我国房地产市场正面临着严厉的市场调控，土地交易市场日益冷清，需求减少和供给增加很可能导致土地出让金大幅下降，造成地方财政资金链断裂，如处理不好，极有可能引发银行大面积的坏账，对整个国家的金融体系造成巨大的冲击。

同时，从宏观经济方面来看，我国近年来采取了较为严厉的紧缩性政策以调控居高不下的通货膨胀率和持续升温的房地产市场。2011年6月20日，中国人民银行再次上调存款准备金率，至此我国存款准备金率已经达到21.5%③的历史峰值，后期虽有微调，但该比率仍保持在20%的高位；另外，从2010年起，我国实行较为严厉的房地产调控政策，从"国十条"到"国五条"，从上调房贷利率、限购、加息、计划出台房产税等一系列行为中，国家对房地产市场的调控态度可见一斑。2013年3月，国务院出台的新"国五条"中明文规定，出售自有住房按规定应征收的个人所得税，应依法严格按转让所得的20%计征，被称为史上最严厉的房地产

---

① 数据来源：国家外汇管理局。
② 数据来源：中华人民共和国财政部。
③ 数据来源：中国人民银行。

调控措施。房地产市场的降温将减少地方政府的卖地收入,这些都将提高未来的实际还款难度,可能造成整体信贷、投资环境的逆转。如果依靠"卖地"所得的资金链断裂,依靠有限的财政收入,地方政府则不可避免地会给银行留下大量呆账和坏账。

因此,有必要采取相应的措施,将可能爆发的地方性财政债务风险防范于未然。一方面,我们应该对政府的债务进行重新界定和分类,对目前地方政府融资平台的债务风险,以及由此可能引发的信贷风险及财政担保风险予以重点关注;深入研究地方政府债务风险转变为财政风险和金融风险的传导途径和触发机制,建立全面的政府债务风险预警机制,并充分借鉴国外应对债务的风险管理和危机处理方法。另一方面,除了认真做好各级债务的测算和偿债平衡工作外,还应该对银行及其他金融机构的呆账和坏账进行及时清查,从财政和金融两个方面切实做好债务风险的防范工作。

2. 对建立"亚元"货币区持谨慎态度

根据蒙代尔的最优货币区理论,若生成要素在其中几个区域之间富有流动性,而在另几个区域流动性较低,那么可以将富有流动性的几个区域联合起来组成最适货币区,最适货币区域内实行固定汇率制度,区域外实行联合浮动汇率制度,这样可以有效地提高经济运行效率。欧元区符合最适货币区的标准,在其建立之初也取得了巨大的成功。但在此次欧债危机的爆发过程中,欧洲各国"一损俱损",充分地暴露了这种体制内在的缺陷及其在应对危机方面的脆弱性。近几年来,关于在东南亚区域建立"亚元"的呼声也日益高涨。学术界中有几个不同版本的"亚元"即亚洲区域货币一体化方案,意在谋求亚洲区域货币的统一和由此带来的经济开放。

透过这次欧洲债务危机的经验教训,有必要对建立或者加入所谓的"亚元"区持谨慎态度。从某种意义上说,欧元区内各国货币政策独立性的丧失是导致欧债危机爆发并蔓延的重要原因。在当今亚洲,若建立所谓的"亚元"区,当类似欧债危机的事件发生时,结合亚洲的实际情况,亚洲各国将面临着更大的压力和威胁。因此,就目前情况而言,"亚元"货币体系成立的时机还远未成熟,各项制度规则都有待进一步探讨和完善。

3. 实现经济结构调整,防止外部冲击

当前,欧洲国家都被迫开始大幅削减开支,纷纷草拟计划削减财政赤字，一些国家正计划提高退休年龄，取消一些福利。但仅仅依靠简单的紧缩政策不足以走出危机，只能暂时安抚紧张不安的国际金融市场。削减开支幅度过大，将抑制需求，很容易使来之不易的复苏势头发生逆转。政府产生的赤字很大一部分是由于救助金融机构，现在却要通过简单地削减全民福利来弥补，在政治上也不得人心，此起彼伏的罢工潮反过来又会拖累经济复苏。

要走出危机，实现持续复苏，不但要通过政府的刺激政策和培育新的经济增长点来恢复供需平衡，还需要通过一系列积极的调整和改革，创造更多就业机会，使收入分配趋于合理化。要做到这一点，就必须实现结构调整和发展方式的转变。在拉动经济的"三驾马车"中，出口一直是我国促进经济发展的"撒手锏"，但是这种发展方式极易受到外部冲击。在欧债危机尚未结束的情况下，中国的出口已经开始回落。在未来的一段时间里，中国主要的出口国——欧美等发达国家低增长的情况还将持续；从长期发展战略来看，出口导向型模式也是不可维持的。消费是比出口和投资更能拉动经济增长的长效动力，倘若不主动转向以内需为主，那么在面临危机时，我们将处于被动的局面。因此，我们应尽快转变经济增长方式，构建以内需为主的经济结构。在出口战略上，单纯初级产品、劳动密集型产品结构是不可持续的，出口产品也应全面转型升级。

第四节 中国台湾银行业发展与危机应对

2007年美国次贷危机波及全球，位于"震中"位置的金融业受到重创，我国台湾地区的商业银行也未能幸免。危机来临后，台湾地区当局迅速采取各种宽松性的财政和货币政策增强市场的流动性以渡过危机。台湾地区商业银行能在次贷危机中自保其身，与台湾地区当局措施得当和其自身发展的特点有关，也与大陆对台湾地区的间接经济援助有关。

一、中国台湾银行业概况

1. 台湾地区银行业发展现状

台湾地区的金融服务业以岛内银行业为主体,在 1997 年台湾公营银行实行民营化以前,公营银行一直是台湾地区金融业的主体;以 1981~1997 年为例,此间台湾地区公营银行存款市场年平均占有率为 76.5%,社会金融资产年平均比重达到 68%。1997 年,台湾地区当局开放民营银行以前,公营银行在台湾地区金融业中占据主体地位。

总体来看,台湾地区银行业改革开放的进程要早于大陆银行业。20 世纪 70 年代中期,台湾地区开始推动金融国际化,1986 年,台湾地区对外开放,允许外资银行来台设立分行;2002 年,加入世界贸易组织后,在台外资银行享受国民待遇,这使得外资银行拥有更大的经营自主权,也使得台湾地区银行机构的竞争压力进一步加剧。

据台湾地区"中央银行"公布的数据,截至 2010 年 11 月,台湾地区共有存款货币机构总行 428 家,分支机构 5983 家。台湾地区拥有 37 家本地银行、1 家中小企业银行、32 家外资银行,另外还有 26 家信用合作社、275 家农会信用部和 25 家渔会信用部(见图 4–11)。① 对于一个拥有 2000 多万人口的狭小岛内市场来说,庞大的金融机构数量导致了金融业的激烈竞争。与大陆银行业相比,目前台湾地区银行业开放程度较高,整体金融环境基本类似于完全竞争市场。

2. 台湾地区商业银行体系的形成及业务开展

台湾地区现有的银行体系主要由五条渠道衍生而来:一是台湾地区当局接收"改组"日据时代的金融机构;二是从大陆迁至台湾地区的金融机构;三是国民党当局逃到台湾地区后,为配合台湾地区经济建设而设立的银行;四是台湾地区"财政部"1991 年批准新设民营银行以来新设立的民营银行;五是台湾地区当局 20 世纪 80 年代初实行金融国际化政策以来,台湾地区引进的外资银行,具体如表 4–5 所示。

---

① 截至 2011 年 7 月底,台湾地区本地银行总行 37 家,分支机构 3355 家,外资银行在台湾地区分行 92 家,信用合作社总机构 25 家、分支机构 255 家,农、渔会信用部总机构 302 家、分支机构 856 家,邮局分支机构 1323 家,票券金融公司总机构 8 家,分支机构 30 家,金融机构总、分支机构共 4961 家。

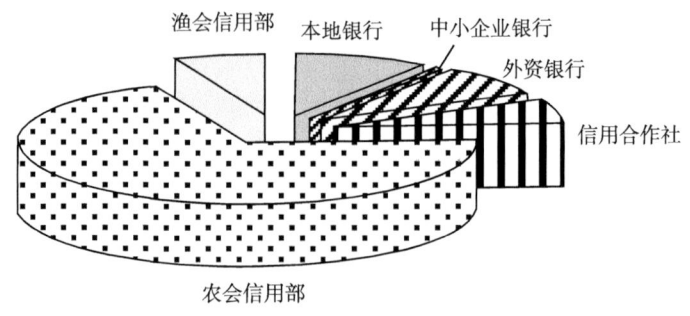

图 4-11 台湾地区银行分布①

资料来源：中国台湾网。

表 4-5 台湾地区的银行体系构成②

类　别	具体银行
台湾地区接收改组日据时代的金融机构	台湾银行、彰化银行、华南银行、第一银行、土地银行、合作银行、台湾中小银行
从大陆迁至台湾地区的金融机构	"中央银行"、"中国农民银行"、交通银行、"中央信托局"、邮政储金汇业局、上海商业储蓄银行
为配合台湾地区经济建设而设立的银行	"中国输出入银行"、台北银行、高雄银行
新设立的民营银行	玉山银行、台新银行、大安银行等16家民营银行
引进的外资银行	来自亚洲、欧洲、北美、非洲的40余家外资银行

台湾地区"银行法"将银行分为三种，分别是商业银行、储蓄银行、专业银行，同时，该法规定：商业银行以办理短期金融业务为主，其余的银行基本均为中长期金融机构；除了信托投资公司外的各类银行不得经营信托业务；除了信托投资公司外，其余各类机构不得经营证券业务。该"立法"清晰地体现了台湾地区银行业的分业经营制度。但是，随着台湾地区金融业的飞速发展，实际运作中的混业经营很明显。比如，每一家商业银行和专业银行设立各自的储蓄部和信托投资部，分别经营储蓄业务及信托投资业务，同时还兼营证券自营商、经纪商、承销商业务，因此台湾地区的银行大都集商业银行、储蓄银行和投资银行业务于一身。

---

① 时间：2010年11月。
② 时间：2010年。

3. 台湾地区银行业的民营化改革

1990年以前，台湾地区的金融体制基本上呈封闭状态，除了在1964年和1975年两次政策性特许设立华侨商业银行和世华联合商业银行之外，台湾地区当局在将近20年的时间里从未发放过新的银行牌照，金融市场几乎由公营机构所垄断，这种体制曾在台湾地区经济"起飞"的过程中发挥了重要的作用。①

20世纪70年代以来，金融自由化的浪潮席卷整个西方世界，岛内要求开放金融市场的呼声也随之日益高涨，在这种形势下，台湾地区开始了金融自由化的历程。一方面，台湾地区当局于1991年放开了对商业银行新设的管制，准许设立大批民营银行以吸引外国银行进入岛内；另一方面，台湾地区当局不再干涉资金分配问题，而是由市场机制直接调整利率与汇率。在此之后，台湾地区相继成立了16家民营银行，这些新设的银行发展非常迅速，存放款业务大幅增长。与此同时，外资银行也加快了进驻岛内的步伐，纷纷在岛内设立分行或办事处。截至2009年末，共有32家外资银行在台湾地区设立了133家分行，这些外资银行分别来自于15个国家和地区。民营银行和外资银行的加入以及融资方式的变化，使金融机构之间的竞争日益激烈，直接推动了公营金融机构的变革。

台湾地区民营银行的设立和公营银行民营化是台湾地区积极推动金融自由化的重要成果，在改进公司治理结构、提高经营效益、促进金融深化、开展金融产品创新和制度创新方面发挥了积极的作用。银行机构的多样化，加大了台湾地区银行经营方式和产品开发的灵活性，进而满足了经济部门的不同层次的融资需求。

4. 台湾地区银行监管制度简介

（1）台湾地区银行监管机构。台湾地区的银行监管体制由银行监管体系与存款保险制度两部分组成，分别从加强对银行机构的检查以提高其运作的能力和保护存款人利益两方面对金融机构双方的经济行为予以规范。具体而言，台湾地区各银行监管主管部分的监管分工如下：

一是"财政部"及地方财政部门：台湾地区的"财政部"享有直接监管权力，"财政部"监管权限设计可以随时派员检查信用合作社，也能够授权给"中央银行"办理，或者授权给"中央存款保险公司"办理。"财

---

① 杨胜刚：《比较金融制度》，北京大学出版社2005年版。

金融危机、影子银行与中国银行业发展研究

政部"拥有台湾地区金融监管的最高权力。

二是"中央银行":台湾地区"中央银行"履行直接检查和委托检查的责任,但是由于台湾地区金融结构的复杂性,金融自由化导致金融机构数量迅速增多,"中央银行"监管力度明显不足。

三是"中央存款保险公司":台湾地区"中央存款保险公司"在必要时刻,有权检查投保金融机构的业务账目,但此项权限要经过相关主管机关核准后才能进行。

(2)台湾地区金融监管制度变迁。在多数国家和地区,中央银行都是金融的最高监管机构,而台湾地区"银行法"却规定台湾地区的金融主管机关在"财政部",台湾地区"中央银行"除拥有在"财政部"参与监督下制定和执行货币政策以协调经济金融发展外,在金融机构管理方面仅有金融检查权而无金融行政权和处置权,与"财政部"的权力相比要小得多。因此,我国台湾地区长期以来实行以财政当局为主的分散的金融监管体制。此外,台湾地区在1985年成立了"中央存款保险公司",该机构也具有一定的金融监管权限。

台湾地区经济在1997年亚洲金融危机中虽未遭到严重冲击,但也暴露出了基层金融呆账过高、银行业国际竞争力不足等金融体系的弱点,加之金融控股公司的成立,使得金融监理制度改革提到议事日程。从1991年台湾地区开放新银行设立以来,持续开放的外资进入岛内金融市场、引进新式金融商品,让岛内金融市场呈现百花齐放的局面,这些金融商品不断推陈出新,都对旧的监管模式提出了不小的挑战。"金融机构合并法"、"金融控股公司法"的陆续通过,则极大地提升了岛内金融机构规模与监管的复杂度,现有的金融监管模式显然已经不能满足市场的需要。

台湾地区"财政部"于2001年6月通过"金融控股公司法",对各类金融机构进行监督管理。为避免保险、证券、银行等多元监管制度可能产生的监管重叠问题,台湾地区当局于2003年7月设立了"行政院"、"金融监督管理委员会"(以下简称"金管会"),使金融监管制度由原来的多元化改变成垂直整合的一元化监管。在"金管会"成立之后,其已成为台湾地区金融监督管理一元化的主管机关,负责台湾地区大部分的金融监督管理工作,将过去由"财政部"的证期会、金融局、保险司、中央银行与中央存款保险公司等分散管理集中于"金管会"之下。至此,台湾地区已经完成从分业管理向统一管理的过渡,台湾地区现行的金融监管体制已经转变为金融统一监管体制。

二、中国台湾银行业应对危机的主要经验与启示

1. 台湾地区银行业应对东南亚危机的主要经验与启示

（1）危机概况及其对台湾地区的影响。东南亚金融危机发生初期，由于台湾地区经济基本面较好，外汇储备丰厚，且企业所负外债不多，所以此次危机发生之初对台湾地区经济的冲击并不剧烈。1997年，台湾地区受危机影响不大，经济增长率达到6.8%。然而，随着时间的推移，金融危机不断深化，东南亚各国如泰国、马来西亚、菲律宾等纷纷卷入其中，金融风暴对台湾地区经济的影响日益加深，岛内出现了产业外移、经济衰退、失业率上升的现象。1998年，台湾地区出口衰退9.4%，受其所累，经济增长率降至5.1%。因此，东南亚金融危机对台湾地区包括银行业在内的金融业产生了一定程度的影响。

（2）台湾地区当局所采取的对策。随着东南亚金融危机的持续深化，台湾地区吸取其他各国应对危机的经验、教训，开始密切关注国内外经济形势的变化并采取措施以减缓金融风暴对台湾地区经济的冲击。1998年7月，台湾地区当局分别采取短期和长期的配套措施，改进金融结构以抵御危机。在短期方面，主要是维持金融体系正常流动性，避免产生不必要的信用紧缩，建立企业和居民对经济金融安定的信心；在中长期方面，台湾地区当局侧重法规制度的调整与改革，以强化台湾地区经济金融体制，促进岛内金融体系的长期稳健发展。以下主要针对金融及银行业方面所采取的应对措施予以分析。

第一，迅速接管问题金融机构。1998年以来，台湾地区陆续发生中央票据公司、宏福票据公司、台中商业银行因对少数企业授信不良，进而产生重大亏损事件，台湾地区"财政部"依照各问题金融机构的不同情况，迅速采取由存款保险公司接管或由银行团并购的措施，维持了金融市场的稳定。在此次金融危机中，台湾地区没有任何一家有问题的票据金融公司倒闭，极大地维护了货币市场的稳定性。

第二，调低银行营业税及加速打销呆账，健全银行业经营体制。为提高银行等金融机构的国际竞争力，促进税制及银行存款准备金率制度合理化，台湾地区当局于1999年2月19日宣布采取调降银行营业税率和调整

银行存款准备金率两项措施。其中，银行营业税率由5%降至2%，银行存款准备金率由7.65%降至6.41%。同时，台湾地区当局要求银行业将因此增加的盈余作为冲销呆账之用；另外，台湾地区"立法院"于同年6月22日通过"营业税法修正案"，自7月1日起正式实施，在4年内将全体金融机构的平均逾放比率，由1999年第一季的5.65%降至2.5%以下。此外，为改善银行业体制，台湾地区当局实行缩短银行不良债权转销程序，以促使银行加速打销呆账，提升台湾地区银行业竞争力。①

（3）东南亚金融危机的经验启示。自1997年7月东南亚金融危机爆发以来，亚洲国家或地区包括日本、韩国、中国内地、中国香港及东南亚各国经济均受到了显著影响。东南亚金融危机始于通货危机，之后演变为银行危机。台湾地区银行体系较为健全、金融监管相对谨慎，这在一定程度上降低了危机对其的影响。虽然东南亚金融危机已告平息，但是从台湾地区金融业应对危机的做法可以总结如下经验以供借鉴。

第一，短期资金的大幅波动将使股价及汇价发生大幅变化，可能损及一国经济，应建立短期资金波动预警制度及稳定的内在机制。东南亚金融危机中，泰铢遭到了国际游资的剧烈冲击，泰国政府于1998年1月宣布将原有的汇率制度改为浮动汇率制度，泰铢汇率即时贬值一半，对经济造成了重大影响。可见，建立短期资金波动预警制度有利于保护一国金融体系的稳定性。

第二，强化商业银行在危机中的风险管理。为了避免企业进行财务杠杆操作并由此引发企业财务危机，影响到银行贷款质量和金融市场安定，当局有必要采取促进企业财务信息透明化的措施，商业银行可以指定危机中的贷款标准，进行适应性风险管理，以保持银行系统的稳定性。

第三，夯实经济基础，稳健推行金融资本市场的改革。东南亚金融危机中，台湾地区银行所服务的实体经济的整体质量较好，台湾地区工商企业的整体资产质量较高，经济运行中的泡沫成分少，这构成了台湾地区经济应对金融危机的坚实基础。同时，由于台湾地区金融市场对外资的开放一直遵循循序渐进、分阶段进行的原则，这在一定程度上避免了经济的大起大落，增强了台湾地区经济抵御金融危机的能力。

---

① 黄仁德、林达煌：《国际金融危机的经验与启示》，聊经出版社2007年版。

第四章 国际社会应对危机的主要经验和做法

2. 台湾地区应对次贷危机的主要经验与启示

(1) 次贷危机对台湾地区经济的影响。2008年,美国次贷危机爆发并引发全球金融海啸,国际金融市场的动荡影响了居民的消费及投资信心,抑制了全球经济增长。在这场危机中,台湾地区的经济也受到了沉重的打击。2008年第三季度,台湾地区经济增长率与对外贸易发展均呈下降态势,居民消费能力减弱,失业率攀升。另外,台湾地区的外贸也受金融危机影响而大幅下降。

次贷金融危机爆发时,台湾地区经济增长呈现先扬后抑之势。2008年第一季度经济增长率为6.25%,其中,民间消费增长率为2.01%,固定资本成长率为4.42%,出口增长11.83%,延续了2007年的稳健增长态势;第二季度固定资本增长率跌至负值,但出口依旧强劲,因此经济增长率保持在4.56%的水平。随着国际金融危机的不断深化,全球经济的增速趋缓对岛内经济的冲击日益加剧,岛内经济增长日趋疲软。与此同时,岛内外的国际重要经济机构在9月后纷纷下调了对台湾地区经济增长的预期,"中华经济研究院"于10月17日首先将经济增长预期值由之前估计的4.67%下调至3.82%。

(2) 次贷危机对台湾地区银行业的影响。由以上分析可知,次贷危机给台湾地区的经济造成了巨大冲击的同时,台湾地区银行业也未能幸免。

一是银行业整体竞争力下降。根据相关数据显示,美国次贷危机之前,台湾地区上市银行近20年的平均ROE水平为4%,台湾地区的银行历史上的最好ROE水平为10%。不良贷款率、拨备率等方面的数据显示,台湾地区的银行的资产质量在区内属于中等水平,但有投资银行研究专家表示,由于台湾地区企业受次贷危机冲击严重,这些企业的贷款风险相应也大幅提高。这最终将令台湾地区银行的资产质量大幅受损,情况甚至可能接近2001年的不良率11.27%的水平,次贷危机中台湾地区银行收益情况堪忧。2008年对于台湾地区金融业来说是令人失望的一年,25强银行的税前利润仅仅增长了1.5%,资本回报率仅为3.96%。

二是银行房地产贷款告急。除了企业贷款之外,台湾地区的房地产按揭贷款的规模也非常之大,2007年台湾地区的房地产按揭贷款总规模为5.2万亿新台币,占2007年GDP的43%,在亚洲区内是继韩国(66%)之后第二高的地区。台湾地区本地银行的住宅贷款(包括按揭和项目融资)目前已占该地区"总存款(邮政储蓄除外)+金融债券"总量的25%，即将达到法定上限30%。这意味着台湾地区银行业的潜在资产质量风险较高。

三是出口下降影响岛内企业，波及整个银行业。台湾地区是一个出口导向型经济体，在亚洲区内，台湾地区企业的出口增长率占"GDP"增长率的比例相对较高。2007年第四季度，台湾地区的"GDP"增长率为6.5%，其中有5.8%来自于出口贡献；2008年第一季度，台湾地区的"GDP"增长率为6.25%，其中3.8%来自于出口贡献。2008年，受美国次贷危机影响，台湾地区出口量急剧下滑，7、8月，台湾地区的贸易已由顺差转为赤字。对外贸易的不景气导致许多企业的经营受到严重影响，据估算，截至2008年7月，台湾地区有85家上市公司因财务状况不佳而发出"盈利预警"，其中部分已破产，而台湾地区的银行对这些上市公司的总贷款规模高达3490亿元新台币，占所有上市公司贷款总额的12%，这些很可能最终转变为坏账。因此，金融危机对工商业的影响，也间接对金融行业造成了巨大的压力。①

（3）台湾地区当局所采取的应对措施。面对愈演愈烈的金融风暴，台湾地区当局制定了一系列政策以稳定社会经济。如采纳向贫困家庭发放补贴、减税等扩张性财政政策。在金融市场上，台湾地区当局也采取了一系列措施以保障台湾地区银行业的安全稳定。具体措施如下：

一是采取宽松性的货币政策，增加市场的流动性。随着金融危机席卷全球，全世界金融市场一度陷入恐慌。各国和地区政府为挽救濒临破产的信用危机，纷纷强力介入市场以渡过危机。台湾地区"中央银行"自9月18日开始，采取"价量并进"的方法，降低新台币的存款准备率，此举预计将直接向银行体系注资将近2000亿元新台币。与此同时，台湾地区"中央银行"下调再贴现率、担保放款融通利率和短期融通利率，并扩大公开市场附买回操作机制。以上一系列政策相配合，通过货币乘数的作用，将极大扩张台湾地区的银行信贷规模，增强市场的流动性，帮助银行业渡过危机。

二是政府注资企业以协助其渡过难关，进而减少银行不良贷款的发生率。金融危机中，最容易且最先受到冲击的是实力较弱的出口导向型小企业，面对市场的低迷，银行的惜贷，大多数小企业很可能面临资金链断裂

---

① 李非、吴凤娇：《国际金融危机下的台湾经济形势分析》，《台湾研究集刊》2009年第2期。

直至破产的局面。大量小企业的破产所造成的不良贷款将直接影响到银行体系的稳定性。为协助中小企业渡过经济不景气的寒冬，台湾地区"行政院"于2008年9月29日宣布启动"行政院协助企业经营资金专案小组"，对经营有困难的企业予以帮助。并于10月16日增加对中小企业放款量3000亿元新台币。此外，鉴于全球金融风暴的冲击已由中小企业扩大至大中型企业，并可能进一步引发更加庞大的失业潮，"行政院"于11月6日提出6000亿元新台币的"大企业救灾计划"，提供6000亿元新台币的额度保证给大中型企业，这些举措为陷入危机中的企业带来了一线生机。

台湾地区当局及时宣布救助危机中的企业，在一定程度上避免了金融危机渗透到实业界以及之后的双重影响效应。当局为企业提供贷款，不仅解救了企业，提升了市场信心，而且保障了银行贷款的质量和金融体系的稳定。

三是实施金融存款全额保障制度。鉴于台湾地区金融市场面临系统性风险，为避免"多米诺骨牌效应"发生，台湾地区"金融监督管理委员会"于2008年10月6日晚间宣布，"中央存款保险公司"必须将每一存款人最高保额由150万元新台币提高为300万元新台币；第二天，台湾地区"行政院"宣布首度启动存款保护第28条，对所有金融机构存款采取全额保障措施。这一措施不啻为台湾地区银行业的一针强心剂，有效舒缓了银行挤兑的预期心理，避免金融市场可能出现的系统性风险。强制性的全额存款保险制度及中央银行作为最后贷款人的能力，构建了有效的金融安全网，强化了存款人对于银行体系的信心；在金融市场动荡的情况下，极大地维护了金融体系稳定，促进了金融市场的健康稳定发展。

四是台湾当局及时救市，维护股市和金融体系的稳定。相比于其他经济体，台湾地区金融市场的资金较为充裕，这有效降低了金融危机对台湾地区金融业的冲击力度，避免其陷入大规模的倒闭中。但是台湾地区银行股在危机中遭到重挫，成为所有板块中跌幅最大的一个。据台湾地区当局统计，截至2008年10月底，台湾地区股市总市值的29.68%为外资持有，但从2008年5月以来，外资持股比例从31.1%一路下滑，显示出外资正逐步退出台湾地区股市的迹象。从股市方面看，在5月之前，台湾地区股市还在9000点之上。业界普遍认为，台湾地区的银行将可能被允许到大陆开设分行，银行的发展前景良好，于是银行股受到一路热捧；受次贷危机的影响，后市普遍看淡银行业的盈利前景，银行股反而遭受猛烈抛售，成为台湾地区股市的重灾区。

对此，当局采取相应的措施挽救股市，台湾地区"经建会"宣布将"国家发展基金"的规模由 2000 亿元新台币扩大至 1 万亿元新台币。与此同时，台湾地区金管会提出了两项"救市"计划：一是 2008 年底融资期限届满（1 年）投资人，均可展延半年；二是放宽融资担保品的范围，除了现金之外，投资人可应用股票、债券、黄金、珠宝等作为融资担保品。2008 年 9 月 18 日，台湾地区"国安基金"授权启动为期一个月的护盘机制。这些措施降低了台湾地区股市的下跌速度。

由图 4-12 可知，次贷危机爆发当月，相比于其他国家和地区，台湾地区股市跌幅较小，因此政府的救市计划还是取得了一定的效果。这些既维护了金融体系的稳定，也减缓了银行股的下挫速度。①

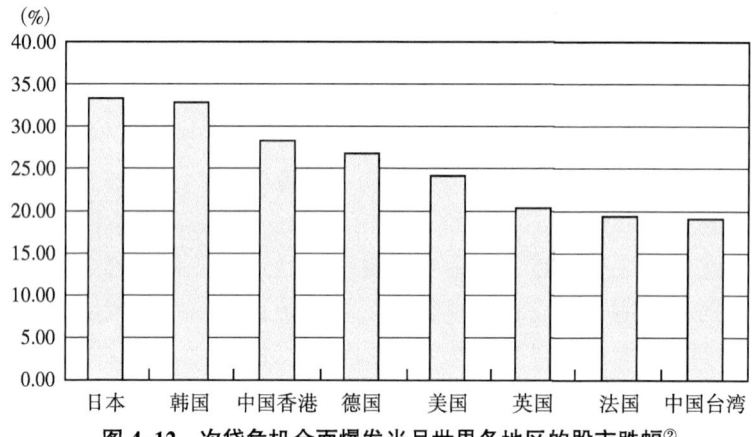

图 4-12　次贷危机全面爆发当月世界各地区的股市跌幅②

资料来源：Wind 数据库。

五是保持与大陆良好的经济金融合作。2007 年美国次贷危机后，台湾地区加强与大陆的经贸交往，在贸易、投资、旅游等领域得到大陆的很多帮助，使得岛内经济没有在次贷危机的影响下出现大幅下滑，稳定了岛内金融市场，为岛内银行业带来巨大商机。①贸易方面，大陆在进口贸易上给予台湾地区大量的优惠政策，从而确保了台湾地区经济的平稳发展。

---

① 王晓：《金融风暴中台湾银行业经营实录》，《今日财富》2008 年第 10 期。
② 时间：2008 年 9 月。

2007年为了推动台湾地区农产品、食品在大陆的销售，切实解决困扰台湾地区农民同胞的农产品滞销问题，大陆对产于台湾地区的11种蔬菜和8种水产品实施进口零关税措施，当年台湾地区对大陆出口额为1010亿美元，贸易顺差高达775亿美元，出口依存度达30%以上，使得大陆成为台湾地区最主要的出口地区和外汇来源。②投资方面，数以万计的台商在大陆投资，台湾地区接单、大陆出货的业务快速增加，大陆成为台湾地区企业境外最重要的生产基地。许多上市的大型公司在大陆的出货比重已超过台湾地区，在大陆投资产生的利润，已成为台湾地区企业获利的主要来源。2008年全年，大陆共批准台商投资项目2360个，实际使用台资金额19亿美元，同比上升7.0%。③旅游方面。受次贷危机的影响，台湾地区许多旅游企业严重亏损，惨淡经营。2008年马英九上台后不久，7月便启动两岸直航，迅速推动两岸三通，放宽大陆居民赴台旅游限制，众多大陆居民赴宝岛旅游，推动了岛内旅游业、交通运输业、餐饮业、零售业等行业的进一步发展。来自海峡两岸旅游交流协会的数据显示，自2008年7月开放大陆居民赴台旅游以来，截至2010年7月18日，大陆居民赴台旅游人数累计已超过133.3万人次，其中仅2010年上半年就达到67.3万人次，比2009年同期增长105%。①在台湾地区经济遭受次贷危机影响的不利局面下，大陆居民赴宝岛旅游为台湾地区的经济增长注入了新的活力。

（4）台湾地区应对次贷危机的经验对大陆银行业的启示。通过以上对台湾地区应对次贷危机的经验分析，并结合大陆实际情况，可以得到如下启示。

一是保持充足的外汇储备和资金流动性对于一国金融体系防御金融危机具有重大意义，实践证明，一个外汇储备充足、负债较少、资金充裕的金融体系在金融风暴中所受影响较小。次贷危机中，台湾地区的外汇储备为2781.5亿美元，在全球中位居第四，这为台湾地区金融业抵御金融风暴的冲击提供了坚强的后盾。美林研究报告显示，台湾地区2008年的外汇储备除以短期外债的比率为7.55，位居全球第三，可见台湾地区的整体金融安全度较高。此外，2008年9月底，台湾地区的储蓄率高达27.8%、投资率则仅有22%，即超额储蓄率（储蓄率减去投资率）近6%，台湾地

---

① 截至2011年6月底，大陆居民赴台旅游人数累计超过242.4万人次，大陆已经成为台湾地区第一大客源市场。

区金融机构的存款余额高达 2.59 万亿元新台币。充裕的资金面有力地保证了金融市场的流动性,为维护危机中金融系统的稳定做出了巨大的贡献。

二是谨慎对待房地产证券化,严格控制住房按揭贷款风险。① 美国次贷危机发生的重要原因是房地产按揭贷款监管的缺失和过度的金融衍生品扩张。台湾地区银行业在次贷危机中也经历了房地产贷款告急的风险,这与住房按揭贷款在台湾地区银行业贷款中占据相当大的比重有很大的关系。近几年来,大陆房地产市场持续升温,住房抵押贷款规模日益扩大。按照我国银监会的个人住房按揭贷款指引,个人每月按揭贷款的还款额不得超过个人家庭月可支配收入比重的 50%。然而,目前国内居民及住房投资者办理住房按揭贷款时,相当一部分人难以满足该项基本标准,于是市场上出现了大量的利用假收入证明、假工资证明等虚假文件到银行进行按揭贷款的现象。更有甚者,利用虚假信用从银行套取大量贷款,用于房地产市场炒作。为了防止这种情况的发生,应该及时采取措施,制定适当的贷款标准,持续跟踪监控贷款人信用情况,将住房按揭贷款的风险防范于未然。

三是适时建立银行危机预警体系,实行危机预警监管。金融危机爆发前,通常会出现一些经济指标的异动现象,而每一种危机都可以找出一组变量描述危机前后的不同特征,当经济发生显著异常变动或出现与以前危机相似的状态时,就表明金融体系可能存在较大风险。因此,构建一组反映银行危机的指标体系,并进行事前分析处理,对于维持该国的金融稳定性具有重大指导作用。

在现有的情况下,我国建立银行危机预警体系可以采取以下措施:①充分利用中国人民银行包括现场稽核和非现场稽核的金融稽核资料和成果。在金融稽核的基础上,央行需要根据对金融机构风险的判断和评价,对其进行及时预警,采取一系列控制和调整措施,防止金融机构风险的进一步扩大和蔓延。②建立商业银行信用评级体系。通过对银行的资本充足率、资产质量、经营管理水平、盈利能力和资产流动性五方面的审查比较,把银行划分为五类不同资产质量的银行,分类采取相应的监管办法,实现商业银行的风险最小化和监管效用的最大化。

---

① 薄禄伟:《美国次贷危机对中国台湾房地产证券化的潜在影响分析》,《西南农业大学学报》(社会科学版) 2008 年第 6 期。

四是实现更为有效的监管。台湾地区银行业具有合理有效的银行监管体制、谨慎的风险监控措施,所以本次次贷危机对台湾地区银行业的影响有限。对大陆而言,应该适时推动制度创新,形成有效的银行监管体制,并建立良好的风险监控体系。具体包括以下三个环节:①提高中央银行的独立性。由于我国央行独立性较低,导致了央行货币政策传导机制的不完善,影响了货币政策的实施效果和金融体系的监管效率。因此,提高中央银行的独立性,增强其监管的权威性和统一性,是形成有效的银行监管制的必要措施。②重视行业自律组织的监督作用。充分发挥银行业同业协会在行业自律方面的监督作用,是央行监管前提下的必要补充。③健全监管法规。银行依法经营、监管当局依法监管是市场经济条件下金融体系正常运行的前提,应当制定相关法律,明确各监管主体的目标和责任,形成协调统一的监管合力,保证金融业合规有序运行。

第五节 国际金融监管改革经验与趋势

影子银行的监管缺失、轻宏观审慎监管的取向、监管的顺周期性、薪酬激励机制不科学、国际监管合作不顺畅等金融监管失效问题,被广泛认为是次贷危机孕育、爆发和升级的重要原因之一,受到国际金融业界和学术界的深刻反思和反复审视。一次次的历史经验表明,金融危机在出现负外部性(Negative Externalities)对经济社会产生极大破坏力的同时,也为金融监管反思和改革提供了契机。以1929~1933年的大危机为例,危机过后的金融大反思带来了格拉斯—斯蒂格尔法案的出台,将金融业置于严格的管制之下。

本轮国际金融危机也不例外。次贷危机发生以来,针对危机暴露出的金融监管问题与缺陷,改革金融监管体系、提升金融监管能力成为美、英等主要危机发生国和国际金融监管组织的共识。美国先后推出《现代金融监管构架改革蓝图》、金融监管体系全面改革计划和正式方案,欧盟委员会根据德拉罗西(De Larosiere)报告出台了金融监管改革方案,英国依据特纳(Turner)报告出台了名为《改革金融市场》的政府白皮书,巴塞尔银行监管委员会(BCBS)在对一系列国际银行业监管标准进行修订后出台了"第三版《巴塞尔协议》"（Basel Ⅲ）等。

从各国和国际性组织的监管改革方案看，扩大监管覆盖面、加强宏观审慎监管、提升监管标准、优化薪酬制度、强化国际监管协作等成为国际金融监管改革的主要内容。

一、强化影子银行监管

美国财政部长盖特纳在2010年表示，造成本轮金融危机的一个根本原因是美国国会没有赋予金融监管者控制"影子银行系统"的权力，而金融危机的一大教训是如果"影子银行"免予强有力的监管，就无法保证经济安全。影子银行的监管缺失主要表现在缺乏资本要求的约束机制、缺乏完善的信息披露制度、缺乏类似存款保险制度的保障等。

随着对影子银行认识的不断深入，以及金融危机暴露出的影子银行监管缺失问题受到深刻批判，扩大监管覆盖面，将影子银行置于有效金融监管之下成为各国金融监管改革的共识和实践。二十国集团（G20）在2010年6月多伦多峰会上，将"建立强大的监管制度，强化监管当局的监管权力，构建解决系统重要性机构问题的政策框架和透明的国际评估和同行审议机制"列为国际金融监管的四大支柱之一。

1. 提升对影子银行的监管力度和有效性

一是将对冲基金等纳入监管范畴。欧盟委员会于2009年4月发布了《另类投资基金管理人指令》，提出在欧盟层面建立全面、有效的对冲基金监管框架。证监会国际组织2009年6月发布了《对冲基金监管原则》，提出强制注册和持续监管等要求。美国金融监管改革法案要求，对冲基金和私募基金资产规模超过1亿美元的，需在美国证券交易委员会（SEC）以投资顾问名义进行注册登记，并对监管机构、投资者和交易对手披露有关资产和杠杆使用的信息。二是加强对信用评级机构的监管。证监会国际组织修订了《信用评级机构基本行为准则》，力争提高信用评级机构的透明度。金融稳定理事会2010年10月发布了降低信用评级机构依赖性的高级原则。美国金融改革法案要求在SEC内部设立信用评级机构监管办公室。英国金融服务局要求从2010年7月起所有信用评级机构需进行注册并接受监管。

2. 规范影子银行的市场交易行为

为推动降低内在的风险隐患，国际监管改革突出了对影子银行市场交易行为的规范性要求，进一步增强场外衍生品的透明度和监管力度。欧盟的金融改革法案决定建立泛欧金融监管新体系，主要采取下列改革内容：将所有标准化场外衍生品纳入交易所或者电子交易平台，通过中央清算所清算；全面禁止CDS等产品的"裸卖空"；规范对冲基金、私募基金等的投资行为。美国的金融改革法案要求场外衍生品交易调整为通过交易所交易，并进行中央清算，推进场外衍生品交易场内化。英国的改革方案则要求将衍生品标准化，并探索引入中央清算机制。日本在《金融商品交易法修正案》中规定，对场外衍生品交易实行集中清算，并要求建立交易信息的保存和报告制度。

3. 建立传统商业银行与影子银行"防火墙"

为有效阻断影子银行与传统商业银行间的风险传递，国际监管改革强调了建立"防火墙"的要求。一是限制商业银行介入影子银行系统。美国的金融改革法案引入"沃克尔规则"（Volcker Rules），对商业银行的自营交易进行限制，要求商业银行对私募基金和对冲基金的投资总额既不得超过银行一级资本的3%，也不得超过基金资本的3%，同时严禁商业银行对其销售给客户的金融产品进行做空或做多。二是对商业银行开展交易业务提出更高的监管要求。Basel Ⅲ明确要求大幅度提高证券化产品，尤其是再资产证券化产品的风险权重，大幅度提高交易业务的资本要求，大幅度提高场外衍生品交易和证券融资业务的交易对手信用风险的资本要求。

二、构建宏观审慎监管框架

长期以来，金融监管部门主要致力于单个机构的风险监管，而对系统性风险（Systemic Risk）缺乏充分关注，即重微观审慎监管，轻宏观审慎监管。"宏观审慎"（Macro-Prudential）最早是由国际清算银行（BIS）在20世纪70年代末提出的，其认为：如果一国金融监管当局仅关注单个机构的风险问题，并不能确保整个金融体系的稳定，一国金融市场的稳定需要该国监管当局具有系统性的宏观视野。本轮危机进一步论证了这一观点，系统性风险也愈发受到各国金融监管当局和国际性金融监管组织的重视，加强宏观审慎监管，构建宏观审慎与微观审慎监管有机结合的金融监管框架成为各国金融监管改革的重要内容之一。

1. 金融监管机构职能重塑

美国、英国、欧盟的金融监管改革方案均提出,要成立具有系统性风险监管职能的监管机构或赋予原监管机构监管系统性风险的职能,以加强对系统性风险的监测、及时发布风险预警并协调统筹监管行动。美国提出要成立跨部门委员会——美国金融服务监督委员会(FSOC),建议授权美联储监管所有可能对整个金融体系造成系统性风险的重要性机构,并从全球层面建议巴塞尔银行监管委员会与国际清算银行一起开发宏观审慎监管工具。英国也提出设立英国金融稳定委员会(CFS),并决定通过立法明确金融服务管理局(FSA)维护金融稳定的职责,强化金融服务管理局在监控、评估和缓释系统性风险方面的职能。欧盟计划通过成立负责宏观审慎监管的系统性风险理事会(ESRC),提升应对系统性风险的能力,并组建欧洲金融监管体系(ESFS),力争通过加强宏观审慎和微观审慎监管的有机结合提升金融监管的有效性。

2. 监管政策工具优化

资本监管、拨备、杠杆率等微观审慎监管常用的政策工具,也是宏观审慎监管的主要政策工具,只不过两者在具体运用时有所差异。与微观审慎监管相比,宏观审慎监管更综合地考虑了金融系统的顺周期性和系统性风险。以资本监管要求为例,微观审慎监管对整个经济周期所有金融机构使用同样的资本监管标准,而宏观审慎监管会根据系统性风险随经济周期变动的特征提出逆周期资本要求,并根据具有系统重要性的机构对系统性风险的贡献度提出差异性的资本要求。美国、英国、欧盟的改革方案均提出建立逆周期资本缓冲机制、根据预期损失计提损失拨备等审慎监管工具,并强调通过加强批发融资市场、资产证券化市场、衍生品市场的监管等来克服跨市场的风险传染问题。Basel Ⅲ也要求引入逆周期资本缓冲、留存资本缓冲等工具,以缓解金融体系的顺周期性,并通过杠杆率监管要求的实施,防止金融机构资产负债率的过度扩张和过度承担风险,以控制金融体系杠杆化水平的非理性增长和系统性风险的不断累积。

3. 加强系统重要性金融机构监管

为解决系统重要性金融机构(SIFIs)的监管问题,金融稳定理事会(FBS)在2010年提出了一揽子的政策框架。一是通过提高SIFIs的资本要求、应急资本和自救债券等,提高SIFIs损失吸收能力,防范倒闭风险;

二是完善 SIFIs 的危机处置和退出机制，建立破产自救制度，降低其倒闭产生的不良影响；三是通过持续监管、并表监管、加强监管合作、与机构互动等方面，提升 SIFIs 监管强度；四是强化支付体系、证券交易和结算体系、中央交易对手等核心金融市场基础设施建设，在一定程度上弱化 SIFIs 之间的关联性，以降低风险传染。

三、全面推进金融监管改革

除推进宏观审慎监管框架构建、强化影子银行监管外，本轮金融危机中暴露出的薄弱环节，也是金融监管改革的主要内容，主要包括修订新资本协议提高监管要求、针对饱受诟病的金融机构薪酬制度推进改革、加强国际金融监管协作、注重金融消费者权益保护等。

1. 提高银行监管标准

为有效约束银行业盲目扩张的冲动，提升银行业抵御风险的能力，巴塞尔委员会对新资本协议（Basel Ⅱ）进行了修订，发布了 Basel Ⅲ，对银行监管标准提出了更高的要求。一是提高资本充足率监管标准。对普通股等资本工具建立严格的合格标准，以提高监管资本的损失吸收能力；提高证券化产品等的风险加权权重，以扩大资本覆盖风险的范围；建立留存超额资本（Capital Conservation Buffer）和反周期超额资本（Counter-Cyclical Buffer）两个超额资本要求，提高资本充足率要求。二是引入杠杆率监管标准。引入基于规模、与具体资产风险无关的杠杆率监管指标，作为资本充足率监管的补充。巴塞尔委员会决定自 2011 年起，按照 3% 的标准（一级资本/总资产）开始监控杠杆率。三是引入流动性风险监管标准。引入两个流动性风险监管的量化指标——流动性覆盖率（LCR）和净稳定融资比率（NSFR）。LCR 用于度量短期压力情境下单个银行流动性状况，以提高银行短期应对流动性中断的弹性。NSFR 则用于度量中长期内银行解决资金错配的能力，它覆盖整个资产负债表，以激励银行尽量使用稳定资金来源。

2. 倡导薪酬激励机制改革

在这轮金融危机中，短期利益偏好和风险偏好的激励机制是危机产生的根源之一，受到广泛质疑，薪酬激励机制改革也成为监管改革的问题之一。巴塞尔委员会 2010 年发布了《薪酬原则和标准的评估方法》，推动银行提升风险治理有效性和风险管理能力。美国的监管改革方案提出，监管机构将公布标准和指南，使金融机构高管的薪酬与股东的长期利益相协调，防止薪酬制度中可能出现危害金融机构自身安全性和稳健性的诱因。同时，改革方案还要求增强薪酬委员会的独立性。英国金融服务局明确表示要将激励机制作为考核资本金的要素，要求银行经常检查激励方案，保证其与银行的长期目标以及贷款管理和风险管理的实践相一致，确保所制定的薪酬政策尽可能地减少风险的积累。

3. 深化国际监管协作

经济金融全球化进程孕育出诸多跨国经营的金融机构，金融经营全球化与监管本地化之间的矛盾带来了监管真空地带，各国监管标准和监管体制的差异性也影响了国际金融监管的合作与协调，这些都成为影响本轮金融危机的一个关键问题。为此，加强国际金融监管协作成为共识。国际货币基金组织在2009年3月就呼吁建立一个新的各国政府间全球金融监管体系，协调各国政府救市的方式和时机，以及如何分担跨国运营的主要金融机构的损失，并建议各国政府采用"适用于各国的具有约束力的行为准则"。欧盟的改革方案认为，应将成员国相互分离的监管格局统一在泛欧监管体系框架内，以强化整个欧盟层面的监管合作。美国的改革方案建议各国应保证自身监管标准与国际规则相一致，并提出应加强对全球金融市场的协同监管、加强金融稳定理事会对国际金融市场与国际金融机构的监管能力等。英国的改革方案也认为，应通过推动制定统一的国际标准、扩大金融稳定评估计划（FSAP）、健全国际货币基金组织和金融稳定理事会等国际性组织的职能并加强相互合作，以优化国际监管架构。

4. 注重金融消费者权益保护

次贷危机后，美国将金融消费者权益的保护提高到前所未有的高度。2008年美国政府发布了《现代化金融监管架构蓝图》，提出将金融消费者权益保护作为金融监管的三大目标之一，并着手组建基于目标解决方案的监管架构。2009年6月，奥巴马政府领导下的财政部公布的"金融白皮书"，即《金融监管改革：一个全新的基础——美国金融监管体制的重构》，提出了成立一个独立的消费金融保护机构（CFPA）的方案，以减少不同监管机构之间问题解决时责任不明的纠纷难题，提高信息沟通的协调性，统一对消费者保护进行监管，对金融创新产品的规范性操作进行管控；为增强保护金融消费者权益力度，该机构也被赋予制定规则、监管和

第四章　国际社会应对危机的主要经验和做法

检查各类金融机构遵守法规程度及解决行政执行冲突方面的权力。2010年，奥巴马签署的《2010年华尔街改革和消费者保护法》要求创立消费者金融保护署，来确保金融消费者在选择购买住房按揭及其他金融产品时，能够得到准确、清晰的信息，同时严厉禁止适用掠夺性条款、隐藏费用和使用欺骗性做法等行为。只有金融消费者的利益得到有效保护，金融行业的长久发展才能得到保障；如果金融消费者的利益遭受损害，那么金融市场中最具活力的核心部分将受到重创，整个金融行业的长足发展也会令人担忧。

尽管欧美国家和国际性组织针对本轮金融危机开展了点多面广的金融监管改革研究与实践，但改革进程并未尽善尽美，而金融监管改革本身也是一个不断优化、持续改善的过程，因此针对本轮金融危机的金融监管改革也仍将继续。下一阶段，国际金融监管改革将主要着力于下列方面：一是进一步完善降低系统重要性金融机构，尤其是全球性系统重要性金融机构（G-SIFIs）道德风险的监管框架。根据相关时间表，2011年金融稳定理事会将与标准制定机构、国家监管当局共同确定G-SIFIs的名单；2011年底前组建同行审议理事会，并完成G-SIFIs监管政策的设计工作。二是修订《有效银行监管核心原则》。巴塞尔委员会组织修订《有效银行监管核心原则》，将为应对本轮金融危机而出台的一系列重要监管标准和指引精神，以及强化对系统重要性金融机构监管要求等纳入《核心原则》。三是提高信用风险集中度监管标准。巴塞尔委员会正在评估成员国大额风险暴露的监管实践，并制定更加严格的监管标准，防范信用风险集中度造成银行破产的风险隐患。四是推进改革方案的实施。巴塞尔委员会明确表示，2011年以后的工作重点将转向监控和评估成员国执行银行监管新标准的进展情况，2011年起启动Basel Ⅲ执行情况的评估试点，并考虑制定专项实施指引，引导成员国切实实施监管新标准。

第六节　本章小结

20世纪以来，伴随着经济全球化和金融自由化，国际金融市场的波动日益剧烈，其中2008年的次贷危机和2009年的欧洲债务危机成为世界经

金融危机、影子银行与中国银行业发展研究

济关注的焦点。本章着力于研究国际社会应对危机的主要经验和做法，并对国际金融监管改革的主要措施进行归纳和总结。

首先，本章探讨了美国应对次贷危机的主要经验及启示。笔者认为，在次贷危机爆发的原因和过程中，资产证券化这一金融工具扮演着绝对重要的角色。"影子银行"正是产生于资产证券化和银行业与资本市场发展的整合过程中，2008年金融危机的爆发凸显了影子银行在金融系统中日益增加的重要性。这一趋势在全世界尤其在美国已经得到了充分的体现，并且将对全球金融体系产生更为广泛、深刻的影响。

其次，本章阐述了欧洲债务危机的形成原因及各国的应对措施。笔者认为，欧洲国家传统的支柱行业在次贷危机中遭到重创、欧元区自身体制的缺陷以及投资性资本的炒作等因素导致了欧洲债务危机的全面爆发。对中国而言，我们应加强对地方性政府债务的风险管理，并对建立"亚元"货币区持谨慎态度。

再次，本章探讨了中国台湾银行业发展和危机应付。东南亚金融危机对台湾包括银行业在内的金融业产生了一定程度的影响。台湾地区当局通过采取迅速接管问题金融机构、调低银行营业税及加速打销呆账等措施渡过危机。2008年的次贷危机对台湾的经济造成较大冲击，进出口和金融业均遭到重创，台湾地区当局采取各种宽松性的财政和货币政策增强市场的流动性以渡过危机。通过这两次危机，笔者认为，保持充足的外汇储备和资金流动性对于一国金融体系防御金融危机具有重大意义，同时应谨慎对待房地产证券化，严格控制住房按揭贷款风险。

最后，本章对国际金融监管改革的经验和趋势进行了分析。笔者认为，当今形势下，国际金融监管改革主要从以下三个方面取得突破：一是突出监管全覆盖的理念，强化影子银行监管；二是注重系统性风险，加强宏观审慎监管；三是关注薄弱环节，全面推进金融监管改革。

第五章 当前中国银行业发展面临的主要困难和问题

在我国经济飞速发展的背景下，在银行商业化改革的积极作用下，我国银行业取得了举世瞩目的成绩，存贷款规模高速增长，业务范围全面拓展，内部控制体系不断健全，股份制改造、上市等改革措施有效实施，国际知名度大幅提升。但在我国银行业快速成长的同时，也暴露出一些问题与瓶颈，主要体现为公司治理不够健全、激励机制不够科学、风险管理体系不完善、创新能力较为有限、外部监管尚无法与银行业发展相匹配，这些矛盾已经成为阻碍银行业持续发展的重要障碍，值得引起充分重视。

第一节 公司治理不够健全

公司治理是我国商业银行改革的主线之一，经过数十年的发展，我国银行业公司治理结构改革已初见成效，公司治理水平逐渐与国际接轨。近年来，我国银行业取得的成绩，尤其是在由美国次贷危机引发的本轮国际金融危机的冲击背景下仍保持了稳健发展的势头，就是最好的佐证。但面对日益复杂的国际、国内经济金融形势，当前我国银行业的公司治理水平仍存在诸多不足，与银行业的快速发展呈现出一定的不适应性。

一、我国银行业公司治理改革历程

1. 计划经济时期

新中国成立至改革开放前，我国实行高度统一的中央计划经济体制，实行"大一统"的银行体制，国内所有的日常金融业务都是由中国人民银行统一经营，国内并没有真正意义上的商业银行，中国人民银行是国内唯一合法的银行。当时中国人民银行归国家所有，并不具有独立的法人资格，因此计划经济时期的国内银行业不能用现代公司治理的相关理论解释。

2. 行政管理时期

改革开放后，国家开始对中国人民银行进行改组。1979年根据党的十一届三中全会经济体制改革的决定，国家恢复建立了中国农业银行。不久，中国银行从中国人民银行分离出来，中国建设银行从财政部分离出来。1984年，国务院决定成立中国工商银行，至此"大一统"的银行管理体制被打破，国内银行业出现了初步的竞争。1993年以后，国有专业银行明确了"产权明晰，权责明确，政企分开，管理科学"的现代企业管理目标。银行的日常经营由党委书记与行长共同管理，国内银行业进入了行政管理时期，各个专业银行的行长由国务院任命，行政级别为副部级的政府官员接受中央银行在信贷计划、货币发行、外汇管理和金融管理等方面的领导和管理。这一时期的四大银行治理类似于国有独资工商企业，治理结构是以党委为中心的多元结构。

3. 萌芽阶段

1993年，中共中央十三届四中全会通过《关于建立社会主义市场经济体制若干问题的决定》，明确了建立社会主义市场经济的目标。在同一年又颁布了《公司法》，进一步加快了国内银行业的市场化改革步伐。1994年，国家开发银行、中国进出口银行和中国农业发展银行三家政策性银行先后成立。1995年7月《中华人民共和国商业银行法》的颁布，标志着中国银行业发展进入法制化轨道，国内银行业公司治理进入萌芽阶段，为商业银行的进一步发展从法律上确定了其地位和依据。该法明确规定：国家作为商业银行产权的最终所有者，享有国有银行产权保护、经营授权和经营收益等权利，承担以国有银行产权资产额为限的经营破产风险。建立以经济干预手段为主、行政干预手段为辅的管理体制。在国有独资商业银行中设立监事会，使国有银行在组织形式上具备现代公司独立法人治理结构的基本特征，成为独立核算、自主经营、自负盈亏、自我发展、自担风险的现代商业银行。该法颁布以后我国国有四大银行进行了商业化改革、补充资本金、剥离不良资产、外汇储备注资等几次重大的变革。所有这一系列的改革，为国有银行建立现代公司治理结构奠定了基础。

4. 发展阶段

2003年新一届政府成立之后，一系列金融改革政策高频率陆续出台，启动了大型国有银行的股份制改造，公司治理也成为银行业改革的核心。改革选取了中国银行和中国建设银行作为试点，力争从根本上改善国有商业银行的经营状况，实现国有商业银行从传统体制向现代企业制度的历史性转变。改革的基本步骤是：国家注资、剥离不良贷款、股份制改革。

2003年国务院决定通过成立中央汇金公司，①动用国家外汇储备向中国银行和中国建设银行分别注资225亿美元和200亿美元。2004年5月18日，中国银行、中国建设银行剥离1970亿元不良资产。2005年又向中国工商银行注资150亿美元作为股份制改革的资本金。2008年10月又向中国农业银行注资1300亿元人民币等值的美元。注资后，中国建设银行、中国银行、中国工商银行、中国农业银行先后完成了股份制改革和IPO上市，上市的主要目的不仅仅是筹资，其长远意义还在于通过建立一整套新的、规范的现代公司治理机制，通过现代公司治理制度，促使国有商业银行变成真正的市场主体。

中国银监会于2006年4月24日正式实施《国有商业银行公司治理及相关监管指引》，为国有商业银行进一步形成科学的治理机制做出了途径、目标、体系等的全面构设。该《指引》指出了完善公司治理是国有商业银行股份制改造的核心和关键，国有商业银行应通过建立健全公司治理机制，提升核心竞争力，促进可持续健康发展。明确了国有商业银行公司治理改革的总体目标是：以改革管理体制、完善治理结构、转换经营机

---

① 全称中央汇金投资有限责任公司（以下简称"中央汇金公司"），是依据《中华人民共和国公司法》根据国务院授权于2003年12月正式挂牌成立，代表国家依法对国有重点金融企业行使出资人权利和履行出资人义务的国有独资公司。直接控股参股金融机构包括六家大型商业银行、两家证券公司、两家综合性机构和一家再保险公司。

制、提高经营绩效为中心，将国有商业银行逐步建设成为资本充足、内控严密、运营安全、服务和效益良好、具有国际竞争力的现代化股份制商业银行。至此，我国国有商业银行公司治理有了相关法律文件，有力地保障了国有商业银行股份制改造取得真正实效。

二、我国商业银行公司治理改革成效

1. 商业银行公司治理的相关法律体系基本形成

近年来，中国人民银行和中国银监会相继出台了有关商业银行公司治理的规范性文件。2001年开始，中国人民银行相继颁布了《商业银行内部治理机构指引》、《商业银行信息披露暂行办法》、《股份制商业银行公司治理指引》、《股份制商业银行独立董事和外部监事制度指引》，中国银监会颁布了《关于中国银行、中国建设银行公司治理改革与监管指引》和《国有商业银行公司治理及相关监管指引》，这些相关法律法规对商业银行的公司治理提出了具体的操作目标。例如，《股份制商业银行公司治理指引》明确指出了股份制商业银行要建立"三会一层"的公司治理机构，即股东大会、董事会、监事会、高级管理层，并明确了股东、董事、监事、高级管理人员的权利和义务，强化激励约束机制，建立合理的薪酬制度，健全以监事会为核心的监督机制，完善信息报告和信息披露制度等基本要求，为进一步完善我国股份制商业银行公司治理提供了明确的制度保障。

2. 商业银行现代公司治理架构基本形成

经过近几年的改革发展，国内大部分商业银行形成了"三会一层"的公司治理结构，即包含"股东大会、董事会、监事会、高级管理层"的组织架构。在人员选择上，各银行开始注重董事、监事、高级管理层的任职资格和履职能力审查及工作业绩评价。许多商业银行完善了"三会一层"的议事和表决制度，董事会在公司治理中的核心作用日益加强，与此相关的高管激励约束机制初步建立，信息披露制度逐步完善，风险管理能力不断提高，这些都标志着我国商业银行公司治理的框架已经基本确立。在美国次贷危机的影响下，2008年中国银行业实现税后净利润5834亿元，同比增长30.6%，国内所有银行中有193家银行的资本充足率达标，如表5-1所示，2012年我国银行业四个季度主要指标增速并没有因为次贷危机的影响而放缓，这些都与商业银行公司治理取得的阶段性成效分不开。

第五章　当前中国银行业发展面临的主要困难和问题

表5-1　2012年银行业金融机构季末主要指标

单位：亿元

2012年	第一季度	第二季度	第三季度	第四季度
总资产	1207398.00	1267831.00	1285455.00	1336224.00
比上年同期增长率（%）	19.36	19.98	19.67	17.95
总负债	1130856.00	1188470.00	1202893.00	1249515.00
比上年同期增长率（%）	19.08	19.66	19.51	17.79

资料来源：中国银监局网站，http://www.cbrc.gov.cn/chinese/home/jsp/index.jsp。

3. 商业银行的公司治理水平因引进战略投资者策略提高

近年来，我国商业银行陆续实施引进境外战略投资者策略。尤其是2005年以来，国有银行引入战略投资者取得了实质性的进展，美洲银行和淡马锡公司投资中国建设银行35亿美元，苏格兰皇家银行、瑞士银行集团和亚洲开发银行投资中国银行52.25亿美元，高盛集团、安联保险公司和美国运通公司投资中国工商银行37.8亿美元，交通银行则引入汇丰集团。引进战略投资者，一方面，增强了我国商业银行的财务实力，提高了资本充足率；另一方面，也是更为重要的，即这些境外投资者有着国际一流的公司管理理念，相关专业人员积极参与到股东会、董事会、管理层的决策中，帮助中资银行完善公司治理、严格内控、提高透明度、健全财务管理制度，实现现代银行先进管理理念、经验和技术的转移，提高了经营管理水平。公司治理水平的提高使得我国商业银行的盈利能力和国际形象有了大幅提高，在2010年福布斯全球企业排行榜中，我国有五家商业银行挤进前100名，其中中国工商银行排名第5位，中国建设银行排名第17位，中国银行排名第22位，交通银行排名第96位。

三、我国商业银行公司治理存在的主要问题

尽管我国商业银行公司治理经过近几年的快速演进，已经粗具雏形，取得了一定成效，但当前公司治理不健全、形似神不似的现状仍是影响我国银行业发展的重要因素之一。

1. 多重委托—代理关系导致"逆向选择"和"道德风险"

公司治理结构的有效建立和机能的高效运转是以所有者主体明确、产权明晰为前提条件的。虽然我国的相关法律已经对各主体、各部门的职能

进行了界定，但是目前我国商业银行"三会一层"的职责界定仍然不够清晰，计划经济留下的残余思想仍然存在，致使国有商业银行产权仍不明晰，经过多次改革的国有银行产权关系仍没有发生根本性改变。

我国国有商业银行产权性质为全民所有，产权主体是代表国家所有的政府，形成了如图 5-1 所示的委托—代理链。各级政府之间、各级政府与各级分行之间以及总行与各级分行之间都存在委托—代理关系，这使得多重的委托—代理关系就更加复杂，这个链条从一开始就出现了产权模糊，国家作为商业银行的产权主体具有抽象化的特点，无法将国家作为产权的载体。在具体实施过程中，各级政府可能出于某种全局利益或地方利益的考虑，干预商业银行的经营决策。

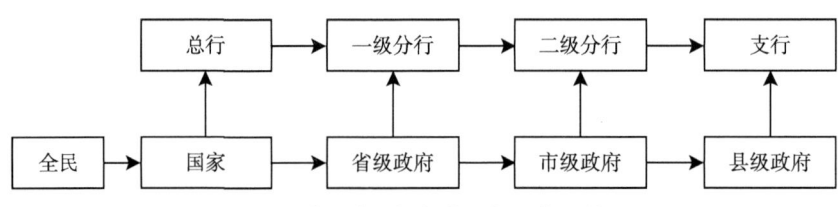

图 5-1 我国商业银行的委托—代理关系

从代理人的角度来看，代理人为追求自身的效用最大化而采取机会主义行为，容易导致"逆向选择"和"道德风险"等问题。从委托人的角度来看，一方面，委托人缺乏激励机制而没有动力去监督约束其代理人，为下一级代理人追求个人利益创造了铤而走险的机会；另一方面，委托人与代理人甚至可能出现"共谋"，例如各级政府与分行之间可能为了个人的利益而损害银行主体的利益。在我国银行业复杂的多重委托—代理关系中，每一层委托—代理关系都可能出现类似问题，这在很大程度上影响了商业银行公司治理水平和经营效率。

2. 国有股"一股独大"，股权过于集中

股权集中问题在我国银行业表现突出，股权结构有待进一步优化。表 5-2 列出的是中央汇金公司截至 2009 年 6 月末对 6 家商业银行的参股情况，从表中可以看出，这 6 家商业银行中由中央汇金公司代表国家控股的有 5 家，持股比例都在 35% 以上，其中在中国光大银行中的持股比例高达 70.88%，国有股"一股独大"特征明显。城市商业银行也存在类似问题，城市商业银行大多由地方政府或地方国有企业控股。

第五章 当前中国银行业发展面临的主要困难和问题

表 5-2 中央汇金公司参股商业银行的情况

单位：亿股

公司名称	与汇金公司关联关系	总股本	汇金公司持股	汇金公司持股比例（%）
国家开发银行	持股	3000.00	1460.92	48.70
中国工商银行	控股	3340.19	1182.87	35.41
中国农业银行	控股	2600.00	1300.00	50.00
中国银行	控股	2538.39	1714.07	67.53
中国建设银行	控股	2336.89	1126.99	48.23
中国光大银行	控股	282.17	200.00	70.88

资料来源：中央汇金公司网站，http://www.huijin-inv.cn/。

根据现代公司治理的要求，商业银行尤其是上市银行应该自主经营、自负盈亏，但由于股权过于集中，国有股"一股独大"，商业银行的公司治理水平会大打折扣。一是商业银行经营的独立性被削弱，政府或者第一大股东出于自身利益的考虑，可能直接干预商业银行的正常经营，而政府的行政干预也给商业银行带来隐性成本。二是商业银行股权董事数量众多，董事会基本只代表大股东的利益，而部分大股东的经营目标主要集中于短期分红和融资，与银行的长期利益和长远发展目标相悖，不利于银行稳健经营与发展。三是在国家大比例持股的情况下，商业银行容易产生"国有而不倒"的意识，隐性地排除了商业银行破产清算的风险，其投资策略也可能相对冒进，一味地追求高收益而忽视高风险，公平合理、优胜劣汰的市场竞争机制很难真正发挥作用。

3. 董事会和监事会的构成不规范

按照《公司法》等相关规定，商业银行必须设立董事会和监事会，并充分履职。然而，目前，我国商业银行的董事会和监事会的构成尚不够规范，职责定位不清，尚未有效履职。一是商业银行董事会的决策职能未能正常发挥，这主要是受到许多因素的制约，包括党委、"三会一层"职权重叠、职责边界不清；董事的专业素质与敬业精神不足；对董事会及董事的监督机制缺位；董事会独立性不够，不能有效管理利益冲突及关联交易等。二是监事会的监督职能难以有效发挥，主要原因是目前我国大部分商业银行监事会都存在缺乏独立性、人员配备不足、工作程序模糊等问题。三是独立董事和外部监事也未有效履职，主要原因有独立董事、外部监事的选聘程序不科学、不透明，甚至存在董事长一人说了算的现象，而发展相对滞后的职业人才市场也无法为客观、公正的选聘工作提供必要环境。

此外，有效监督和考核机制仍缺位。

4. 风险控制体系存在漏洞

1997 年的亚洲金融危机和 2008 年的美国次贷危机，让国内银行业意识到风险控制的重要性。经过几年的发展，国内银行业抵御风险的能力大大提升，但是其本身的风险控制体系仍然存在漏洞，主要表现在以下三个方面：一是银行内部风险敞口较大。由于我国还没有建立存款保险制度，隐性的存款保险制度是以国家政权为担保的，这就难免存在个别存款人"搭便车"的现象，存款人监督银行的积极性被弱化，而没有动力去监督银行的资产。银行可以将资产依据其自身需要任意转移、投资，而不必担心因为资产的损失而损害存款人的利益，可能存在较大的内部风险敞口。二是法律监管体系不够完善。金融市场的复杂性，注定了要有严格的法律监管体系来保证其平稳安全的运行。与当今金融市场的飞速发展，尤其是各种层出不穷的风险工具、风险技术、风险规避产品相比，风险监管的法律法规出台大都存在一定的滞后性，使得银行内部仍然存在着比较严重的道德风险，容易产生由内部人造成的经济案件。三是关联交易缺乏有效控制。由于缺乏有效的防火墙与监督机制，部分银行的关联交易数量较大，给银行造成大量不良资产，甚至存在资本充足率不足却给股东高比例分红的现象。而有些行为已经超越公司治理层面，成为严重违法违规行为。

5. 信息披露机制有待进一步完善

尽管中国人民银行于 2002 年 5 月颁布实施了《商业银行信息披露暂行办法》，对商业银行信息披露的内容、方式、管理进行了制度上的规范，但有关于银行信息披露的法律法规仍较少。目前，按照及时披露信息的上市规则，我国上市银行均已建立董事会信息报告制度，以季报、年报、不定期公告等方式向公众披露相关信息，但我国的信息披露仍存在诸多不完善的地方。一是由于我国银行公司治理还处于初级阶段，信息披露机制仍未完全制度化，信息披露制度还不够规范。因此，商业银行向外界披露的信息面较窄，不能充分反映银行的经营状况，信息披露的深度和广度都还没达到一个合适的程度。二是由于我国经理人市场还不够完善，部分银行管理者可能为了个人利益而隐瞒不利信息，甚至编造虚假信息。三是由于会计准则与审计准则仍不够规范，各上市银行披露的年报存在项目、格式、公布日期不一样的情况，这增加了投资者和监管者信息搜集的成本，导致市场监督效率低下。四是目前在地方政府、股东及员工的压力下，城市商业银行纷纷谋求上市，而盲目上市后信息披露要求则给管理层带来很多不必要的压力。

第二节 激励机制不够科学

委托—代理问题是现代公司治理必须面对的重要问题。由于代理人和委托人个人的目标函数各不一样，其目的都是追求约束条件下自身的效用函数最大化，代理人可能为了自身利益而损害委托人的利益。代理人和委托人之间信息不对称问题的存在，更容易诱发代理人的"道德问题"，这就需要建立有效科学的激励机制，促成委托人对代理人的激励作用。尤其在我国，由于银行业委托—代理链条过长、过于复杂，激励机制由总行传递到基层会产生一定的畸形，从而更容易导致银行经营行为的扭曲。

一、我国银行业激励机制的历史沿革

1. "大一统"阶段（1949~1979年）

在这个阶段，我国处在高度集中的计划经济体制下，国内只有一家银行——中国人民银行。银行业是中国人民银行一统天下的"大一统"管理体制，所有的金融业务都由中国人民银行经营办理。该阶段，中国人民银行内部隐含着行政权权力的激励。在计划经济体制下，实行的是商品配额供给，配额的多少与行政级别相挂钩，级别越高配额就越多。中国人民银行的各级人员，其薪酬收入都是根据行政级别、工龄等标准设定，不与岗位、贡献挂钩，配额的分配按照行政等级分享，行政级别越高，享有的商品配额也越多。在这种隐性的激励体制下，职位升迁就意味着可以享有更多的利益；反之，失去职位则同时失去在职所得的一切"好处"。获得职位升迁的途径是得到上级领导的好评，上级的评价标准是下级的行动指南，而不是以利润为准绳。在工资固定的情况下，员工的工资与业务水平不挂钩，员工努力工作一般意义上只会增加自己负担，也就是私人成本增加，而所得的收入并没有因此而增加。因此，在这种体制下很少人愿意努力工作，银行的盈亏跟个人没有任何关系。这一方面限制了利润的创造，

所以行政权力的激励机制并不是一种有效的激励方式;另一方面,这种隐性的激励机制能够有效制约银行经营者以权谋私、追逐个人利益的机会主义行为,从这个角度来说,这种隐性激励机制又不失为一种有效的约束。

2. 国有商业银行垄断阶段(1979~2002年)

改革开放以后,商业银行的发展改革逐渐步入正轨,1979年10月邓小平同志就指出:"银行要成为发展经济革新技术的杠杆,要把银行真正办成银行。"在这一思想的指导下,国有银行拉开了改革的序幕。我国先后恢复并重建了三家国家专业银行,即中国农业银行,主要负责农村信贷,并领导农村信用合作社;中国银行,主要负责国家的外汇业务;中国建设银行,主要负责国家管理固定资产投资业务。1984年1月1日,经国务院批准,中国工商银行正式成立,承办原来由中国人民银行办理的工商贷款和储蓄业务。1994年,我国先后从中国建设银行中分出国家开发银行,从中国农业银行中分出中国农业发展银行,从中国银行分出中国进出口银行,这三家政策性银行分别负责承担原来由国家专业银行办理的政策性业务。

该阶段的激励机制以精神激励为主,物质奖励为辅。当时,我国正处于改革开放快速发展的时期,国营企业的经济效益越来越大。四大国有商业银行是国家用来调节国内经济的行政机关,而非具有独立性的企业法人。既然是国家行政机关,那么为国营企业提供融资服务就无任何后顾之忧,不存在任何违约的风险。四大商业银行的主要目标是完成政府的指令,在这种情况下,激励措施比较简单,以讲奉献、比贡献为宗旨,主要是以评先进人物、典型人物为手段的精神激励。作为辅助的物质奖励,可以简单地概括为采用福利、待遇、事业等方法留住员工。

3. 引进现代公司治理阶段(2002年至今)

2001年中国加入WTO,并承诺在4年之后开放中国银行业。为此,国家果断作出决策,进行国有独资商业银行股份制改造,之后一系列金融改革政策陆续出台,从根本上改变国有商业银行的经营机制,实现国有商业银行从传统体制向现代企业制度的历史性转变。2005年10月27日,中国建设银行以每股发行价为2.35港元成功在香港上市。2006年6月1日,中国银行又成功在香港上市,并随后在上海上市;2006年10月27日,中国工商银行在上海和香港同时上市,成为A股市场最大的上市公司。2010年7月,中国农业银行也成功实现A股和H股同步上市。至此,四大国有商业银行股份制改造取得圆满成功,这意味着我国商业银行从此迈进了现代公司治理阶段。

我国商业银行尽管进行了大刀阔斧的改革,但仍然残留着部分计划经济时期的思想。商业银行表面上是企业的性质,但其实际又具有行政机关和事业单位的特点。图 5-2 形象地描绘了这一阶段商业银行的性质,从图中可以看出,商业银行正是位于企业、行政机关和事业单位三者的交叉部位,表明商业银行兼具三者的部分特征。

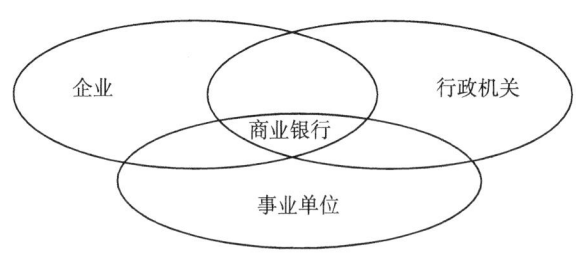

图 5-2 商业银行的性质

因此,目前现代公司治理的激励机制尚未完全被国内商业银行完全采纳。我国商业银行主要以薪酬激励为主,行政激励和精神激励为辅。在薪酬激励方面,其基本组成是基本工资、奖金、津贴福利。高层管理人员的工资实行年薪制,普通员工则实行工资与业务绩效相挂钩的制度。在行政激励方面,最主要的手段是职务的升迁。在精神激励方面,主要的手段是提供培训机会。培训开发作为提高员工业务知识、管理水平、专业技能的手段,有助于提高员工的工作积极性,激发员工的竞争意识,这种激励方式已经越来越受到商业银行的重视。

二、我国银行业激励机制改革取得的成效

1. 坚持科学发展观,以人为本的理念越来越受到重视

我国商业银行在股份制改革的过程中,将科学发展观与现代公司治理制度相结合,以人为本的理念得到强化。职工代表大会的设立为普通员工与高层管理者之间的交流互动架起了桥梁,普通员工了解了银行的发展战略,高层管理者听到了底层员工的意见。无论是工资分配,还是福利项目

设计，高层管理人员与普通员工之间有了初步的交流，银行在制定分配标准时会注重考虑员工的意见与建议，这样的薪酬分配制度容易得到广大员工的认同，薪酬分配更能产生好的激励效果。

2. 激励机制的行政色彩淡化，价值创造作为薪酬分配的核心机制得以强化

经过几十年的改革与发展，国内商业银行逐渐从最初单一的行政激励机制演进为目前的以工资、奖金、福利等薪酬激励为主，以精神激励和行政激励为辅，股权激励等先进激励机制快速发展的局面。在多种激励机制的作用下，员工创造的价值逐渐得到尊重和认可。国内商业银行无论实行的是年薪制度，还是绩效考核制度，均突出体现了员工岗位的价值创造，注重对员工创造绩效的激励。从2003年起，我国商业银行开始研究并逐步实施以经济增加值①为导向的绩效考核办法，充分体现了以价值创造为薪酬分配核心机制的现代商业银行经营管理理念。

3. 薪酬水平逐步公开化、透明化

以往，我国商业银行为规避自己培养的员工跳槽，造成人才流失和资源的浪费，普遍对职工的薪酬实行严格的保密制度，银行的薪酬水平一般只有内部人员才会了解。在现代公司治理的管理理念下，这种保密制度阻碍了商业银行的竞争性发展，公开、公正、民主和透明是当前商业银行薪酬制度发展的总体趋势。尤其是上市银行，目前我国的上市银行会按照规定在季报、年报中对高管、普通职工具体薪酬数额、结构和奖励原因等信息进行明确详细的披露和说明，以便于其投资者和社会公众了解，并接受监督。

三、我国银行业激励机制存在的主要问题

经过几十年的发展，尤其是股份制改革成功引入现代公司治理理念，并将国际先进的激励机制应用于我国银行改革，使得我国银行业在激励机制方面取得了显著成果。以往以行政和精神为主的激励机制，逐渐被工

---

① 经济增加值（Economic Value Added）是美国 Stern Stewart 咨询公司提出的企业价值评估指标，综合反映银行业务收益、成本和风险因素，是银行的收益在弥补资金成本、经营成本（含税收成本）、准备金（预期损失）成本及资本成本后的剩余价值。

资、奖金、福利等与员工业务绩效相挂钩的机制所代替,有力地促进了市场化人力资源管理体制的建立,商业银行也焕发出新的活力。但目前,我国银行业的薪酬管理仍缺乏根据战略和组织架构调整而不断完善的机制和能力,激励机制仍有待进一步健全完善。

1. 激励目标模糊不清,国家、银行、股东和个人四者之间目标不协调

在本节第一部分激励机制的历史沿革,笔者提到商业银行采用现代公司治理制度的初期阶段,计划经济的残余思想使得商业银行具有行政机关、事业单位和企业三重身份。从利益相关人角度分析,有国家、银行、股东和个人四个利益群体,而国家的产业政策目标、银行的发展经营目标、股东的最大化收益目标以及员工的自身利益目标四者之间由于多重委托—代理关系的存在,使得商业银行激励机制存在激励目标模糊不清的问题。

(1)国家从宏观战略角度出发,经常会出台相关政策支持某个产业的发展,同时要求银行执行相关行政性指令,比如对该行业的信贷优惠、利率优惠等。商业银行作为行政机关的身份此时显现出来,在国家政策性激励下不折不扣地执行该指令,而这种强制激励机制会挫伤商业银行发展的积极性。

(2)银行是以长期发展经营为目标的,激励目标不明确往往会使一些银行运用不公平竞争手段抢份额、争市场,扰乱了正常的金融市场秩序。不同银行之间,甚至同一银行的不同分支机构之间都可能发生争抢客户的现象,既造成了社会资源浪费,又加剧了银行业的不公平竞争。

(3)股东是以每股收益最大化为目标的,在此激励目标下,银行在制定和实施相关政策时,部分股东,尤其是大股东会因为自身利益受损而进行干预。因此,当银行发展目标与股东利益产生冲突时,银行会因股东压力而牺牲自身发展的目标和机会。

(4)员工是以自身利益为目标,在考核压力与利益驱动下,部分员工为完成指标不惜采用不正当竞争手段,甚至超常规发展和盲目放贷,谋求短期利益,导致银行行为短期化。此外,注重存款的考核机制,可能使得可以利用某些特殊关系为银行争得大量存款的员工颇受肯定,而那些具有真才实干但缺乏客户资源的人才可能会选择跳槽,造成人才的流失。

2. 激励形式单一且短期,长期激励机制相对缺位

目前,我国商业银行高管薪酬激励总体上还是以基本固定薪酬为主,其次是绩效奖金,而诸如股票期权等形式的长期激励机制基本不存在。对

员工而言，基本固定薪酬及绩效奖金仍在其总收入中占绝对比重，而诸如国外先进的员工持股计划在我国商业银行范围内尚未广泛开展。因此，总体上说，我国商业银行的薪酬激励结构仍以短期为主，形式较为单一，绩效考核往往只针对某一时期、某一项工作进行，只与员工当期、当年的工作表现挂钩，例如每个月、每个季度或年度内的存款量、信贷额等，而与未来的预期表现无关，这样短期的激励机制缺乏一致性和连续性，难以形成一个长期的、较为稳定的激励制度。尤其是商业银行经营不仅要关注盈利性更要关注风险性，而收益往往是即期体现，风险则大都具有滞后性，长期激励机制的缺位容易诱导银行经营管理者和员工的短期行为，很可能会触发道德风险，不利于银行的可持续发展。

3. 绩效考核不科学，使得考核结果不能及时准确地反映员工的工作绩效

我国商业银行在绩效考核方面还不成熟，完整的考评体系应包括外部绩效考评和内部绩效考评，外部绩效考评即股东对经营者的考评，内部绩效考评即上级行对下级行的考评和每一级行中管理者对员工的考评。目前，国内商业银行内部考核体系比较完善，但也存在一些问题。比如，目前我国银行的考核指标设置并不合理。以存贷款量、资产质量和经营规模等财务指标为主，这些指标在短期内可以完成，有些员工为了完成任务拿到奖金采取不正当或违规手段，甚至不惜铤而走险编造财务数据，而虚假的财务信息会迷惑股东和存款人，甚至有时会对高层的战略决策形成误导，影响银行发展。相反，对非财务类指标，如客户满意程度、员工努力程度和员工的创新等方面设置较少，这些方面需要员工长期的努力才能有效果。比如员工的创新，一项创新在正式实施前需要相关部门领导的审查，即使审查通过了，创新的有效性还需要经过长时间的实践操作来验证。只重视考查短期目标，而忽略长期目标的考核体系，无法准确反映并客观考核员工的工作成绩，从而挫伤员工的积极性。

4. 激励缺乏公平性，高管与员工间的差距正逐渐拉大

对于不同层次的人员，激励方法和效果不同，基层员工的工作比较简单且容易监督，委托—代理中的信息不对称问题不严重，因此对这部分员工应重在考核。高层员工的工作复杂而且监督难度很大，委托—代理中的信息不对称问题比较严重，因此对这部分员工重在激励。目前，我国存在商业银行对高层管理人员过度激励，而对基层工作人员激励不足的情况，

且高管人员薪酬与员工薪酬水平差距正呈现逐步扩大的态势。此外，同一层级员工间的付出与回报往往也不成比例，分配不公平、贡献得不到认可等抱怨声反映了当前激励机制缺乏公平性，无法有效激励发挥个人才能及积极性。

5. 激励机制完善与银行发展战略调整、组织结构变革、业务流程再造相脱节

目前，我国商业银行员工的薪酬基本取决于员工从事的职位，即采用基于工作的薪酬制度，这种评价技术往往需要工作岗位相对固定的前提条件。近年来，我国商业银行进行了系统性改革，尤其是为应对包括外资银行在内的越发激烈的竞争环境，大都在业务范围等方面进行了一系列的战略调整，以及为建立矩阵制组织结构①和流程银行②而进行了一系列组织结构变革和业务流程再造。这就需要对工作岗位进行重新的审视和评估，并进行动态调整，而目前我国商业银行的薪酬制度还缺乏相关的机制，无法与银行发展战略调整、组织结构变革和业务流程再造相适应。

第三节　风险管理体系不完善

先天的高杠杆率决定了商业银行是有别于一般工商企业的特殊企业，其显著特点是高风险性，银行在追求利润最大化的经营过程中，必然伴随着高经营风险问题。因此，风险管理是商业银行的永恒话题之一，显得尤为重要。近年来，随着我国商业银行改革进程的推进，银行风险管理水平得到有效提升，但不够完善的风险管理体系仍是制约我国银行发展的主要因素之一。

---

① 矩阵式组织（Matrix Organization）指在组织结构上，把职能划分的部门和按产品（项目）划分的小组结合起来组成一个矩阵，一名管理人员既同原职能部门保持组织与业务上的联系，又参加项目小组的工作。该组织结构是为了改进直线职能制横向联系差、缺乏弹性的缺点而形成的一种组织形式。因此，这种组织结构非常适用于横向协作和攻关项目。
② 流程银行的概念是由中国银监会主席刘明康于 2005 年 10 月在"上海银行业首届合规年会上"提出来的。相对于传统的银行模式，流程银行的主要特点表现在两点：其一，客户中心理念是流程银行架构的基础。其二，业务流程重塑是构建流程银行的切入点。

金融危机、影子银行与中国银行业发展研究

一、我国商业银行风险管理的现状与成效

1. 流动性风险管理还处在资产负债比例管理阶段

西方商业银行的流动性管理理论一般分为三个阶段：资产管理（Asset Management）理论、负债管理（Liability Management）理论、资产负债联合管理（Asset-Liability Management）。资产负债联合管理的基本思想是：兼顾资产和负债两个方面，根据商业银行经营的需要，综合分析利率、期限、风险和流动性等方面，找出资产和负债的最优搭配比例。表面上看，我国商业银行的流动性管理相当于西方商业银行流动性管理的第三阶段，即资产负债联合管理。但是，西方商业银行的资产负债联合管理是以利率市场化为前提，而我国的利率市场化改革进程正在推进当中，还没有完全实现利率市场化。我国所谓的资产负债管理，是监管机构作为一项监管要求，强制各家商业银行逐步实现的目标，而不是商业银行的自发性行为。因此，我国商业银行的流动性管理，准确地说应该是处于资产负债比例管理阶段。监管当局如果对所有银行设置同一指标要求，而忽略其各自情况的差异，容易造成"一刀切"的问题。在被动监管制度的约束下，商业银行资产与负债的比例并不能达到最优配比。

2. 短期流动性管理是我国商业银行流动性风险管理的核心

我国商业银行流动性管理起步较晚，尚未像国际先进银行一样建立起一套完整的流动性管理分析测度体系。长期以来，我国银行业主要还是侧重于资金头寸管理，即以准备金的管理为主要目标，满足短期或即期的流动性管理需要，而对于中长期的流动性管理较少涉及。这种头寸管理相对简单，在总行层面主要是根据存款总的变化和分行资金的往来差额，调整在人民银行的准备金比例，以确保在中国人民银行的准备金比例不低于规定的比例，即确保在中国人民银行的清算账户不发生透支。如果发现资金短缺，就必须迅速拆入短期资金弥补缺口；如果出现资金盈余，则适当地拆出部分资金以获得一定的收益。对长期资产负债的期限结构，则很难通过主动的调节实现平衡，基本上是被动地进行调节。

3. 信贷制度和决策机制逐渐科学化，不良贷款率大幅下降

在信贷制度上，我国银行业借鉴国际银行业关于贷款质量的五级分类法，将贷款划分为正常、关注、次级、可疑和损失五大类。这种分类是银

行依据借款人的还款能力,确定贷款遭受损失的风险程度,其中后三类称为不良贷款,并按现行贷款分类标准,计提贷款准备金,建立起贷款风险缓冲机制,进而更好地管理银行信贷资产。2005年第一季度我国商业银行不良贷款额为18274.5亿元,占全部贷款额的12.4%,到了2010年第一季度这一比例降至1.40%,2011年末则降至1%。[①] 图5-3清晰地显示出近年来我国商业银行不良贷款率大幅下降。

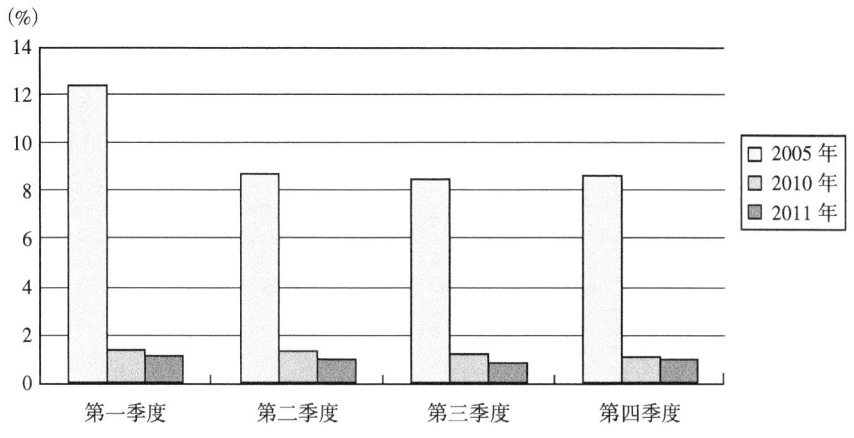

图5-3　2005年与2010年及2011年商业银行不良贷款率比较

资料来源:中国银监会网站,http://www.cbrc.gov.cn/chinese/home/jsp/index.jsp。

4. 银行信用风险评级预警系统初步建成

《巴塞尔新资本协议》(Basel Ⅱ)提出了影响信用风险的四个最主要的风险因子,即违约概率(PD)、违约损失率(LGD)、违约风险暴露(EAD)和期限(M),这些也是内部评级法(IRB)衡量信用风险的核心指标。近年来,这些指标已经引起国内各大商业银行的重视,部分商业银行已经开始对企业的信贷违约率、违约损失率等核心指标进行测算,并根据测算结果及时调整相应企业的信用额度。

我国商业银行信用风险内控制度框架基本形成,银行可以根据信用风险评价指标分期对客户进行评级,划分出其对应的风险等级。以中国建设银行为例,该行对已经或者可能为之提供信贷服务的非金融类企业法人进行评估,并将企业信用等级分为7级(见表5-3)。

---

① 2012年末,我国商业银行不良贷款率为0.98%,与2011年底基本持平。

AAA：企业生产经营达到一定规模，市场竞争力很强，有很好的发展前景，流动性很好，管理水平很高，具有很强的补偿能力，对中国建设银行的发展很有价值。

AA：企业市场竞争力很强，有很好的发展前景，流动性很好，管理水平很高，具有很强的补偿能力，对中国建设银行的发展有价值。

A：企业市场竞争力很强，有较好的发展前景，流动性很好，管理水平较高，具有很强的补偿能力，对中国建设银行的发展有一定的价值。

BBB：企业市场竞争力一般，发展前景一般，流动性一般，管理水平一般，企业存在需要关注的问题，补偿能力一般，具有一定风险。

BB：企业市场竞争力、流动性和管理水平很差，发展前景较差，偿债能力较弱，风险很大。

B：企业市场竞争力、流动性和管理水平很差，不具有发展前景，补偿能力很弱，风险很大。

F：不符合国家环境保护政策、产业政策和银行信贷政策的企业，或贷款分类结果介于可疑或损失类贷款之间。

表 5-3　中国建设银行企业信用评定等级依据

信用评级	总得分 S	市场竞争力得分 C	流动性得分 L	管理水平得分 M	其他 P	说明
AAA	70≤S	15≤C	15≤L	15≤M	不限定	单项得分不满足条件的下调一级
AA	60≤S<70	12≤C	12≤L	12≤M	不限定	
A	50≤S<60	9≤C	9≤L	9≤M	不限定	
BBB	45≤S<50	不限定	不限定	不限定	不限定	
BB	40≤S<45	不限定	不限定	不限定	不限定	
B	S<40	不限定	不限定	不限定	不限定	

注：F 级企业不评分，根据评估条件直接评定。
资料来源：根据中国建设银行网站相关资料整理。

目前，利用信息技术处理的优越性，我国商业银行在不断完善综合统计报表系统的基础上，实现信贷业务信息、信贷管理信息以及客户信息的有效集中和网络授权共享，并将会计核算系统与信贷管理系统的数据进行有效对接。因此，可以说我国银行业信用风险评级预警系统已经初步建成。

5. 商业银行对操作风险的管理在探索中发展

国内很多学者在对国外先进商业银行进行研究后认为，商业银行关于操作风险的管理可以分为五个阶段：第一阶段是对操作风险被动接受；第二阶段是对操作风险管理进行主动探索；第三阶段是对操作风险实施积极管理与监控；第四阶段是对操作风险实施量化管理；第五阶段是将操作风险管理充分融入银行的全面风险管理体系。按照国内学者的划分，目前我国商业银行还处于第二阶段，即对操作风险管理的主动探索阶段。在这个阶段，商业银行已经开始意识到操作风险的重要性，开始重视操作风险的管理，开始设置专职部门和岗位，高管层也开始针对操作风险管理的各个环节，包括识别、度量、监控等，制定方针政策与实施战略。因此，我国商业银行对操作风险的管理已经正式起步，并通过不断摸索寻找适当的操作风险管理策略和方法，持续完善对操作风险的管理。

二、我国商业银行风险管理存在的主要问题

1. 信用风险管理存在的主要问题

（1）风险管理技术不够成熟，量化管理能力偏弱。目前，我国商业银行信用风险管理采用的信用评级指标中主观定性因素过多，定量指标选取缺乏科学性，未充分考虑指标之间的相关性及对违约影响的重要程度等。对贷款的五级分类管理，往往以贷款是否逾期为分类标准，无法作为贷款定价、预提损失准备的依据。信用风险度量模型和方法方面，由于缺乏对违约率、预期损失等基础指标的数据积累，内部评级法无法有效运用，难以对信用风险进行准确量化。内部评级法带有一定的主观性，同一企业在不同银行的评级结果不尽相同的现象广泛存在。

（2）社会信用体系尚不完善，致使商业银行信用评级体系不科学、不健全。社会信用水平是影响银行业信用风险的决定性因素。2007年国务院办公厅发布《关于社会体系建设的若干意见》，要求加快推进我国社会信用体系建设，但目前我国的社会信用体系还不完善，信用市场尚处于发展阶段。此外，尽管近年来我国在社会信用评估方面取得了一定成就，信用

金融危机、影子银行与中国银行业发展研究

评级机构也有了比较大的发展,① 但信用评级机构的独立性还有待提高,受银监会认可的信用评级机构数量还较少,针对企业和个人的诚信中介服务还没有全面普及。同时,由于评级程序、项目以及指标设置的不规范,信用评级结果可信度较差,不具有权威性。

(3)信用风险防范机制不健全,风险应对手段缺位。与国际先进银行相比,我国银行业信用风险防范和处理机制还比较薄弱。首先,风险补偿机制不完善。风险补偿机制是银行在面临风险时,能够及时获取流动性补充,以维持正常运行的重要保障。目前,坏账准备金提取不足、坏账难以及时核销是我国商业银行存在的普遍问题,一旦出现大范围信用风险,银行就可能因为流动性而面临危机。其次,贷款抵押担保制度不规范。抵押或担保作为贷款的第二还款来源,发挥着一定程度的防范和转嫁风险的作用,但在我国的实践中,效果却不够理想,企业间相互担保、多头担保或担而不保的现象时有发生,银行在通过担保转移贷款信用风险的同时,又承担了另一份风险——担保人的信用风险。最后,有效控制信用风险的手段还相对缺乏。我国的金融衍生工具还不够丰富、市场还不够发达,信贷资产的组合管理也还不广泛,商业银行大部分时候只能被动地去面对信用风险,而无法应用资产组合或者其他金融衍生工具来分散和规避风险。

2. 市场风险管理存在的主要问题

(1)市场风险意识淡薄,市场风险管理体系还不完善。长期以来,我国利率和汇率没有完全市场化,商业银行的风险管理主要集中于信用风险防控,市场风险意识普遍较低,对市场风险的管理还未在银行经营管理全过程和全行员工中形成广泛认识,对市场风险管控的重视程度离风险防范的要求还相距甚远。与国际银行业日趋成熟的市场风险管理相比,我国商业银行对市场风险的管理才刚刚起步,对市场风险的管理还相对分散,无法实现对市场风险的统一计量、监测和控制,市场风险管理体系还不完善。

---

① 中国信用评级行业诞生于20世纪80年代末,最初的评级机构由中国人民银行组建,隶属于各省市的分行系统。20世纪90年代以后,经过几次清理整顿,评级机构开始走向独立运营。1997年,人民银行认定了9家评级公司具有在全国范围内从事企业债券评级的资质。2005年,中国人民银行推动短期融资券市场建设,形成了中诚信、大公、联合、上海新世纪和远东五家具有全国性债券市场评级资质的评级机构。目前,规模较大的全国性评级机构有大公、中诚信、联合、上海新世纪四家。

（2）风险计量的基础数据不完备，风险管理技术还较为落后。目前，国内商业银行在市场风险管理技术的引进、开发和运用等方面仍处于初级阶段，与国际先进银行相比，仍有较大差距。例如，市场风险敞口是我国银行用于计量市场风险的普遍性方法，对国际主流的风险价值（VaR）分析方法的运用仍处于探索阶段，部分银行计算出的 VaR 值并没有完全整合到银行的日常风险管理中，如用于设置产品限额和交易限额等。此外，我国银行关于基础数据的积累还相当不完备，数据的真实性、完整性、规范性都有待进一步提高。

（3）风险管理体制不够合理，专业人才和管理工具较为匮乏。目前，我国商业银行普遍未成立专门的市场风险管理部门，市场风险一般由风险管理部门统一管理。银行市场风险管理人员数量较少，负责市场风险管理的负责人和工作人员缺乏相关专业知识、风险计量技术和操作经验，难以对市场风险进行及时识别、计量和有效防控，专业化的市场风险管理人才队伍尚未形成。此外，由于国内货币市场和资本市场还不够发达，市场上人民币类等衍生工具还相对缺乏，利用表外工具等进行风险管控的条件尚不成熟。

3. 操作风险管理存在的主要问题

操作风险是指由不完善或有问题的内部程序、人员及系统或外部事件所造成损失的风险（Basel Ⅱ，2004）。该定义包括法律风险，但不包括策略风险和声誉风险。从该定义可以看出，操作风险最大的特点是具有广泛性，只要有操作的地方就存在操作风险，遍及银行系统的各个部门。

（1）操作风险管理架构尚不健全。目前，我国商业银行操作风险的管理模式是：不同部门负责不同业务条线的操作风险管理，而没有统一管理部门负责协调。绝大多数银行没有设立专门的、统一的操作风险管理机构，有的银行将操作风险管理职能设在审计部门，有的银行将操作风险管理职能设在信贷风险管理部门。协调性的缺乏，容易导致个别操作风险管控的遗漏。在这种分散的操作风险的管理模式下，银行的高管人员无法从总体上把握操作风险，管理战略和政策的制定会受到很大程度的影响。同时，这种模式无法避免对有些业务的风险监控出现疏漏，并会对新业务、新产品的风险管理产生严重滞后。

（2）对操作风险认识不足，管理理念落后。与国际先进银行相比，我国商业银行对操作风险的重视度不够，认识水平较低，管理理念相对落后。大多数商业银行仅从字面上，将操作风险片面地理解为"由操作引起的风险"，而从 Basel Ⅱ 定义可以看出，由操作引起的风险只是银行操作风险的一方面。这种片面的理解，使得商业银行将操作风险管理的重点放在内部审计上。此外，由于操作风险管理无法给银行带来具体的、实在的、明显的收益，国内银行高层管理者一般不愿投入过多的成本，因而对事前防范和事中控制关注较少，更多的是依靠事后惩罚，试图通过事后的严厉问责，产生警示和震慑作用来遏制操作风险，而没有切实把握操作风险发生的根本原因，也没有相应的改善措施。

（3）操作风险的管理工具和手段较为落后。我国商业银行的操作风险管理尚处在起步阶段，现有的管理主要依靠以往的经验，管理的科学性和有效性难以保证。目前，国际先进银行已建立起较为完备的操作风险数据库，运用科学的计量方法来测算操作风险。我国商业银行在这方面起步较晚，数据库还没有建立，对操作风险的识别还处于定性阶段，对操作风险度量的研究水平较低。

4. 流动性风险管理存在的主要问题

（1）金融市场发展滞后，限制银行流动性风险管理。借助金融市场和金融工具是商业银行调节流动性的主要方法，因此商业银行流动性风险管理水平受到金融市场的发展程度影响，而发展相对滞后的金融市场无疑增加了我国商业银行流动性管理的难度。一方面，我国资本市场相对不发达，金融市场证券投资工具相对单一，商业银行难以通过相关金融产品调节自身流动性。另一方面，目前我国还处于分业经营阶段，商业银行不能够从事证券、保险等非银行金融业务，银行购买流动性的渠道比较狭窄，从而导致我国商业银行的资产结构较为简单，获得流动性的成本较高，这也制约了银行管理流动性风险的能力。

（2）国家隐性存款保险制度的存在，影响银行流动性风险管理的主动性。目前，我国银行业尚未建立存款保险制度，强大的国家信用支撑实际上发挥着潜在的存款保险制度的作用。长期以来，存款人等公众普遍认为有国家信用作为保险，银行不会出现偿付困难，不会发生流动性危机，更不会倒闭，因而也就失去了监督银行日常经营活动的动力。同时，也使得银行没有动力去管理流动性风险，造成银行对流动性风险认识不足，流动性管理意识淡薄。在我国，流动性风险管理主要靠监管部门的外在推动，银行只是根据监管部门的监管要求被动地将资产与负债控制在一定的比例内，普遍缺乏对流动性风险自我控制的主动性和自觉性。

（3）流动性风险管理技术手段落后，指标设置不完善。一方面，流动性风险管理的方法简单、手段落后，基本还停留在资金头寸管理的阶段，而对动态性的监测手段还十分缺乏。同时，国内银行还没有形成完整的风险控制体系，不能将流动性风险与信用风险、操作风险等其他风险管理很好地结合起来，无法对面临的风险进行综合分析，与全面风险管理的要求还相差甚远。另一方面，我国银行基本还处于为满足监管部门流动性指标而被动管理的阶段，从目前来看，监管部门给银行设定的控制流动性的相关指标过多，部分指标不适应当前银行业发展的需要。

第四节　创新能力不足

一个国家的金融创新能力和水平是衡量该国金融业发展水平的重要标志，一家商业银行金融创新的水平和程度是衡量该行经营管理水平和竞争实力的重要尺度。近年来，随着传统银行业务竞争加剧，在国内宽松的金融环境下，我国商业银行金融创新意识和创新活动的能力逐步加强，在创新理念、业务品种等各方面均取得了一定的进展。但是，我国商业银行在各方面创新能力存在的不足应引起足够重视。

一、我国商业银行创新发展取得的成绩

1．政策环境逐步放松，同业竞争日趋加剧，促使政府主导的创新逐渐被市场化创新取代

随着我国金融改革的不断深入，金融管制日益放松，金融监管的观念也在逐渐发生变化，国家支持并鼓励商业银行开展金融创新，比如2006年12月11日，银监会推出《商业银行金融创新指引》，以鼓励、支持和指导商业银行的金融创新。一方面，国内银行业经过近几年的股改上市、引入战略投资者、并购等一系列改革，已经走上了快速发展的道路，尤其是上市银行通过引进先进的经营管理理念，在优质客户中展开了激烈竞争，进一步加剧了国内银行业的竞争；另一方面，在我国经济高速发展的

金融危机、影子银行与中国银行业发展研究

背景下,我国银行业已经成为全球银行业的战略性投资市场,国外很多银行被国内银行巨大的发展潜力所吸引,纷纷投资于我国银行,国内外银行同业竞争日益激烈。在国家政策逐步放松和银行业竞争白热化的状态下,各家银行以市场化为主导,自主加快在产品、业务、服务等各方面的创新。同时,如果某银行创新产品迎合了客户的需求,取得了巨大经济效益,其他银行就会仿效推出类似的金融产品。

2. 业务创新快速发展,创新的方法和内容趋于复杂化和多元化

各商业银行逐渐从以传统存贷款业务为主,转移到资产、负债和中间业务并重的发展轨道上来,纷纷推出各类创新产品。

(1)资产类业务。贷款是我国商业银行最主要的资产业务,资产类业务创新主要表现为对贷款对象的细分和满足特定融资需要的业务品种。随着社会的发展和人民收入水平的提高,市场对银行资产类业务的需求逐渐增大,银行顺势推出相关产品,例如开办个人消费贷款、住房按揭贷款、助业贷款等新的贷款种类。由于市场需求巨大,各个商业银行在资产类业务方面展开了激烈的竞争。近年来,为了占有更多的市场份额,各银行在个人贷款业务上不断地推陈出新,在传统业务的基础上,不断推出新的业务品种,满足不同客户层的需要。表5-4列出了目前我国商业银行个人贷款类资产业务的主要品种。例如,个人商业用房贷款是为创业者提供的一种资金融通产品,是银行向借款人发放的用于购买营业用房或办公用房(统称商业用房)、以所购商业用房作为抵押物并按月向贷款人还本付息的贷款。

表5-4 商业银行个人贷款类资产业务主要种类

资产类业务名称	业务种类
个人消费贷款	个人消费额度贷款、个人权利质押贷款、个人助学贷款、下岗失业人员小额担保贷款(建行)、外汇留学贷款、商业性教育助学贷款、个人抵(质)押循环贷款、个人存单质押贷款、个人消费类汽车贷款、个人营运类汽车贷款
住房按揭贷款	个人住房贷款(一手个人住房贷款)、个人再交易住房贷款(二手个人住房贷款)、固定利率个人住房贷款、公积金与住房组合贷款、个人自建住房贷款
助业类贷款	个人助业贷款、个人商业用房贷款、国债质押贷款、个人投资经营贷款

资料来源:根据各大商业银行网站相关资料整理。

(2)负债类业务。负债类业务创新表现为商业银行各类主动负债产品的创新,它以各种理财产品为主流,包括各类债券、大额存单、企业协议

第五章 当前中国银行业发展面临的主要困难和问题

存款等。目前,商业银行存款产品层出不穷,并呈现出以下特点:首先,存款业务的创新更加注重货币的可转换性与存款期限的灵活性。例如,中国建设银行的双货币存款,它具有期权的性质,不仅可以提高客户的收益,而且具有很大的灵活性。其次,存款账户呈现出个性化发展的特征。随着社会的进步与人们生活水平的提高,人们对于存款账户的需求也呈现出个性化,银行业在这方面推出众多新产品。表5-5是目前我国商业银行传统存款业务与创新存款业务的分类。例如,中国农业银行推出的"双利丰"个人通知存款是专门为短期大资金客户提供的一款短期理财产品,客户签约后,账户资金在人民币5万元(含)以上或外币等值1000(含)美元以上,可自动转为通知存款,自动转存、复利计息,有效提高客户大额短期闲置资金的收益率。

表 5-5　商业银行负债类业务主要种类

负债类业务名称	业务种类
传统存款业务	活期存款、定期存款、整存零取、整存整取、储蓄存款、农业存款、定活两便存款、存本取息、通知存款
创新存款业务	本外币定期存款、本外币活期存款、外币储蓄通知存款、本外币定活一本通、教育储蓄、个人存款证明、双货币存款、个人外汇结算账户、个人外汇储蓄账户、个人支票存款账户、"礼仪存单 礼仪存折"、"双利丰"

资料来源:根据各大商业银行网站相关资料整理。

(3)中间业务。在中间业务领域,结算、咨询、担保承诺、投资银行、资产托管、基金托管、金融衍生产品交易等创新活动,为商业银行改变收入结构、提高综合经营效益、实施经营战略转型提供了契机。根据商务部的统计,2010年全年我国电子商务交易额突破4万亿元,而2011年这一数据达6万亿元,同比增长33%。此外,商业银行不断推出了形式多样的衍生产品,不仅包括期货和掉期等衍生产品工具,还推出了与利率、汇率、商品价格和股票指数挂钩的结构性票据,以及其他复合型金融工具。其中,结构性融资、中小企业融资、固定利率房贷、储蓄国债、利率衍生产品等六大领域成为产品创新的主导。

3. 在新信息技术的推动下,商业银行加快了创新步伐

目前,我国银行的信息技术已明显提高,通信、电子、数字、网络等飞速发展,保证了商业银行能够全方位、大容量地进行业务创新。技术成分的加入和融汇,使现代银行服务借助技术创新的方法大大增加,各种新

型金融服务方式和工具的出现，大大丰富了银行产品的内容和形式，商业银行提供的产品更新换代快，成本越来越低，价格呈几何级数下降。自动化、电子化、网络化和虚拟化的服务将成为商业银行产品创新的代表，为银行赢得持久的利润。例如，电子银行业务的飞速发展，银行利用现代的通信信息技术，能够实现银行日常交易自动化、管理信息化和决策科学化，包括实现商业银行网上业务、内部业务等。同时，随着现代信息技术的发展及其广泛应用，自助银行、电话银行、家庭银行和网络银行改变了传统银行的经营方式，跨地区的业务单据批量处理成为提高效率、降低成本的有效手段，各种数据库系统和管理决策系统通过数据挖掘将银行的信息资源转化为更强的竞争力。

4. 商业银行盈利能力和避险能力不断提高，金融市场有效性不断提升

一方面，金融创新为商业银行提供了许多新的业务领域和盈利渠道，商业银行可以根据客户风险偏好和服务偏好的不同，有针对性地向不同客户提供差异化金融服务，使银行摆脱了长期依靠传统存贷差来获取利润的形式，并能将本身所承担的风险降到最低限度，大大提高了银行的盈利能力和避险能力。另一方面，随着金融产品的不断创新和发展，金融市场交易的参与者不断增加，市场日益活跃，交易量不断扩大，市场日趋成熟，有效性不断提高。同时，随着竞争的加剧和技术的发展，各类金融创新产品之间的替代性也不断增强，产品之间的转换率上升，交易者的机会成本大大下降。金融产品依赖市场需求生存的"优胜劣汰"机制发挥着重要作用，金融市场有效性不断提升。

二、我国商业银行创新能力存在的主要不足

1. 商业银行的创新环境有待进一步改善

首先，与我国银行快速发展的创新相比，监管存在一定滞后性，挫伤银行创新的积极性。市场经济体制的日渐完善为我国银行创新提供了发展平台，各种创新产品和业务不断涌现，而监督部门对新业务的监管较为滞后，被金融机构的创新行为推着走，同时监管部门缺乏有弹性的审批与许可证体制，以及对金融机构交叉性金融创新工具的追踪机制，监管工作在手段和质量上都无法满足金融工具创新的要求，使监督机构在监管中常陷入被动局面（中国工商银行上海市分行课题组，2006）。其次，商业银行

对创新的管理还处在探索阶段,还没有建立起一套完整的创新评估体系,还缺乏有效的创新激励约束机制,影响银行创新的内在动力。

2.金融产品创新层次较低,创新质量不高

我国银行金融创新的发展,一直在仿效国际先进银行模式,业务创新也多为照搬照抄,具有自身特色的原创性业务很少。我国的金融产品创新大都是"拿来主义",产品普遍"含金量"低,属于易于掌握、便于操作、科技含量少的低层次金融产品,而科技含量高、智能化程度高、不易模仿的创新还较少。各家银行推出的创新产品大多是在传统存款、贷款、票据、投资、结算、担保等传统业务基础上的创新,缺乏期权、期货、票据发行便利等金融衍生产品及各类金融产品组合的创新,金融服务的广度和深度还不够。此外,一项新的业务或产品推向市场应该有跟踪反馈机制,并根据反馈的信息对新产品盈利能力、市场份额、市场认知度等进行后评价和分析,以便为业务进一步的调整和改进提供有力支持。国内银行的产品与业务反馈机制并不完善,金融产品存在的缺陷不能及时改进,阻碍了创新质量的提高。

3.业务结构和收入结构具有传统性、单一性,影响银行创新的发展

从业务创新的范围看,虽然目前我国银行的中间业务取得了很大成就且正迅速发展,但业务创新范围仍主要集中于传统的资产负债业务,中间业务仅局限于一般的结算和代理服务上。长期以来,资产与负债业务是各家银行竞争相对激烈的领域,这个领域的创新产品也最为丰富,如前面所述的房屋按揭贷款、个人消费贷款、助业贷款等。业务结构的传统性,使得银行主营业务收入集中在利息收入,导致银行收入结构的单一性。图5-4是2010年和2011年国内6家上市银行非利息收入占营业收入的比重。图5-4显示,大型银行非利息收入的比重高于股份制商业银行,中国银行非利息收入的比重最高,2010年为29.86%,2011年为30.7%。

4.社会信用体系的不完善,制约了商业银行创新业务的发展

金融创新是以完善的社会信用体系为前提,只有具备了完善的信用市场,才能为商业银行金融业务创新提供环境保障。目前,我国整个社会的信用制度建设还很落后,银行与客户的信用关系还存在很多不确定性,存在许多伪造虚假信息、开具虚假证明、骗取银行贷款的行为,使得银行的信用风险不断积累,从而阻碍了银行金融创新的步伐。此外,国家隐性保险制度的存在,使得商业银行的信用在很大程度上体现为国家信用,而银

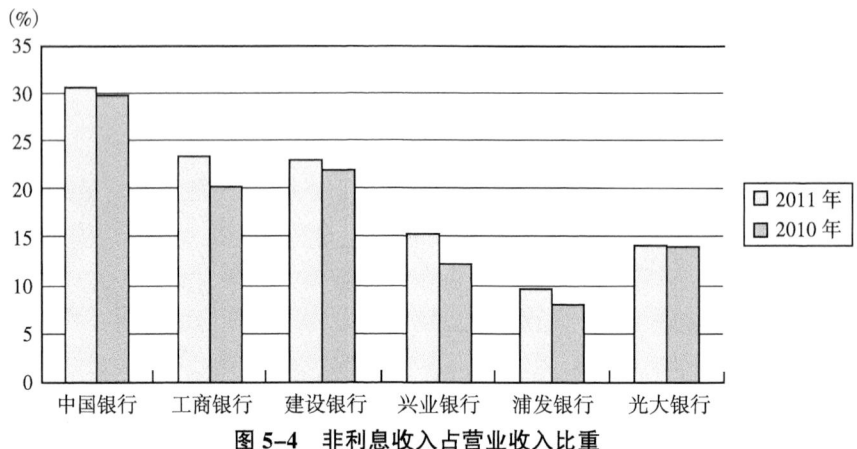

图 5-4 非利息收入占营业收入比重

资料来源：各商业银行 2010 年、2011 年年报。

行自身的信用建设还很薄弱，在这种信用基础薄弱的环境下，以高度发达的信用水平为保障的业务创新就很难开展，薄弱的信用环境使得银行缺乏业务创新的动力，创新效率不高。

次贷危机实际上是一场由金融过度创新所导致的信用危机，此次危机暴露出了建立在不良信用基础上的金融创新产品极具风险性，一旦资金流动性出现危机，就会引发与信用相关的资金链的断裂，其造成的损失将无法估量。在这样的背景下，我国银行出于稳健经营的考虑，金融创新的积极性往往被打压。

5. 人才结构不合理，缺乏金融业务创新的综合性人才

对于现代商业银行来说，人才是决定其创新能力高低的关键因素，没有专业性的人才，金融创新只能是空想。金融创新不只是传统业务的捆绑和打包，金融衍生产品日益呈现复杂性，急需高素质、现代化金融人才。

（1）人才选拔机制的落后，导致人才结构不合理。长期以来，受计划经济的影响，我国银行还没有形成一套完整的人才选用体系，靠关系、走后门的现象一定程度存在，致使一些根本不具备业务能力的人进入银行队伍，而一些优秀的、具备金融学知识的高素质人才被拒之门外。这种不公平的现象，直接导致人才结构不合理：精通国内业务的人才多，精通国际业务的人才少；精通传统业务的人才多，精通金融、法律、计算机等多学科的复合型人才少。随着商业银行的飞速发展，当前这种不合理的人才结构已经制约着银行创新的发展。

第五章 当前中国银行业发展面临的主要困难和问题

（2）对人才的培养不够重视，抹杀了员工创新积极性。目前，我国银行在正式与员工签合同之前会对员工进行短期培训，之后工作中的培训往往流于形式，没有实质性的内容和价值。在银行业务信息化、金融产品复杂化、资金流动国际化的趋势下，应该定期对员工进行信息技术、金融衍生产品、外语等基本技能的培训。业务创新的绩效考核激励机制的缺乏，也使得员工金融业务创新的积极性不高。在金融全面开放的背景下，商业银行能否加快实施金融人才战略，加快培养国际化、专业化的高素质金融人才队伍，决定着我国银行业金融创新的走向。

第五节　外部监管有效性亟待加强

银行监管职能从人民银行划至银监会，我国银行业外部监管经历了从弱到强、从混业监管到分业监管、从合规性监管到风险性监管的演进过程。这标志着我国银行监管正逐步走向法制化、专业化、精细化，银行监管的有效性日益提高。但不可否认，我国银行的监管仍然存在一些问题，2008年的次贷危机让我们意识到这些问题严重性的同时，也为我国银行监管的改革指明了方向。

一、我国银行业的监管改革历程

1. 萌芽时期（1948~1982年）

1948年12月1日，中国共产党在河北石家庄成立了中国人民银行，这也标志着我国银行业监管历程的开始。新中国成立以后，在党的领导下，人民银行对私营金融机构进行社会主义改造，并对所有金融机构实施监督管理。1950年11月，在经政务院批准的《中央人民政府人民银行试行组织条例》中，规定了在人民银行总行设立检查处，专司国家对金融业的监督管理职能。

1953年以后，人民银行逐步取消或合并其他金融机构，从而形成了高度垄断和集中的银行体系。在生产资料所有制的社会主义改造基本完成之后，中国进入了社会主义建设时期，在经济上形成了高度集中统一的以指令性计划为主的计划管理体制。人民银行处于垄断地位,在国民经济体系中发挥出纳和保管员的作用,并不存在市场竞争,因此所谓监管只是人民银行内部上级检查下级,主要是运用现场稽核,检查利率政策落实情况、现金业务库存及日常管理情况等。由于人民银行集金融监管和银行业务于一身,金融监管实际上是对内管理,内部自查,并非真正意义上的银行外部监管。因此,这一时期的监管还属于萌芽阶段。

2. 混业监管阶段 (1982~1993年)

1982年7月14日,国务院批转了人民银行《关于人民银行的中央银行职能及其与专业银行的关系问题的请示》,正式授权人民银行行使中央银行职能,加强金融管理。1986年1月7日,《中华人民共和国银行管理暂行条例》颁布。在该条例中,国务院重申中国人民银行是中央银行,并明确规定了中国人民银行的具体职能。1984年,中国工商银行成立,正式接管了人民银行传统的信用业务,加上早些时候成立的中国建设银行、中国银行、中国农业银行,此时的国内银行业处于人民银行与四大国有银行并存的局面,这标志着人民银行完全剥离了商业银行的职能,专司国家金融管理机关的职能。

这一阶段,中国各类金融机构蓬勃发展,业务相互交叉。为了配合金融支持经济发展的需要,人民银行支持和鼓励商业银行多元化发展,实际上是支持金融机构混业经营。人民银行实质上是充当所有金融机构的"家长",我国商业银行完全是在这个"家长"的庇护下成长的。由于当时金融法规不健全、金融监管滞后,以及金融机构内部缺乏有效的风险控制制度,导致金融机构乱投资、乱拆借问题日益严重,金融秩序非常混乱,金融风险逐步扩大。这使人民银行不得不反思金融监管制度的正确性,以及未来银行业的发展方向。

3. 分业监管阶段 (1993年至今)

1993年12月25日,国务院颁布了《金融体制改革的决定》,该决定提出要转换人民银行的职能,强化金融监管,并对保险业、证券业、信托业和银行业实行分业管理。为了配合分业经营的需要,把银行办成真正的商业银行,1995年出台了《人民银行法》、《商业银行法》、《保险法》、《中华人民共和国票据法》和《关于惩治金融犯罪的决定》(简称"四法一决定"),第一次以法律形式确立了人民银行和商业银行的法律地位。1998年3月,人民银行分离了对证券期货市场的监管权力,成立了中国证券监督管理委员会。同年11月，中国保险监督管理委员会也从人民银行独立出来。此时，人民银行仅保留对银行业的监管职能。为了进一步探索并完善金融监管体制，试图通过按照经济区域设立派出机构，摆脱地方政府对中央银行实施货币政策和银行监管的行政干预，中国人民银行在广州、南京、济南等9个中心城市设立了跨行政区的大区分行，撤销了原先按行政区域设置的31个省级分行，在不设分行的省会城市设立金融监管办事处，在北京市和重庆市设营业管理部。

2003年4月28日，中国银行业监督管理委员会成立，行使原先由人民银行承担的对银行、信托投资公司、金融管理公司和其他存款类金融机构的监督管理职权。根据职权，中国银监会下设办公厅、政策法规部、银行监管、非银行金融机构监管部、合作金融机构监管部、统计部、监察部等15个部门。同年12月27日，全国人大通过了《中华人民共和国银行业监督管理法》，并对《人民银行法》、《商业银行法》两部法律进行修改。从法律上明确规定，银监会负责对全国银行业金融机构及其业务活动的监督管理，并且保留了人民银行履行制定与执行货币政策、维护金融稳定、防范和化解系统性金融风险等职责，以及对货币市场、金融机构部分业务等的监督管理权力。至此，我国"一行三会"的金融监管格局正式确立。

二、银监会成立后取得的历史性成就

1. 银行体系不断完善，服务水平明显提高，整体实力和抗风险能力显著增强

2012年4月末，我国银行业金融机构总资产从2002年末的23.7万亿元增加到118.2万亿元，翻了两番多。主要商业银行不良贷款率从2002年末的23.6%下降到2012年第一季度的0.9%；资本充足率达标银行从2003年的8家小银行，到现在100多家全部达标；全部商业银行加权平均资本充足率已经从2003年的-2.98%提升到2012年第一季度的12.74%（见表5-6）。

从2003年开始，工行、中行等主要商业银行完成了股份制改造并成功上市，在公司治理、发展战略、经营绩效等方面与国际先进银行的差距不断缩小。国有商业银行从五年前技术上濒临破产的问题银行，已发展成为具有一定国际认知度的大型商业银行。农村信用社在产权改革、补充资

表 5-6　2010~2012 年第一季度商业银行资本充足率情况

单位：%

2010 年	第一季度末	第二季度末	第三季度末	第四季度末
资本充足率	11.1	11.1	11.6	12.2
核心资本充足率	9.0	9.0	9.5	10.1
拨备覆盖率①	170.2	186.0	203.0	218.3
总资产（比上年同期增长）	21.3	18.3	20.4	19.7
总负责（比上年同期增长）	21.4	18.0	19.8	19.0
2011 年	第一季度末	第二季度末	第三季度末	第四季度末
资本充足率	11.8	12.2	12.3	12.7
核心资本充足率	9.8	9.9	10.1	10.2
拨备覆盖率	230.2	248.9	270.7	278.1
总资产（比上年同期增长）	18.9	19.9	17.2	18.9
总负责（比上年同期增长）	18.2	19.3	16.7	18.6
2012 年	第一季度末	第二季度末	第三季度末	第四季度末
资本充足率	12.74	12.91	13.03	13.25
核心资本充足率	10.31	10.41	10.58	10.62
拨备覆盖率	289.40	290.18	289.97	295.51
总资产（比上年同期增长）	19.36	19.98	19.67	17.95
总负责（比上年同期增长）	19.08	19.66	19.51	17.79

资料来源：银监会网站，http://www.cbrc.gov.cn/chinese/home/jsp/index.jsp。

本、转换机制、提高资产质量方面也取得了阶段性成果。整个银行业改革呈现出"两头带中间、全面上台阶"的生动局面。

2. 银行监管理念日益成熟，银行监管获得历史性跨越

银监会成立以来，积极借鉴国际银行业先进的监管理念，并结合我国银行自身发展实际，努力构建中国特色的银行监管框架，形成了一套"四四六"的监管理念。在此理念的指导下，进一步推进监管方式、手段和机制的创新，加大对信用风险、市场风险和操作风险的监管力度，银行监管的规范化、专业化和有效性显著提高。第一个"四"是指银行业监管工作

---

① 拨备覆盖率也称拨备充足率，是实际计提贷款损失准备对应计提贷款损失准备的比率，该项指标从宏观上反映银行贷款的风险程度及社会经济环境、诚信等方面的情况，该比率最佳状态为100%。银监会 2004 年 2 月制定的《股份制商业银行风险评级体系（暂行）》中明确了该指标的计算公式：拨备覆盖率=（一般准备+专项准备+特种准备）÷（次级类贷款+可疑类贷款+损失类贷款）。

的四条重要经验，即"管法人、管风险、管内控和提高透明度"：一是必须坚持法人监管，重视对每个金融机构总体风险的把握、防范和化解；二是必须坚持以风险为主的监管内容，努力提高金融监管的水平，改进监管的方法和手段；三是必须注意促进金融机构加强自身建设，形成风险内控机制，不断改善内控效果；四是必须逐步提高信息披露的质量和加强透明度建设。第二个"四"是银行业监管工作的四大目标：一是通过审慎有效的监管，保护广大存款人和消费者的利益；二是通过审慎有效的监管，增进市场信心；三是通过宣传教育工作和相关信息披露，增进公众对现代金融的了解；四是努力减少金融犯罪。最后的一个"六"是衡量良好监管者的六条标准：一是促进金融稳定和金融创新；二是努力提升中国金融业在国际服务业中的竞争力；三是有所为，有所不为，减少一切不必要的限制；四是鼓励公平竞争、反对无序竞争；五是严格、明确的问责制；六是高效、节约地使用一切监管资源。

3. 稳步推进农村金融机构改革，为社会主义新农村建设贡献力量

为了响应党中央建设社会主义新农村的号召，银监会成立以来，就致力于推动农村金融机构改革。在国务院的指导下，银监会大力推进30个省区市农村信用社改革试点工作，改革后的农村信用社管理体制得以改善，资金融通渠道得以拓宽，风险状况进一步控制，支农服务能力明显增强。2006年12月，银监会发布《关于调整放宽农村地区银行业金融机构准入政策更好支持社会主义新农村建设的若干意见》，允许产业资本和民间资本到农村地区设立三类新型农村银行业金融机构：一是村镇银行，包括设在县及县级市，以及乡镇的村镇银行；二是社区型信用合作组织，主要是设在村和乡镇一级；三是专营贷款业务的子公司，由商业银行和农村合作银行设立。2006年12月31日，为彻底改变邮政储蓄机构"只存不贷"，成为农村资金"抽水机"的现状，增加邮储机构支农服务功能，提高农村金融服务竞争度，有效改善农村金融服务的整体水平。经国务院同意，银监会批准中国邮政储蓄银行开业。

三、我国银行业外部监管存在的主要问题

美国次贷危机爆发后，我国积极借鉴国际银行业监管的经验教训，大力推进银行业监管改革，努力探索从加强商业银行核心资本监管、规范信

息披露制度、完善金融创新监管、健全风险预警与危机救助机制等方面，不断推动提升监管有效性，但目前我国银行业监管还存在诸多不足与问题。

1. 监管体系不健全，监管方式落后，人员素质不高，影响了外部监管的有效性

首先，目前我国银行监管当局还相对缺乏独立性和权威性，监管准则较为落后，或与银行发展不相配套，难以对商业银行实施全面监管。此外，银行市场退出的法律、法规还相对缺位，监管当局对有问题银行存在处置不及时、成本高等问题，影响了监管的效率。其次，在监管方式上，非现场监管与现场检查均存在不足，现场检查较为缺乏计划性、连续性，非现场监管的风险识别、分析和预警功能较弱，非现场监管与现场检查的有机结合还不够。在检查内容上，侧重于业务合规性检查，而忽视银行整体经营安全性、盈利性和风险控制能力。在监管技术手段上，国外一些成熟和先进的风险监管技术尚未引入，电脑系统和有关监管软件的开发严重滞后。最后，金融创新的快速发展对监管人员的监管能力提出了更高的要求，监管人员不但要熟悉传统产品的风险监管，还要了解金融创新产品的风险状况，不但要熟悉所监管机构的风险控制，还要了解相关金融机构的风险状况，但目前我国监管人员素质普遍不高，知识结构相对单一，尤其是计算机、法律、财务知识欠缺，专业人才严重不足。这些问题都制约了外部监管的有效性。

2. 监管机构之间协调不够，监管效率不高

目前，我国金融业实行分业经营、分业监管体制，这是与现阶段社会经济发展水平以及金融机构、金融市场的发育程度相适应的，但随着全球经济金融一体化和金融业务的不断发展创新，我国分业经营约束呈现逐渐放松的趋势。银行、证券、保险三大监管部门之间的监管协调机制尚不健全，银行监管部门与其他有关部门如财政、税务、监察之间也缺乏明确分工和有效协调，政策措施相互重叠或相互抵触的现象时有发生。仅以金融产品创新为例，在分业监管框架下，一项横跨多个业务领域的新金融产品和服务的推出，需要经过多个监管部门的审批才能得以实施。一旦不同监管部门对同一产品和服务的风险评判和管理意向存在较大差异，该项金融创新就无法顺利推出。更有甚者，不同金融监管部门即使针对同一监管对象，也经常会产生并不完全一致的监管标准和意见，使被监管机构感到无法应对交叉性的、边缘性的金融创新产品。各金融监管部门协调机制的不

完善，导致监管"缺位"和监管"越位"的现象难以避免，严重影响了监管效率。

3. 银行监管效能受多重矛盾因素的影响

（1）银行业发展不平衡与监管一视同仁之间的矛盾。改革开放30多年来，在经济飞速发展的背后是东西部发展差距的拉大。总体上看，我国东部沿海地区，特别是大中城市的经济社会发展带动了金融业的发展，不仅在金融总量上，而且在金融创新方面要远远超过中西部和农村等相对不发达地区。因此，东部沿海地区银行业所面临的问题与中西部存在较大的差异。中西部地区银行业存在的主要问题是内部控制机制不健全，风险管理水平落后，信用风险严重等。东部沿海地区银行业除了上述问题外，还面临市场风险、操作风险和表外业务风险等。与银行业发展不平衡不相适应的是银行监管的一视同仁，采取同样监管政策和手段的"一刀切"做法并不符合我国银行业发展的国情，也在一定程度上影响了银行业监管效能。

（2）银行所有制不同与监管政策无差异化的矛盾。目前，我国银行监管并未区分银行所有制采取差异化的监管政策。按照所有制划分，我国银行业金融机构有国有银行、股份制银行、城市商业银行、外资银行、城市信用社和农村信用社等，不同所有制银行的法人治理结构及其效力、内部管理和风险控制的动力也不同，同一监管政策产生的监管效应也不同。与股份制银行相比，国有银行和农村信用社股权资本结构相对不合理，这类机构内在风险控制的动机主要取决于外部监管，其监管若完全套用市场化成熟的监管原则可能出现问题。另外，城市商业银行与外资银行由于受区域性和业务量的限制，其监管政策也应该因地制宜。

（3）政策主导金融与监管协调的矛盾。与国外银行相比，近年来，我国银行业尽管已经持续完善经营管理体制，但还不是真正独立的经济实体，银行对经济发展的支持始终由政府"无形的手"主导着。尤其是地方法人机构、城市商业银行，名义上是自负盈亏、自主经营，但其高管的"乌纱帽"实际上是地方政府给予的，这也决定了其"盈亏自负，经营却不能太自主"，对政府的一些政绩工程、"面子"项目往往难以实现真正的商业化、市场化运作。同时，地方监管部门在履行监管职责时，由于千丝万缕的关系，对政府的一些不当行为只能默许或旁敲侧击，难以真正履行监管职责。

第六节　本章小结

随着我国银行业改革的持续推进与不断深化，我国银行业在公司治理、风险管理等各方面取得了积极成效，但不可否认的是，目前我国银行业的改革还没有尽善尽美，还有待进一步深化。本章从当前我国银行业存在的不足出发，深入分析面临的主要问题，力图准确剖析影响我国银行业可持续发展的关键因素。

第一，本章在回顾我国银行业公司治理变革历程、取得成绩的基础上，对尚存的问题进行深入思考。笔者认为，目前我国银行业公司治理存在委托—代理关系过于复杂、股权过于集中、董事会和监事会职能发挥不充分、风险控制体系不完善、信息披露制度不健全等问题。

第二，本章从更深层次分析了公司治理结构中的委托—代理问题——激励机制不健全。笔者认为，目前我国银行业激励机制存在激励目标模糊不清、激励形式单一且短期化、绩效考核不科学、激励缺乏公平性、激励机制与银行发展改革相脱节等问题。

第三，本章区分信用风险、市场风险、操作风险、流动性风险等银行面临的四大主要风险，分别阐述了当前我国银行业四大风险管理中存在的不足，主要是风险管理意识还较为薄弱、风险管理技术手段还不成熟、风险管理需要的配套环境还不健全等。

第四，本章回顾了我国银行业创新发展取得的成绩，并分析了目前在创新方面的缺陷，主要包括创新环境还不够完善、金融产品创新层次质量低、业务结构和收入结构相对单一、社会信用体系不够完善、创新人才相对缺乏等。

第五，本章着眼于银行发展的外部监管问题，笔者认为尽管我国银行业监管经过几十年的探索发展，尤其是银监会成立以后取得了突出成绩，但监管体系还不健全、监管方式手段还较为落后、专业化人才还较为欠缺、监管机构间协调还不够顺畅、监管效能还受到"三重矛盾"的影响等现实问题，影响了银行监管有效性，制约了银行的科学可持续发展。

第六章　中国银行业健康发展及监管路径优化

金融危机的影响似乎渐行渐远,但是主权债务危机、通货膨胀等不利因素仍将在较长时期内困扰世界经济复苏,经济不景气将对银行业的健康发展产生重大影响。同时,国际金融宏观审慎监管框架和国际监管合作框架远未有效建立,加上世界经济一体化的逐步深化,将使金融风险更容易跨国界、跨市场互相传导。在"十二五"期间,中国银行业应认真借鉴西方银行业应对危机的经验教训,反思自己的不足和薄弱环节,采取有针对性的措施和经营策略,不断提高抗风险能力和可持续发展能力。

第一节　从 GIST 入手提高核心竞争力

"十二五"是我国深化改革开放、加快转变经济发展方式的关键时期。随着我国经济不断转型、银行业开放不断深化,商业银行在业务拓展和可持续发展方面面临巨大的压力和挑战,尤其在竞争不断加剧和利率市场化稳步推进的情况下,存贷利差将进一步缩小,商业银行传统的利润来源渠道逐步变窄。针对国情,中国银行业要重点从公司治理、金融创新、经营策略、科学技术四个要点入手,有效提升核心竞争力。

一、完善公司治理结构

良好的公司治理结构是银行稳健经营和可持续发展的前提和基础。良好的公司治理虽然没有统一的范式,但是巴塞尔委员会《加强银行公司治理》① 准则和 OECD "公司治理原则"② 已被国际社会普遍认同为公司治理的共同标准和规范。20 世纪 90 年代我国银行商业化改革以来,公司治理有了很大进步,但是从"形似"到"神似"仍需要一个漫长的过程。对此,中国银行业要进一步借鉴国际经验,针对自身的薄弱环节,进行有针对性的完善和提升。

1. 建立负责任的董事会

董事会在公司治理中居于核心地位,董事会能否有效履职是公司治理能否健康运转的前提条件。当前,我国大部分商业银行已完成股份制改造,成立了较为规范的董事会。但是,从运行的情况分析,董事会的决策作用还无法充分发挥,董事会的履职能力还有待进一步提升。一是打造一支专业、独立的董事会成员队伍。部分中小商业银行董事由地方政府和企业委派,缺乏银行从业经验和相关的专业素质,在董事会中发挥的作用相当有限。监管部门要引导出资方认真推选董事代表,确保董事的专业性符合履职的要求,使董事会成员均由专业人士组成,有能力真正对银行自身的公司治理负责,包括如何实现银行的战略目标、如何落实政策和措施,保证银行遵守各项法规和监管要求等。二是充分发挥专门委员会的作用。董事会履职效率是否高,关键不在董事会,而在专门委员会。目前,大多数董事会设立了风险委员会、审计委员会、战略委员会、薪酬委员会等专门委员会。董事会要深刻认识专门委员会的战略意义,不断吸收各种优秀人才进入专门委员会,使专门委员会在重大决策面前,有能力拿出专家意

---

① 巴塞尔委员会 2006 年 2 月发布的《加强银行公司治理》提出"稳健公司治理原则"包括:原则 1:董事会成员应称职,清楚理解其在公司治理中的角色,有能力对银行的各项事务做出正确判断。原则 2:董事会应核准银行的战略目标和价值准则并监督其在全行的传达贯彻。原则 3:董事会应制定并在全行贯彻执行条线清晰的责任制和问责制。原则 4:董事会应确保高级管理层按照董事会政策实施适当的监督。原则 5:董事会和高级管理层应有效发挥内部审计部门、外部审计师及各内部控制部门的作用。原则 6:董事会应确保薪酬政策及其做法与银行的公司文化、长期目标和战略、控制环境相一致。原则 7:银行应保持公司治理的透明度。原则 8:董事会和高级管理层应了解银行的运营架构,包括在低透明度国家或在透明度不高的架构下开展业务(了解银行的架构)。

② OECD 原则将公司治理定义为:"公司管理层、董事会、股东以及其他利益相关者之间的一整套关系。公司治理还通过制定公司目标、确定实现这些目标和监督执行的手段来构成治理架构。良好的公司治理应当提供适当激励,以使董事会和管理层追求符合公司和股东利益的目标,并应便于实施有效监督。无论是在单个公司内部,还是对一国经济整体而言,有效公司治理机制都在一定程度上有助于提高信心,这对于市场经济的稳健运行是十分必要的"。

见，充分发挥智囊团的作用。对尚未设立专门委员会的董事会，监管部门要加强引导，根据银行的具体情况逐步建立。当前银行业薪酬水平偏高、增长幅度较快的情况受到社会的广泛关注，董事会要重点发挥薪酬委员会的作用，对全行薪酬水平的确定、依据、规划等进行尽职评估，研究高管合理的薪酬水平和激励方式。三是认真履行"三承诺"，即承诺没有未清偿的大额债务、能认真履职尽责、能服从监管。一个优秀的董事会，要动态全面地了解每一位董事的背景情况和道德品质，确保每一位董事有专心履职的条件。假如董事有未清偿的大额债务或者有很多外部纠纷，那他必定无法专心履职，而是忙于赚钱还债或忙于打官司。目前，银监会已经颁布了《股份制商业银行董事会尽职指引》，董事会要根据本行的实际情况，制定董事履职评价办法，促使每位董事"在其位、谋其政"。同时，董事会要增进守法精神，不但要自觉遵守各项法律法规，还要与监管当局良性互动，做到服从监管并配合监管。

2. 科学界定"三会一层"职责边界

当前要重点处理好以下三方面关系：一是董事会和党委会的关系。按照中国习惯，党委会负责单位的人事任免和调整。成立董事会的股份制商业银行，按照董事会章程，高管应由董事会决定。目前，部分商业银行为解决这对矛盾，采取董事长兼任党委书记的方式，但是人事任免仍由党委会决定。根据国际经验和中国实际情况，建议商业银行高层人事任免和调整应由董事会负责，党委会主要负责党务工作，这样做才有助于董事会真正履行职责。二是董事会和高管层的关系。董事会在良好公司治理中的主要作用包括：制定或批准银行经营战略，确定经营层面实施战略的政策和程序，构建银行稳健运行的架构，并对目标实施情况进行检查和监督；树立价值准则和构建企业文化，引领员工遵守职业规范，鼓励员工参与公司治理；了解银行所承担的风险，批准总体风险政策和风险管理程序，监督风险管理和内部控制运行，并承担最终责任；履行对银行高级管理层的监督职责，包括质询和工作绩效评价；选拔、监督以及在必要时更换重要管理人员，也包括董事的提名、评价，以及利益冲突管理等；保持董事会的独立性和客观性，避免受政治、控股股东以及高级管理层的不当影响，履行对银行的"忠诚义务"和"看管责任"。然而，一个强势的董事会往往会走出职责边界，而履行很多需由高管层负责的事项，如具体的经营管理、贷款的审批、分行行长的任免等。因此，董事会首先要明白自身的职责和定位,否则高管层就无法发挥应有的作用。三是董事会和监事会的关系。大部分监事会存在缺乏独立性、人员配备不足、工作程序模糊等问题,严重影响了监督作用的发挥。建议监管部门重点帮助监事会树立权威,使其能真正发挥监督董事会和高管层的作用。

3. 建立科学的激励约束机制

一是制定科学的绩效考核机制。将风险调整后的资本回报率(RAROC)和经济增加值① (Economic Value Added,EVA) 有机结合作为绩效考核的核心指标,并将其作为资源配置的主要依据。这种方法将能有效克服银行传统的盈利考核指标只考虑账面收益不考虑风险的缺陷,强调风险衡量在银行中的重要性,并引导各级机构将有限的资源配置到低风险、高回报的业务上,在降低风险的同时提高效益,实现内涵式增长,解决追求利润与控制风险之间的矛盾。二是避免下达不合理的经营指标。董事会要根据本行的资源配置、管理水平、国家政策要求以及外部竞争环境等要素,合理制定年度发展和利润规划,避免好大喜功,制定不合实际的发展指标。同时,要避免不考虑基层实际情况,层层加码、层层加压的指标下达方式,最终导致基层行不得不通过违规经营来完成上级行下达的任务。三是加强员工激励机制建设。根据不同岗位的特点,实行双轨制、多通道激励机制,加大绩效挂钩在不同岗位、不同层次的分配比重,体现简单劳动与复杂劳动的分配差距,通过公平、合理的分配机制,激励员工尽职尽责地做好本职工作,使每位员工都有适合自身发展的晋升通道。同时,进一步深化劳动人事管理制度改革,坚持竞争上岗,逐步实现管理人员能上能下和全体员工能进能出,优化人才资源配置,调动全体员工创造核心竞争力的积极性,使人才这一核心因素充分发挥作用。

4. 建立有效的内控机制

内控作为公司治理的重要内容,商业银行董事会和高管层要高度重视,从战略高度充分认识到完善的内控机制是金融机构安全、有序运作的

---

① 从算术角度分析,EVA 等于税后经营利润减去债务和股本成本,是所有成本被扣除后的剩余收入(Residual Income)。EVA 是对真正"经济"利润的评价,或者说,是表示净营运利润与投资者用同样资本投资其他风险相近的有价证券的最低回报之比,超出或低于后者的量值。为了考核企业全部投入资本的净收益状况,要在资本收益中扣除资本成本,评价企业当前已经实现的收益。经济增加值模型给我们解决上述问题提供了一个基本工具,其公式为 $EVA_t = E_t - r \times C_{t-1}$,其中,$EVA_t$ 为公司在第 t 时间阶段创造的经济增加值大小;E_t 为公司在 t 时间阶段使用该资产获得的实际收益;r 为单位资产的使用成本;C_{t-1} 为 t 时间阶段初使用的资产净值。

前提和基础,是防范金融风险的关键环节。改变重业务发展、轻内控建设的不良做法,确实树立内控优先的理念,把内控制度建设、执行和监督有机结合起来,为银行健康发展奠定良好的基础。一是构建科学严密的内控系统。按照决策系统、执行系统和监督反馈系统相互制衡的原则进行内控系统的再构造,以确保决策者在其授权范围内开展决策活动,执行者在其职责和授权范围内行使职权。同时,建立内控制度的健全性、执行效果、监督处罚等环节的科学评价体系,确保各项制度有效落实并迅速反馈给监督者和决策者。二是建立健全内控制度。认真吸收《巴塞尔协议》、《银行业有效监管的核心原则》、COSO[①]内部控制框架的合理内核,以及银监会关于商业银行内部控制评价的要求,对现有的规章制度进行系统梳理,按业务条线制定统一的管理制度和操作规程,真正做到"一个业务品种、一套业务流程、一套规章制度"的要求,实行内控管理标准化和规范化,从根本上解决制度过多而流于形式的问题。同时,要坚持"内控优先"的原则,在开发推广新业务新产品过程中,先制定相互制衡的业务管理办法并明确部门责任,否则产品不得下柜。在制定内控制度时,商业银行既不能脱离客观条件,过分强调"严密和制约",也不能过于"粗糙或简单",要把科学性、严密性、制约性和有效性有机结合起来,否则难以发挥内控机制的作用。三是强化内控制度的执行和监督力度。贯彻落实各项内控制度,关键在于建立一套执行制度的监督机制。商业银行要坚持用制度管人,不能把不出问题、不出风险的希望过多地寄托在人的思想觉悟上,要在完善制度的同时,更加重视制度的执行和监督落实。要尽快建立一个向董事会负责的具有独立性和超脱性的审计监督体系,同时借鉴国外审计经验,将外部审计作为内审的有益补充。这种内、外部审计相互结合的方法将更有利于促进内部审计的监督作用,提升内控制度的有效性。

二、提高金融创新能力

金融创新是提高商业银行核心竞争力的重要基石之一。商业银行要结

---

① COSO (The Committee of Sponsoring Organizations) 是美国政府机构所组织的特别委员会,其主要职责是对美国经济监管部门,如财务监督、审计等部门进行建议性指导。COSO 报告是该委员会 1992 年发表的一份研究报告,其核心内容是从整体框架上阐述了企业内部控制结构,并就如何进行内部控制审计提出了建设性意见。

合本行业务发展特长、产品研发能力、目标市场定位等情况加强调查研究，积极借鉴国内外先进经验，创新发展模式，保护知识产权，依靠科技进步，提高自主创新、集成创新和引进消化吸收再创新能力，大力发展增加手续费收入的新业务。银行监管当局要不断更新监管理念，适时把监管思路从规制导向监管转变为以原则为基础的监管，积极创造有利于金融创新的监管环境，推动金融市场的发展，促进金融活动公平交易规则的形成，引导银行业机构在平等竞争和深入合作的基础上，为广大居民提供更便利、更优质的金融服务。

1. 紧贴客户和市场需求，在经营策略上创新

市场是商业银行业务经营的起点和终点，是银行赖以生存和发展的基础，也是检验银行经营管理水平的指示器。"面向市场、了解市场、融入市场、服务市场、开拓市场、占有市场"，是推动银行业务发展的必由之路和基本工作方法，抓住了市场就是抓住了银行业务经营的关键。商业银行进行金融创新产品研发要把金融产品创新与市场、客户需求有机融合，把握、适应和满足市场、客户需求，贴近百姓生活，方便客户使用，这样新产品进入市场后才容易被客户接受，才具有生命力和竞争力。同时，电子技术对金融创新具有举足轻重的作用，商业银行应以开发和整合信息系统为基础，加强对业务、产品、市场各种基础数据的收集、整理和分析，研究如何提高 IT 系统对金融创新管理和开发的支持力度，提高自主创新能力，减少吸纳型和模仿型及技术含量低的创新，切实提高创新产品的特色和市场竞争力。

2. 稳步推进机构扁平化和业务垂直化管理，在业务流程再造上创新

根据银行组织机制的不同，商业银行外部组织关系可以分为总分行制、集团制和单一银行制等，其中最普遍的是设有多个分支机构，由总行对分支机构实施统一管理的总分行制。但是，总行与分支机构之间层次的多少以及各个层次的管理权限则不尽相同。目前，发达国家的商业银行普遍存在着加强总行职能、弱化分行职能、压缩中间环节减少分支机构层次的趋势，以使整个银行更加贴近市场。这就是通常所说的组织机构扁平化改革。目前，国际银行业先进管理经验是一切以客户为主导，以业务单元为一个事业单位，其特征是服务范围小、市场定位明确、对市场的敏感程度高，并且拥有相对独立的自主权，可以根据市场变化迅速调整业务内容。我国商业银行应该积极适应市场化的需要，按照集约化经营原则，通

过引入现代组织管理方法和信息技术手段，稳步推进机构扁平化和业务垂直化管理，构建业务条线清晰、职责分工合理、管理运行高效的组织体系。在经营管理上实行以垂直纵向为主、横向为辅的纵横有机结合的矩阵式经营管理模式。强调集中控制和一体化经营，变过去横向部门之间"打太极"的风格为纵向线条式的快速业务流程，尤其是在资金运作、风险管理、业务审计等重要的业务流程上，实施垂直化的管理，建立高效的业务流程和组织体系。

加快内部业务流程再造即根据与客户关系的不同，从市场和服务两大模块实行商业银行内部的业务流程再造。市场模块是直接为银行创造价值的模块，根据银行的主要利润来源或未来发展目标，可以通过实施战略业务单元或者矩阵管理模式，将主要业务部门分为几大子模块，每一子模块内部均实施统一的利润核算和报告。服务模块是为创造价值提供支持的模块，主要是对市场模块提供服务和战略参谋，可以划分为服务部门子模块和战略参谋子模块。服务部门子模块包括人力资源管理、信息技术、后勤服务、办公室等部门，战略参谋子模块包括战略发展、风险控制、计划财务、法律和对外关系等部门。银行业务流程再造的重点是市场模块，服务模块处于从属地位。对于这些子模块，各级机构都有相应的专业部门进行经营管理，从而自上而下地形成了业务线。这些业务线都对自己的下级部门实行垂直管理，从而按业务流程形成专业管理的垂直化；各业务子模块在其内部实行专业系统的垂直管理，从下而上，逐级向该子模块的专业管理部门报告工作，并受其控制；各业务子模块统一核算利润，对本模块的损益负责。这样，银行的各项业务以业务流程为主线在上下级的专业部门之间纵向开展，而不是在各级的行政机构之间纵向开展，从而实现了总行专业管理的垂直化和对业务的直接控制，并对行政管理的垂直化形成约束。

3. 强化全面风险管理意识，在风险管理体制上创新

随着我国金融市场的发育、金融创新的深化，商业银行所面临的金融风险越来越大，风险种类越来越多，表现形式也越来越隐蔽而复杂。这就迫使商业银行既要加强对信用风险的管理，又应将市场风险和操作风险纳入统一的风险管理体系中，实现由单一信用风险管理向全面风险管理的转变。商业银行在加大金融创新力度的同时要加强自我约束、提高风险自我管控能力，做好风险监测、评价、考核、反馈和控制，加强内部审计和查

处力度，及时查找管理中存在的薄弱环节并进行有效整改。通过建立健全风险控制体系，实现多角度、全方位管理金融创新风险。在管理方式上，过去商业银行的经营管理体系以行政管理为主线，信贷审批和风险管理缺乏独立性。商业银行的风险管理体系应该朝三个方向改革：一是实行独立、垂直管理，形成人事管理和财务管理独立于现有行政体系的风险管理条线，以专业管理代替行政管理；二是双向汇报路线，在保持现有层级结构的基础上，各级风险管理负责人实行向上级风险主管和分支机构负责人的双向报告制度；三是在风险管理条线内部实现制衡，风险政策制定部门不参与风险决策，风险决策部门不参与政策制定。在层级责任上，尽管各级风险管理部门都有风险控制的责任，但各自的职责和重点是不同的，必须据此落实分层风险管理，改变目前各级风险控制职能无差异的现象。从总行层面来看，风险管理主要是解决好风险战略、组织架构、管理体系、政策制定、制度设计等全局性问题。从分行层面来看，风险管理主要是做好总行信贷政策指引和风险管理政策的贯彻落实工作。从支行层面来看，风险管理的重点是做好信用风险和操作风险管理，落实上级行的具体要求。在风险控制流程方面，采取相互制衡的"平行作业"①方式是比较理想的选择。由于风险控制人员和业务拓展人员来自不同的专业线，各自的经历、所掌握的信息存在差异，各自的考核导向和考核指标存在差异，因而其看法总是不可避免地存在着差异。这种差异有利于银行多角度地揭示和防范风险。对于商业银行高层组织而言，董事会和高级管理层要负责制定创新的风险管理战略，将金融创新活动的风险管理纳入全行统一的风险管理体系中；商业银行在开展代客理财性质的创新业务时，应将自营资产与代客资产分开管理，明确规定相关部门及工作人员在管理代客资产方面的权限，按照有关规定进行充分的信息披露；商业银行在开展与金融衍生产品有关的创新业务时，应严格执行前、中、后台分离和风险限额控制的规定；商业银行在开展与电子银行业务有关的创新业务时，应实施有效的信息安全措施，确保电子交易数据传输的稳定性、保密性和真实性；商业银行在开展跨市场的创新业务时，应依据相关法律法规，针对利益冲突、关联交易、风险传递、信息披露等方面制定相应的风险控制措施。

---

① 所谓平行作业，是指信贷人员和风险人员在同一个授信业务流程中，通过岗位制约与团队合作来决策风险与汇报的授信业务运作机制，其核心是制衡。

4. 重视引进和培养人才，提升创新动力

商业银行应研究创新业务的人力资源管理，制订长远规划。应在借鉴国外先进经验的基础上，着眼于未来，变传统的、分散的培训为科学的、集中的人才资源综合管理。为此，商业银行要尽早培养或引进相关的专业人才，重视创新业务培训，研究业务创新的特点，采取不同类型、不同层次的培训方式。努力提高队伍的整体素质，训练有素的从业人员需要具备一定的教育背景，更关键的是必须不断接受知识、技能和道德等多方面的培训。商业银行应以创建"学习型银行"为契机，广泛开展分层次、系统化、有针对性的培训，把营销技巧、服务技巧、新业务产品等作为培训重点，提高从业人员的综合业务素质，通过持续培训，不断优化人才结构，努力盘活人才存量，用3~5年的时间，基本形成一支营销意识强、具有开拓精神的客户经理队伍以及一支业务素质高、操作规范的一线员工队伍。当前，尤其要加快客户经理的培训，要结合实际进行全方位的技能、素质培训，提升层次，满足客户金融需求多样化的要求。应保持创新业务培训的持续性和专业性，及时更新知识结构，保证业务创新的能力。商业银行应建立业务创新部门岗位培训制度。在明确相关岗位职责的前提下，对员工上岗和换岗，都应按照业务创新岗位规范和标准对员工进行严格培训和考核，确保员工能够适应创新业务发展的需要。

5. 坚持鼓励和规范并重，促进合规创新

银行监管部门要适时转变监管理念，遵循"鼓励与规范并重、培育与防险并举"的创新监管原则，为金融创新留出尽可能宽松的政策空间。积极引导商业银行从技术、制度和人才等多方面增强创新产品的管理能力，培养、引进专家型人才，注重自主开发、自主定价，提高核心竞争力。要与商业银行建立更加开放与合作的方式，鼓励商业银行与监管部门就金融创新活动与银行监管部门进行事前的专业沟通，就关注的风险点和风险控制措施交换意见，促进商业银行在合规的前提下开展金融创新活动。首先，应加大对员工合规意识和风险意识的教育，从思想观念、经营理念、全面风险管理、职业道德、执行意识和行为习惯上下工夫，培育良好的合规文化，形成一种风险管理人人有责的合规文化氛围，从而达到牢固树立依法合规、高效低险的发展意识。其次，应建立起内控合规问题库，将辖属近年来检查出的问题及同业中出现的操作风险形成的损失和所涉及的问题，分别录入库中，通过对其分析、分类，掌握违规操作到案件的演变过

程，找出规律性，及时把握苗头性、倾向性的问题，做到未雨绸缪。最后，应建立定期分析报告制度，将权限卡管理、逆向操作、大额反交易、重要岗位轮换制度等案件易发点和历次检查发现问题的整改落实情况及保持规范执行情况的检查，列为分析、检查、整改的重点。要保证检查频率和范围，优化检查效能，把隐患消灭在萌芽状态，防止向重大差错事故或经济案件转化。通过问题库数据信息的积累，积极探索识别、计量、分析、控制操作风险的有效方法，逐步建立起操作风险管理的长效机制。

三、改进经营发展策略

1. 坚持市场化原则提供差异化金融服务

商业银行应以银行价值最大化为目标优化全球金融资源配置，无论是股权边界方式的选择、业务的推广、综合化经营，还是目标市场和目标对象选择都应以市场为导向、以市场化的工具为手段。一是突出差异化金融服务。商业银行要根据市场调查结果，在把握金融需求的基础上，分析客户的经营环境和营销重点，确立客户经营发展目标。同时，按照一定的标准把整个市场划分为若干个客户群，针对不同的客户，采取不同的营销策略，提供有针对性、有差异性的金融服务。应加强对宏观经济、社会心理、人口变化等方面的分析，跟踪国内外同业金融产品创新情况，及时把握市场需求，提高产品创新的前瞻性和针对性；坚持特色化、差异化、品牌化的原则，大力提高产品研发水平。对于新产品，应灵活选取市场推广策略，如产品组合策略、包装策略等，把握好时间和空间上的次序，有步骤地进行推广。具体而言，就是要突出自己的特色，选准目标市场，在服务内容、服务渠道和服务方式等方面有针对性及创造性地开发服务项目。采取优于其他金融机构的手段，迅速快捷地传递到消费者的手中，以满足目标客户的真实需要。二是加强客户关系管理。客户关系管理（Customer Relationship Management，CRM）是由 Gartner Group 提出的一种客户管理思想和理论体系。它的主要内容是以客户为中心，以信息技术为手段，对工作流程进行重组，以客户需求驱动整个组织的运作。CRM 的目的是了解客户真正的需求、提高客户的忠诚度、对盈利客户进行针对性营销以及挖掘客户的潜在价值。因此，商业银行服务的形式和内容要从单一的金融产品服务逐渐演变为多元化、个性化的金融百货商店和金融服务中心。这种营销理念的转变是必需也是必然的，只有转变了营销理念，才能让银行从根本上以客户为出发点，建立以营销为核心的组织结构，从公司内部到公司外部，更好地为客户提供服务。

2. 大力推进银行业综合化经营

（1）建立适当的资金渠道，促进银行与资本市场的资金互动。商业银行资金有序进入资本市场，资本市场资金以适当方式流向商业银行，这是现代金融体系的一个重要特征，也是商业银行综合化经营的一个重要内容。商业银行与资本市场之间资金的良性互动，将大大促进二者的协同发展。在我国，银行资金进入资本市场的渠道主要有两个：一是货币市场渠道，如证券公司、基金管理公司、保险机构等非银行金融机构进入银行间同业拆借市场和债券回购市场；二是贷款渠道。通过以上两个渠道，银行资金流向非银行金融机构从而间接进入资本市场。此外，资本市场具有筹资功能，商业银行同样可以通过上市，吸引资本市场资金流向银行。

（2）推进银行业务和金融工具的创新，积极探索复合性、跨市场性的业务和工具。强化金融同业合作，推动商业银行介入资本市场业务，必须依托于复合性、跨市场性的金融工具，必须积极探索和开展交叉性业务。以那些复合性、跨市场性的金融工具为载体，逐步向资本市场的边缘业务、部分核心业务、衍生业务拓展，这为商业银行提供了极为广阔的发展空间，并将使传统的以融资业务为主的业务结构、以利息收入为主的收入结构发生根本性的改变。

（3）以资本市场为平台，推进商业银行信贷资产的证券化。资产证券化是当今世界金融业增强资产流动性、优化资产结构、降低金融风险、提高盈利能力的重要途径，在某种程度上甚至是衡量一个国家或地区金融发达程度的标志。随着中国金融国际化、全球化进程的加快，资产证券化将成为我国金融创新的一个重要领域和金融发展的基本方向。实施资产证券化，赋予了商业银行信贷资产更大的流动性，将大大改善商业银行资产的质量。同时，资产证券化也可以为证券机构创造广阔的发展空间，并将成为我国券商一个新的盈利增长点。

（4）积极探索综合化经营的有效组织形式，构建金融控股公司。不同的业务结构与经营模式，需要有不同的组织架构与之相适应。一旦出现了大量的复合性业务与跨市场性的金融工具，那就必然要求银行的组织架构和运行模式做出相应的调整和变革。现阶段以资本为纽带、以商业银行为主体构建金融控股公司，可能是一个比较合理的综合化经营的组织模式，其"集团合业、经营分业"的特点不仅可以使我国金融业获得综合化经营的正面效应，还可以使原有的分业监管体制仍然有效。在未来一段时期，金融控股公司极有可能成为我国金融业综合化经营的主导组织形式。

3. 加快银行业国际化转型

（1）以跨国公司为载体，加强国际化经营的战略协同。从我国经济发展的长远战略考虑，构造跨国公司和跨国银行的战略协同关系，不仅可以有效提高跨国公司的国际竞争力，而且可以为银行业的国际化发展奠定重要的资源基础。这种战略协同的关系构造需要发挥现有优势：一是要充分发挥银行业国内人民币资源优势，以稳定的本土金融基地为重点，积极培育和扶植具有雄厚经营实力和广阔国际市场的大型企业集团，加快壮大经营实力，为进一步开拓国际市场奠定基础；二是注重发挥我国银行业与国际银行业已经建立和形成的良好合作关系，积极构建跨国公司境内外资金结算网络，完善跨国公司总公司与境外子公司和分公司间的资金调度、货款清算体系，提高跨国公司的资本经营效率；三是积极利用结售汇、远期利率协议、外汇买卖和币种转换等多种金融工具协助跨国公司进行理财，实现资金的保值和增值，并有效规避国际金融风险；四是加强和拓展我国银行业的投资银行业务职能，积极引导跨国公司参与国际债券市场融资和项目租赁融资，参与大型建设项目投标和竞标，有步骤地延伸境外经营领域。

（2）境内外联动取胜，打造商业银行核心竞争力。国内银行海外业务的发展一定要依靠国内的广阔市场与银行在国内的客户、网络、品牌等各方面的优势，与国内总分行紧密合作，为客户、国内总分行及海外机构创造效益。海外业务的联动应包括：一是地区联动。海外机构与国内分行之间应加强境内外业务联动，并逐步实现联动的制度化与协同效益化。二是机构联动。目前，国内银行在海外纷纷设立了机构，很多大型银行还根据不同业务设立了不同的机构。中资银行要与国际同业银行进行竞争，必须采用"集中优势兵力"的做法，只有银行在同一地区的不同机构，乃至在不同地区的海外分行之间加强联动，才能最好地发挥竞争优势，并实现联动效益。三是业务联动。由机构联动带来的业务联动，包括商业银行与投资银行、保险业务、投资业务，资金市场与资本市场上的联动等。

（3）实施"走出去"战略。伴随全球经济金融一体化的进程，越来越多的国内企业走出国门，实施跨国经营战略。如果国内商业银行的海外机构网络跟不上海外业务发展，无法为客户提供延伸服务，势必导致国内客户的流失，最终影响整体业务发展。随着国内利率市场化的改革和金融市场的进一步深化，国内市场"金融脱媒"①的趋势加快，因此商业银行要放眼全球寻找新的业务和利润增长点。"十二五"规划中强调要加快实施"走出去"战略，这为商业银行拓展海外机构网络提供了良好的机会。目前，商业银行要结合自身发展的实际情况，积极到我国的贸易伙伴地区或我国投资较集中的国家和地区设立分支机构，采取在海外设立分支机构、收购外国金融机构作为附属机构以及设立合资银行等形式，推行"区别对待，分步推进"的策略，逐步建立自己的海外金融网络。同时，通过组建战略联盟，加强与外资金融机构合资，或者采取技术互换、特许交换、合作开发等形式，获得其他组织的知识、专长和技术能力，然后加以整合、吸收，实现境内外业务联动，提升商业银行自身的核心竞争力。

（4）逐步构建国际化经营的金融产品序列。一是在银行业务品种的布局构造上应重点采取跟进战略，积极加强与国际著名银行的合作，借鉴和引入国际金融市场上已经趋于成熟的金融产品。二是采取以防范和控制风险为前提的稳步拓展经营策略，对经营风险相对较高的资产性业务，在严格、审慎管理的基础上，根据国际金融市场及所在国家、地区经济和金融环境的变化，主要参与以国际著名银行为牵头行，以经济实力较强、具有良好经营业绩的大型跨国公司为借款主体的大型银团贷款和项目融资，以此形成核心型资产业务，从而有效规避最初进入市场的风险。三是充分利用国内市场和国际市场的资源互动性，借助我国本土已经形成的庞大的银行结算网络系统优势，在已经与我国银行业有代理合作关系的代理行中，选择一部分重点国外代理银行进行战略性合作，加快与国际银行业资金清算体系的融合与对接，以构建覆盖国际重要经济、金融中心的结算网络体系为基本框架，将银行业的国内清算体系向重要的国际金融市场进行延伸和拓展。四是依托国内巨大的金融业务资源和国际银行业已经成熟的金融

---

① 所谓"金融脱媒"是指在金融管制的情况下，资金的供给绕开商业银行这个媒介体系，直接输送到需求方和融资者手里，造成资金的体外循环。金融深化（包括金融市场的完善、金融工具和产品的创新、金融市场的自由进入和退出、混业经营和利率、汇率的市场化等）也会导致金融脱媒。

金融危机、影子银行与中国银行业发展研究

产品市场,积极拓展国内与国际联动的银行卡、境内外私人汇款、本外币旅行支票、个人外汇买卖与兑换等业务。

四、提升科技应用水平

随着知识经济的兴起和金融竞争的加剧,以及新技术应用能力的加强,使得技术对银行核心竞争力的影响日趋显著,可以说谁抢占了技术的制高点,谁也就抢占了市场的制高点。以市场武装技术,以技术占领市场,走上市场和技术交替推动的持续发展之路,这是商业银行提高核心竞争力的出发点和落脚点。目前,部分发达国家的商业银行已实现了服务电子化、存取自动化、传输网络化,甚至提出了今后发展目标是"无支票、无钞票、无纸张"。因此,我国商业银行要与国际金融接轨,参与国际竞争,就必须尽快在科技进步上取得突破。

1. 以网络为依托,加快客户信息系统建设

以市场为导向、以客户为中心的创新理念是提升金融服务的前提。市场和客户的需求是银行进行金融创新的主要灵感来源和不竭动力,银行要提高调查研究的广度和深度,寻求业务机会,把握发展机遇。商业银行的金融创新还需要通过全面采集和分析市场客户信息,建立一个高效、科学的客户及服务资料数据库,进行互动的客户关系管理,实时查询更新的市场客户信息,随时根据市场客户的需求进行金融产品创新,使银行的经营管理为银行和客户带来最大利益。在传统银行业务系统中,数据以账户为中心,账户之间缺乏相互联系。现代业务系统提出了以客户为中心的管理模式,设置了统一的客户信息,并且同一客户的不同账户可共享相同的客户信息,这样有助于沟通银行与客户之间的关系,激起客户的消费欲望,把银行潜在的客户变成现实的客户。商业银行当务之急是要建立自己的客户信息库,用于收集客户资料信息、客户账户信息和客户关系信息,并对银行客户信息库进行分析,对重点客户进行选择、获得、挽留和扩展等以获取更多有价值的客户,从而与创造利润的优良客户建立长期关系。

(1)建立客户信息库。银行的客户按对象可分为个人客户和单位客户;按业务性质内容分为信息卡客户、储蓄客户或会计客户等。以市场为动力的客户数据库储存有关客户资金收付情况的资料包括:第一,客户资料信息,如贷款账户信息、对公信息、外汇市面情况等。第二,客户账户

第六章 中国银行业健康发展及监管路径优化

信息,如客户资金的来源、消费爱好及习惯等。第三,客户关系信息,如银行与客户联系的时间、建议提供的产品服务种类及索要信息和提供意见等。

(2)分析客户信息。通过对银行客户信息库的分析,对重点客户进行动态跟踪和实时监测,寻找计算银行客户价值,锁定特定客户群,从而与创造利润的优良客户建立长期关系。根据什么样的标准来判断哪些客户是可为银行带来较大利润的客户,采用哪种有效方式获得该客户,怎样尽可能长时间地挽留住客户,如何使该客户保持对银行忠诚并为银行带来较大的利润等都是需要努力去完成的工作。通过选择、获得、挽留和扩展等获取更多有价值的客户,特别是要在挽留客户上加大力度。

(3)加强客户管理。利用现代化技术手段,开发新的以客户唯一标识为核心的账务管理信息系统,加强对客户的管理。第一,获取客户的完整信息。把来自多个业务处理系统的有关客户的所有数据进行汇总整理,消除数据之间可能存在的不一致,并组织到一个统一的数据库中,形成整个银行对一个客户的完整信息视图。第二,合理地对客户进行分类。根据客户的信息,按照客户对银行的贡献大小,分析其消费支付能力,通过数据统计模型的建立和对潜在利润的周密计算,把客户划分为不同的可识别及可预测的客户群。第三,做好对历史数据的分析。客户的信息包括历史详细数据和当前数据。想要从客户的数据中捕捉有价值的信息,就要使搜集的历史数据尽可能的详细、准确、完整,如客户历年来发生的明细账、发生额及发生的原因。第四,加强与客户间的沟通。客户信息数据库不仅是一个通讯录,更是一个储存着有关每个具体客户喜好的资料宝库。随着银行越来越能满足每个客户的要求,它们就越有可能比较长期地留住这些客户,使银行在竞争中找准自己的服务位置,按照客户的要求设计服务种类,给予优良客户消费优惠折扣,以鼓励客户消费并吸引潜在客户。第五,建立稳定的客户关系。以往商业银行的客户关系主要是传统的业务关系,而现在逐步实行客户综合管理网络制。利用信息技术,大力加强与现有及潜在客户的直接联系,并掌握客户群体的不同需求及客户资金拥有量、投资意向、投资策略、分散投资比例等,然后通过定向服务,获取相对稳定的客户。

以信息技术为支撑的网络银行将使银行服务虚拟化,极大地扩大银行的服务边界和经营规模。未来银行竞争优势很大程度上取决于银行服务的虚拟化程度。因此，我国商业银行应在分行数据集中的基础上，加快客户信息系统建设，实现客户信息的整合、集中和共享，强化产品面向客户的组合服务能力和个性化服务能力。

2. 实施科技创新，加快电子化进程

商业银行要提高对金融科技创新重要性的认识，在传统营销渠道的基础上，结合网络营销等渠道，将各渠道紧密地结合在一起使用，走"多渠道并存"的道路。加大金融科技投入力度，增加设备、改善设施，利用电子化平台加速金融产品和技术的创新步伐。国际上先进银行无不高度重视高科技手段的运用和产品、业务、管理的技术创新，积极实施科技创新。我国银行业应从本行的战略需求和市场需求出发，加强和专业公司及同行的合作，形成技术设备调研、引进、推广、维护一系列机制，向客户提供迅捷、高效、安全的金融服务。特别是借助网络科技，向客户提供跨地域、无边界、全天候的网络化金融服务，不仅可以弥补实体网点数量和布局的不足，而且可以在方兴未艾的电子商务领域抢占市场先机，赢得领先优势。此外，通过建立金融产品和技术研发中心，进行创新产品和技术的开发、运作以及长远规划和系统管理，运用数学建模、网络图解、仿真模拟等现代化手段设计开发出先进的金融产品和技术。积极推动银行业务自动化、综合管理信息化和客户服务全面化，建立完整的顾客信息系统，整合传统分割的信息模式，提供信息平台支持多渠道、多产品、多顾客服务。发展从顾客信息中挖掘顾客金融消费偏好、产品需求、购买行为的综合技术，推进电子商务及网上支付结算、网上银行、网络证券交易、网络保险等新型金融业务。逐步实现金融业务自动化、金融管理信息化和金融决策科学化，最终建立集金融业务处理、金融信息管理和金融决策于一体的金融信息系统工程。

3. 提高流程技术创新能力，建立技术与业务良性互动的机制

我国商业银行应该加强内部业务部门的合作，不仅自身要加大对数据库、后台处理系统、信息系统等的投入，还要充分发挥和利用信息技术产业发展的最新成果，积极通过外包或联盟提高流程技术创新水平。从自身出发选择提升流程技术创新的有效途径。首先，构建一个全面基于互联网、具有决策支持功能的智能型系统，全方面集合客户关系、决策分析系统、业务流程管理、风险管理和电子商务等，将银行应用中分散的功能组织成基于标准的、可共享的服务，通过系统提供全方位智能分析手段，使

软件系统更加"柔性化",满足各种银行业务分析需求。其次,建立客户满意分析处理系统,妥善处理客户的投诉与抱怨,以各类方式倾听客户投诉,及时发现问题根源,并寻求快速解决渠道。该途径不仅便于客户投诉,有利于银行了解服务失误与客户不满意之处,更有助于化解客户不满,进一步体现银行技术创新的能力,将流程技术的创新与业务有机结合起来。商业银行的发展是以效益为目的,以技术创新为手段。只有找到业务和技术的最佳结合点,技术的优势才能最大限度地发挥出来,商业银行的各项业务才会呈现出勃勃生机。只有增强业务和技术的互动性,保持动态的、良好的配合,技术创新才能真正提升我国中小型商业银行的竞争力。影响技术能力的因素不仅在于技术资源本身,也来自业务方面。业务流程及其规则的清晰化和合理化是技术,特别是信息技术发挥作用的重要条件之一。但受多种因素制约,现行业务流程的变动性和过渡性较强,这就加大了各类应用系统设计、开发和运行的复杂性。因此,应努力引进新的设计和开发方法、技术,优化技术组织活动,使之对不同层面、不同内容的业务需求的反应更为灵活、快速,同时,要高度重视业务流程及其规则的明晰化和合理化,使两者取得较好的匹配,实现动态的良性互动。

第二节 以实施新资本管理办法为契机提升核心竞争力

从高资本消耗的规模扩张模式向资本节约型的发展模式转变,是商业银行提升核心竞争力的必经途径。《新资本管理办法》(以下简称《资本办法》)对资本进行了严格定义,强化了商业银行资本约束机制,并对作为传统外源性资本补充方式的资本创新工具进行了明确规定,这些都对商业银行优化资本结构、降低资本成本、提升风险管控能力具有重要作用。因此,商业银行可以《资本办法》实施为契机,在其框架下通过各种措施,提升核心竞争力。

一、建设资本节约型发展模式

1. 加快调整业务结构，积极发展"三类"资本节约型业务

《资本办法》强化了商业银行的资本约束机制，推动了商业银行从高资本消耗的规模扩张模式转向资本节约的内涵式发展模式，提升发展质量。银行应该调整业务结构，积极发展低资本占用、高资本使用效率、高资本回报率的三类业务，在解决当前结构失衡问题的同时，构建资本节约型发展模式。

（1）在批发业务中，积极发展新型批发业务。近年来，我国银行业务中的现金管理、企业年金、资产托管、债券承销、对公理财、兼并重组、财务顾问业务等新型批发业务发展迅速。这类新型的批发业务大都属于中间业务，资本消耗低，资本回报率高，已经成为银行利润增长的重要因素。未来大客户对这类新型批发业务的需求依然较强，业务发展空间巨大。商业银行应积极拓展新型批发业务，主动适应客户与市场需求变化，逐步建立竞争优势和核心竞争力，使之成为批发业务发展的新亮点。

（2）积极发展零售业务，形成批发和零售业务并重的经营格局。国际银行业发展经验表明，未来零售业务无疑是银行发展的重点领域和利润增长的重要来源。商业银行应不断提升零售类业务的占比，加大投资理财、个人信贷和保险等金融服务的推广。个人资产业务的资本占用较少，风险相对较低，收益较高，是银行业发展的战略重点之一；个人财富管理业务不仅资本消耗低，而且资本回报率高，也是各家商业银行实现低资本增长的战略业务；个人结算、个人外汇业务等中间业务同样也是低资本消耗的业务。因此，发展零售银行业务是推进资本节约型商业银行建设的最有效手段之一。

（3）大力发展中间业务。商业银行需要调整自己的资产结构，减少资本消耗类业务的规模，减少资本占用，调控风险资产规模和风险资产的风险权重，商业银行可依据监管要求中风险权重的差异，积极拓展加权资本中权重较低的业务，大力发展中间业务，减少对于资本的占用。中间业务不占用或少占用资本，因此发展中间业务是实现资本节约的有效途径之一，商业银行应当进一步突出中间业务的战略地位。为此，商业银行需要采取多种措施，加快中间业务的发展，提高中间业务收入的占比，以较少

的资本消耗促进银行资本回报的稳步提升。加大对中间业务开发的投入，加大产品营销、产品开发和考核的力度，大力发展银行卡业务、国际业务、代理业务以及电子银行业务等中间业务，将其作为转变银行发展模式、增加价值创造能力和市场竞争能力的重要手段。此外，拓展中间业务需要将业务模式与实体经济发展紧密结合，不能简单依靠各项服务收费来增加中间业务收入，要深入了解客户的需求，开拓新的服务产品，重点加强具有高技术含量、高附加值的中间业务，比如投资咨询、融资租赁以及衍生金融工具交易等。

（4）优化客户结构，积极发展中小企业客户和高净值私人客户。在传统的经营模式下，商业银行以低风险大企业的批发贷款为主要盈利来源。在利率市场化加速推进、金融市场迅速发展和银行业竞争激烈的背景下，大力发展优质中小型企业客户、对私理财和私人银行客户是银行客户结构调整的主攻方向。商业银行要进一步丰富客户资源，增加高价值客户，努力实现从以优质大客户为主向优质大中小型企业客户和个人客户并重的转变，提高银行资本的客户回报水平。根据国家的产业和信贷政策，坚持"收益覆盖风险"原则，积极拓展中小型企业资产业务，研发适合小型企业经营特点和实际需求的产品，使中小型企业成为利润新增长点。同时，随着国民财富不断增加，新的富裕阶层逐渐形成，高净值私人客户的金融需求日益旺盛，这也为业务发展提供了良好空间。

（5）稳妥推进信贷资产转让。信贷资产的转让是提高资本利用效率的有效手段，商业银行可以在相关资产的风险和回报发生符合监管要求的实质性转移前提下，通过信贷资产的转让、发行信贷资产类理财产品、信贷资产证券化等方法将信贷资产转移到表外，提高资本利用率。这有助于转变商业银行贷款经营模式，提高风险管理能力和推动利率市场化。尤其在我国信贷资产持续高速增长的情况下，通过资产转让创新，降低存量资产的资本消耗，释放出资本以创造新的利润。

（6）综合经营助推业务转型。银行、证券、保险等不同金融机构的监管资本要求不同，资本回报率也存在差异。商业银行可以通过新设、兼并、收购等方法，实现综合经营。尽管目前对综合经营的监管较严，但综合经营是商业银行深化转型的必由之路，国内商业银行应逐步推进综合经营的纵深发展，并通过整合与重组充分发挥协同效应，促使银行集团收入多元化。

2. 推进经济资本精细化管理，建设资本节约型银行

我国商业银行需要进一步改进经济资本管理，实现管理的精细化，推动资本节约型银行的建设。总体来看，节约资本的主要途径有四种：第一，降低资本消耗。资本消耗取决于风险资产规模和风险资产的风险权重，不同风险资产的风险权重不同。因此，可依据风险权重差异，积极发展低资本权重业务，减少资本占用。第二，增加资本回报率。在资本数量相同情况下获得更多利润或者在同等利润下占用更少资本，这也是一种节约资本的方法，可以通过发展如私人银行这类高资本回报率业务，也可以通过管理提升，提高营运效率，降低运营成本，最终提高资本收益率。第三，降低资本的成本和机会成本，可以利用多种渠道和方法，降低资本成本。第四，提高资本使用效率，利用信贷资产的转让，腾挪资产，提高资本的利用效率。具体要从以下几个方面采取相应措施。

（1）利用经济资本战略导向作用，树立全员资本节约的理念。经济资本是银行实现资源配置的有效工具，具有战略导向作用。经济资本管理的核心是经济资本配置，即如何合理、有效地配置有限的资源。按照资本节约的战略转型意图，在不同产品、客户、区域和行业、部门、下属机构之间重新分配经济资本，引导全体员工树立资本约束的意识，促使资本节约的要求贯彻到各个分行和各级经营主体经营活动的全过程。

（2）加强经济资本量化的基础工作，奠定精细化管理基石。首先，加强收集数据工作，建立基础数据库。建立完整、严格、一致的数据收集标准和相应的数据库，并对数据进行整理与分析，确保数据的及时性、准确性和全面性。其次，开发高级风险计量模型。在经济资本的标准法基础上，利用内部历史数据开发高级风险计量工具，这包括客户评级模型、债项评级模型、操作风险评分模型等风险计量工具，以实现具体风险指标的量化；对已开发的风险计量模型应进行返回检验，提高模型预测能力和稳健性；尽快开发零售风险暴露的计量模型；扩大经济资本覆盖风险的范围，使之全面涵盖信用、市场、操作及流动性等风险，推进全面风险管理。

（3）改进经济资本管理，建立有利于资本节约的运行机制。通过改进经济资本管理，使资本节约理念贯彻于业务规划、资本配置和绩效考核等经济资本管理的各环节中，建立起有利于资本节约的运行机制。首先，改进资本预算和经营规划管理。以监管资本增长作为经济资本增长的基础，强化经济资本对风险资产总量的约束,合理做好经营计划和资本预算,抑制规模的盲目扩张,使风险资产、经济资本、监管资本的增长相互协调。其次,完善经济资本分配机制,促进资本节约型业务的发展。在经济资本配置和经营费用分配中,根据资本节约型发展要求,改变不同业务品种、部门、客户、分支机构、区域和行业间经济资本分配的总量、增速和结构,调整经济资本分配系数,为资本节约的三类业务优先分配经济资本和费用资源,使下达的各类业务的规模和利润指标充分反映资本节约型战略转型意图,从而有效引导分支机构的业务增长和结构调整,推进战略转型目标的实现。最后,建立以资本节约为导向、以经济增加值和风险调整资本收益率为核心的绩效考评体系,取代传统的规模和会计利润指标。通过对各地区、部门、个人和产品等经济资本占用的计量和收益的计算,在考虑风险和成本的前提下,衡量各个维度和层面的真实盈利,使绩效考核突出经济资本的对业务发展和结构调整的引导作用,从而能真正推动各层面的业务发展由资源要素投入型向资本节约型的转变。

二、加快推进资本工具创新

随着商业银行资本约束的进一步加大,传统的外源性资本补充手段将难以满足商业银行的资本需求,必须拓宽资本补充渠道。在《资本办法》的框架内,加快推进资本工具创新可以起到缓解股票市场压力、提升银行业的国际竞争力、优化资本结构、降低融资成本等作用。资本工具创新已成为国际银行业资本补充的重要手段。国际银行业资本构成较为丰富,其他一级资本工具主要由优先股和混合一级资本债构成,二级资本工具主要包括次级债、可转债和二级资本债。目前,我国银行业尚未推出其他一级资本工具,二级资本工具也仅包括次级债、可转债等有限的几种,资本补充渠道较为单一,资本工具创新仍有较大空间。资本工具创新是拓宽中国银行业资本补充渠道的重要举措,商业银行应准确把握新型资本工具的合格标准,加强与监管部门的协调配合,完善资本工具创新配套政策,大力支持资本工具创新,具体可以从以下几个方面入手。

1. 制定资本工具创新的配套规范

从外部环境来看,相较于中国银行业过度依赖股市融资的单一性,资本工具创新早已成为国际银行业资本补充的重要渠道。《资本办法》已经明确了资本创新工具的合格标准，但是在具体的执行上还没有形成配套规范，这增加了商业银行操作上的难度。相关管理部门可共同制定配套规范，明确资本工具的发行范围、条款设计及审批程序，引导和鼓励银行业资本工具创新。从内部条件来看，股份制商业银行在资本充足率达标上存在压力，加之《资本办法》已正式实施，此类银行对于二级资本工具的需求较为紧迫。国有大中型银行目前在二级资本上无明显需求，因此新型二级资本工具的试点发行不能一哄而上。国有商业银行的创新重点应放在发行其他一级资本工具上，尽早通过发行其他一级资本工具来补充一级资本，提高资本损失吸收的能力。从技术层面上看，对于其他一级资本工具名称，监管当局尚无具体规定，但要尽量避免出现权益或债务类的关键词，避免给市场造成波动；对于新型资本工具的发行方案，银行应在符合监管合格标准和相应限定条件的范围内，在触发条件、减记方式等方面进行最大限度的创新，为尽快推出新型资本工具开辟空间。

商业银行应组织专门力量，成立资本工具创新研究小组，一是了解全球范围内的资本市场资本工具的最新发展情况，沟通探讨适合银行资本充足率情况和资本结构状况的资本工具创新方案，并结合新的监管要求，对其他一级资本工具和二级资本工具创新进行前期沟通和方案规划。二是积极开展发行新型资本工具的前期准备工作，在监管当局的统筹协调下，积极探索、主动沟通，营造有利于资本工具创新的制度条件和市场舆论环境。

2. 把一级资本工具作为创新的重点

当前银行业资本构成中其他一级资本短缺，应尽快研究推出其他一级资本工具。探索将优先股作为一级资本工具，优先股是国际资本市场的一种重要股份权益形式，国际银行业也越来越多地将其作为一级资本工具。其本身有着与普通股不同的特点：一是优先股通常预先明确股息收益率。由于优先股股息率事先固定，所以优先股的股息一般不会根据公司经营情况而增减，而且一般也不能参与公司的分红。但优先股可以先于普通股获得股息，对公司来说，由于股息固定，它不影响公司的利润分配。二是优先股的权利范围小，优先股股东一般没有选举权和被选举权，对股份公司的重大经营无投票权，但在召开会议讨论与优先股股东利益有关的事项时可以享有投票权。三是优先股的索偿权顺序靠前，即公司在清算时，优先股对于公司剩余财产的索偿权先于普通股，而次于债权人。

3. 积极开拓符合监管规则的新资本工具

开展资本补充工具的创新，其核心便是解决资本工具的合格标准和市场投资者是否接受的矛盾。由于相关合格要求提高了资本的损失吸收能力，换言之便是提高了投资者可能面临的风险。因此，在风险提高的情况下，提供收益与其高风险状况相匹配的资本工具才能够被投资者广泛接受和认可。然而与此同时，银行又面临着成本的压力，如果银行发行高收益的资本工具所付出的成本远远大于其发行普通股成本，可能银行便失去了金融创新的动力。一方面，为保障产品设计能够在公司层面通过，需要在满足合规性监管要求的前提下，进行自身的成本收益分析，并最终实现股东利益最大化。换句话说，既要看到资本创新工具带来的收益和潜在的优势，又要看到可能与老股东利益所产生的矛盾。从目前我国银行业次级债的发债利率水平来看，呈现随着发行人从国有商业银行、股份制银行到城市商业银行利率不断上升的趋势。从目前的市场组合收益率、无风险收益率和市场风险系数来看，目前商业银行的股权融资成本超过10%，因此只要采用适当的转股机制安排，选择或有资本工具仍旧是拥有一定的操作空间的。从国际发行的经验来看，其他一级资本工具的票面利率基本在9%上下浮动，虽然国际市场的普通股发行成本相应较低。在保证自身成本收益的合理性之后，对现有股东利益的保护也是资本工具能够得到董事会认可的关键。由于在触发事件发生的情况下，现有的债券类资本工具可能会转变为股权，转变后可能导致的稀释股权问题也可能对现有股东利益有所触及。另一方面，为保障发行能够顺利被市场接受，需要协调好不同债务人之间的关系，实现其所担风险和所获收益的对等。由于在一定触发机制下，债务人可能实现与股东的角色转换，因此要将债务人的风险放在长期期限中来衡量。

4. 按照先试点后推广的原则循序渐进地推进

资本工具债在发行模式、发行规模等方面都需要进行探索。在推进过程中，可选择经营基础好、风险管控强、盈利能力佳的银行试点发行，然后再将发行范围逐步扩大到整个银行业。首先，对于资本补充工具的选择应综合考虑多方面因素。从自身的资本补充需求出发，综合考虑各种资本补充工具的优缺点，结合当时的市场环境和监管环境做出适当的选择。其次，资本工具的创设应是商业银行长期资本规划中的有机组成，应与商业银行的长期发展战略有机结合。资本创新工具的创设应是结合自身经营和发展的现状、水平和需要而有计划、有步骤地展开的,要从长期的风险管理和盈利性角度出发,实现成本约束的同时有效地控制发行风险,也可以主动将逆周期的风险管理理念贯穿至资本规划中,例如当银行资本较为充足时,发行此类资本工具的成本较低,使之可以在市场环境不好时充分发挥吸收损失的作用。最后,资本工具的创设时机应充分考虑市场环境、监管环境等外界因素。在不同的市场环境下发行资本创新工具可能会有截然不同的效果。投资者也会有截然不同的反应,特别是对于或有资本创新工具。在安全稳健期,投资者认为触发事件发生的概率很低,或认为在较长的一段时间内都不会触发,因此购买热情相对较高,而在市场流动性紧张、悲观情绪较重时,发行这类创新资本工具可能会无人问津。此外,与股权相挂钩的资本工具也与市场估值的高低密不可分。

此外,监管部门要对银行业境外发行资本工具给予一定的审批支持。境外发债需纳入外债总量控制,并按照相关规定进行人民币出入境审核。可将境外发行资本工具债额度统一纳入预算,并在结汇、用汇等方面给予一定的支持。

三、提高风险管理的针对性和有效性

银行作为经营风险的机构,理应将风险管理作为首要任务,由于受自身发展模式以及宏观经济不确定性增加的影响,商业银行风险管理的难度在不断增加。《资本办法》严格了对资本的定义,扩大了资本对风险的覆盖范围,构建了更完善的风险防控体系,增强了银行体系应对外部冲击的能力,有助于提升商业银行风险管控能力。商业银行应该在该办法下进一步完善风险治理,全面提升风险管理能力。

1. 必须明确制定商业银行的风险管理目标和政策

明确的目标是银行风险管理的前提,清晰的政策是银行风险管理的基础。银行的目标体系主要包括战略目标、经营目标、报告目标和监管目标四大目标体系。成熟的商业银行根据战略目标设计各项业务的经营目标,制定明确的报告目标,提出监管目标,以保证经营目标的实现、报告的准确性和监管目标的有效性。在风险管理目标的基础上,管理层负责制定清晰、统一的风险管理政策,包括信用风险管理、市场风险管理、流动性风险管理等,切实防范银行可能产生的各种风险。

（1）要审慎经营行为，严控信用风险。当前，我国正处于转变经济发展方式、调整产业结构的关键时期，通货膨胀以及房地产资产泡沫的清理等宏观经济层面的因素对于商业银行信贷资产管理有着深刻的影响，尤其是对于地方融资平台以及大型基础设施贷款的清理，使得商业银行的不良贷款出现反弹，客户违约率上升。在这样的背景下，商业银行必须严格控制信用风险，优化信贷结构，扩展信贷主体，降低信贷资产的集中度，并做好全程的监控管理。同时，还要按照2011年7月银监会出台的《商业银行贷款损失准备管理办法》，加强自身的审慎管理，提升贷款损失准备的动态性和前瞻性，规范管理流程，提高风险防范能力。除此之外，还要加强对不良贷款的监控，提高不良贷款损失预测和评估的准确性，大型银行要不断完善内部评级体系建设，加大系统开发力度，完善信息系统建设，尽快建立起能够准确测算客户违约率、违约损失率、预期损失率等风险参数的评级体系。中小银行则要进一步完善信用风险管理架构和规章制度，提高在各个环节上的识别信用风险能力。商业银行还要动态性地分析宏观经济周期、经济政策、产业政策等外部因素对于自身信贷资产的影响，并结合自身贷款的规模和结构，在满足最低监管要求的前提下，动态性地调整自己的贷款损失准备，前瞻性地加强对信用风险的预防。

（2）提高管理水平，重视市场风险。整体而言，由于信贷资产在我国银行业资产中占有较大比重，长期以来，商业银行主要关注信用风险管理，对于市场风险重视不够。但是，随着人民币利率市场化以及汇率改革的逐步推进，我国商业银行将来会面临利率和汇率的不断波动，相关风险水平将持续上升。随着人民币的升值，客户存放于商业银行的外币增长放缓，而且金融危机后商业银行减持了大量外汇资产，商业银行外汇敞口总体呈现下降趋势，但随着利率市场化的不断推进，商业银行所面临的利率风险将愈加突出。商业银行必须高度重视市场风险管理，完善管理流程及体系，准确划分银行账户和交易账户，加强部门内部间的协调，加快配套系统的建立。大中型银行要逐步强化市场风险管理中的数量分析，做好久期分析、压力测试和情景分析等，完善内部模型法在市场风险资本计提中的应用，小银行由于自身实力受限，可以先运用限额管理和敞口分析等做好相关头寸管理。商业银行还要不断完善市场风险管理架构，增强管理的实效性。

（3）采取多种措施，防范流动性风险。流动性风险管理是商业银行风险管理的重要组成部分，我国商业银行流动性风险形成原因非常复杂，而

金融危机、影子银行与中国银行业发展研究

且潜在的问题较多,同时随着商业银行市场化程度的深化,流动性管理的压力和难度都有所增加,商业银行需要从以下几个方面加强自身流动性管理:第一,商业银行自身首先要重视流动性风险的管理,从上到下建立起完善的流动性风险管理机制,建立独立审慎的流动性风险偏好,减少对于宏观经济走势的依赖。公司决策层面除了对总资产、总负债、信贷额度等总量指标关注外,还要更加注重结构性指标,对资产和负债的机构进行精细化分析,减小期限错配。此外,商业银行管理层还要注重压力测试下的流动性风险暴露,前瞻性地了解银行面临的流动性风险,及时调整和完善流动性状况。第二,商业银行应按照银监会发布的《商业银行流动性风险管理办法》建立起压力情景下一定时间跨度的流动性风险管理指标体系,动态监控流动性指标,计算涵盖表内外所有科目的现金流及缺口,寻找流动性风险的来源,有针对性地消除风险。此外,银行还应根据自身的业务规模、结构以及资产负债状况,建立应对流动性风险的应急预案,以防止流动性危机的扩展和恶化。第三,银行作为经营风险的企业,主要就是管理自身的资产和负债,银行通过利用存款、金融债券等负债方式将分散的资金集中起来,再通过信贷、金融投资等资产方式获取利益。银行在这个过程中既要承担存款者提取存款的风险,还面临资金使用者不能如期还本付息的风险,资金的一进一出就有可能会在时间上造成资金的缺口,形成期限错配。因此,商业银行要防止大量使用自己的短期资金来满足中长期的信贷需求,要调整自己的信贷资产结构,增加贸易融资、票据贴现等短期贷款的比重,提高小微企业和个人贷款对象的放贷规模,不断优化自身的贷款结构,寻求流动性与银行盈利之间的平衡点。

2. 构建垂直管理的全面风险管理组织架构,建立全面风险管理信息系统

要推行全面风险管理,减少地方政府和分行管理层等其他利益相关者对风险管理的不正当干预,就必须要改变我国商业银行长期以来以地区分行为主体的行政管理模式,建立总行主导的、垂直管理的风险管理组织架构模式。构建垂直管理的全面风险管理组织架构,首先,要组织实施风险管理部门垂直管理,实行由首席风险官统一领导的垂直化、系统化管理的模式。要实行总行风险管理委员会→首席风险官→风险管理部→分行风险管理部→基层行风险管理人员的垂直管理线路,提高风险管理组织的有效性和信息传递的有效性,保证银行对风险的及时反应。同时,为实现风险

管理的独立性，上级风险管理部门对下级风险管理部门负责人的任职资格、任职期限及任职绩效进行直接管理和考核。其次，要将风险管理逐步向总行集中，提高银行风险防范的规范性、系统性，提高对银行整体风险管理能力的把握。为此，要构建以风险管理委员会为核心，设置专门的信用风险、市场风险以及操作风险的管理机构，将风险管理职能集中于风险管理部门。总行风险管理部门通过综合归纳各区域、各领域的风险点，进行全面风险整合和对冲，实现对整个银行的积极风险配置。最后，要加强对所有业务流程和关键风险点的有效监控。要不断分析银行业务，确保业务流程中的任一环节均处于有效控制之下，所有关键风险点都要体现双人监控原则，并对重大风险事项及时预警和报告。

信息和沟通是商业银行推行全面风险管理的润滑剂。没有足够的信息来源和充分的沟通，风险管理将无从谈起。建立全面风险管理信息系统，是商业银行全面风险管理的必然要求。商业银行要借鉴国际商业银行风险管理信息系统的成熟经验，结合自身的组织结构和市场环境，利用客户资源和历史数据，构建风险管理信息系统。风险管理信息系统能够涵盖银行所有的业务活动，具有准确性和一致性，并全面包含风险监测、风险分析和风险应对等风险管理环节，实现风险管理信息的收集、整理、分析、评价、预警以及建议方案等生成自动化、传输网络化，以确保风险管理信息的时效性和准确性。通过建立全面风险管理信息系统，可以建立起依赖于统一数据库的信息处理系统，及改善信息不对称状况，提高银行对风险的整体把握能力。一方面，它可以改善银行的信息交流和沟通，保证风险信息的上传下达，大幅度提高信息交流和沟通的及时性，防止因信息不畅导致业务风险的产生。另一方面，利用风险管理信息系统提供的全方位信息，可以为银行各级风险管理人员做出高质量的风险管理决策提供有力的支持，并促进银行对业务的事中防范能力，改善银行的风险管理能力。

3. 建立良好的风险控制激励机制和考核机制，培养高素质的风险经理队伍

建立良好的风险控制激励机制和考核机制是商业银行建立全面风险管理的重要方面，只有鼓励良好的风险控制行为，对风险控制不严出现责任问题的要予以惩罚，这样才能在商业银行内部建立良好的风险管理氛围和执行基础。首先，要在考核制度方面引导各级经济增加值为考核中心的经营评价体系，要计算各项业务的经济资本，对不同种类的业务根据风险大

小确定不同的经济资本系数，鼓励经营部门在业务拓展时将经济资本应用在经济增加值最多的业务种类上。这样，既提高了银行的盈利能力，又降低了银行风险。其次，要建立对责任人的激励约束机制。要在责任人的任职期间或所经办贷款的生命周期内对新增业务的预期损失进行提前计提，建立风险准备金，并逐步过渡到以风险调整后资本收益率为奖惩依据的考核方式。要切实强化风险责任的追究机制，加大对责任人员的查处力度，特别是加大对由于失职造成风险损失的各级领导人员的责任追究力度，坚决遏制有令不行、有禁不止的违法违规行为。最后，要实行个人负责制基础之上的集体决策制。以前在我国银行业当中，都是"一把手"说了算，这使得"一把手"蕴涵了非常强的道德风险，一个分支机构乃至一家银行的兴盛或者衰败，都维系在一个人的道德和智慧之上。目前，有些金融机构又走到了另一个极端，那就是关系本机构命运的大事，都要通过无记名的集体投票来决定，因为这样事后难以追溯当初参与投票个人的成败得失，因此这种名义上的集体负责制，实际上是无人负责制。全面风险管理框架本身，必须能够甄别和奖励那些善于应对风险获得收益的高管和员工，惩罚那些过度冒险或者厌恶风险的人，只有这样风险控制激励机制和考核机制才能起到作用。

我国商业银行初步建立了风险经理制度，但与实施全面风险管理的要求还有一定的距离。从成熟银行的风险管理经验来看，对风险经理工作能力的要求是很高的。风险经理不但要有敏锐的风险感知能力，具备定性、定量的风险分析能力，还要制定风险应对措施并组织其落实。可以说，高素质的风险经理队伍是全面风险管理的关键因素。要培养高素质的风险经理队伍，先要建立相应的准入制度，选择具有良好业务技能的员工进入风险经理队伍。要加强培训，使风险经理能集中地学习国内外先进的风险管理知识，对银行风险管理的现状和发展方向有清晰的了解。同时，在工作上除有意识地培养风险经理的专业技能外，还要研究建立风险经理的能力培训和业绩考核制度，不断提高风险经理的工作能力和业务水平。

第六章 中国银行业健康发展及监管路径优化

第三节 "六个转向"加强全面风险管理

不同的专家学者和金融界实践者对商业银行全面风险管理的表述不尽相同,其中《巴塞尔新资本协议》对商业银行全面风险管理理论与实践发展具有重要的历史价值。2004年6月,巴塞尔委员会发布了《巴塞尔新资本协议》,从监管角度规范了银行风险的量化和管理。在整个协议中,商业银行全面风险管理得到了更专业、更有针对性的探讨,为银行业提供了一个较为清晰的全面风险管理体系构建理念和模式,即对整个银行内各个业务层次、各种类型风险进行通盘考虑,采用科学可行的方法对风险进行量化和加总,按照"资本—风险—资产业务"的逻辑思路来约束银行的业务开展,达到有效风险管理的目的;同时充分利用监管部门和市场纪律的力量,辅助银行自身资本约束,形成一个全方位的风险管理体系。

中国银行业实行全面风险管理就是要将所有人员、所有机构、所有业务、所有流程的风险纳入到统一体系进行统筹控制和精细管理。一是实行全面管理。不仅要重视信用风险、市场风险、操作风险、流动风险等传统风险,还要重视结算风险、法律风险、声誉风险等更全面的风险因素。二是实行集中管理。设立风险管理委员会和具体的业务风险管理部门,分别负责制定宏观风险政策和进行具体的风险管理。三是实行垂直管理。高管层应将风险管理作为日常管理事项,并在风险管理中发布前后一致的指令和原则,使之得到有效贯彻和执行。四是实行独立管理。风险内控的检查、评价部门要独立于风险内控的建立和执行部门,并有直接向高级管理层报告的渠道。建立由风险管理委员会直接领导的、以独立风险管理部门为中心、与各个业务部门紧密联系的、职能上独立的风险管理系统。五是实行程序管理。要充分发挥事前授权审批、事中执行和事后审计监督三道程序的"防火墙"作用,加强在复杂环境中及时、有效、系统管理风险的能力。

风险管理与业务发展相辅相成,风险管理的过程同样也是创造价值的过程。要讲求有质量地发展、有效益的风险管理,两者已成为商业银行经营管理最核心、最重要的内容。从14世纪佛罗伦萨银行倒闭,到20世纪

80年代的拉美金融危机和90年代后期的东南亚金融危机,以及2008年以来尚未平息的美国次贷危机引致的国际金融危机和全球经济衰退,都直接或间接地与风险管理失败有关。混业经营已经成为商业银行发展的必然趋势,中国银行业除了经营存、贷款业务与结算业务以外,还有咨询、信托、保险、债券、基金等金融业务,这就要求中国银行业必须重新审视自身所面临的风险,更加注重风险防控。虽然很多中国银行业机构已经成功上市,但中国银行业高风险运行的环境没有根本改变,风险管理任重而道远,提高全行员工全面风险管理意识迫在眉睫。尽快健全风险管理体系,在全行推行全面风险管理,是中国银行业保持健康、可持续发展的根本基石。

银行是经营货币的机构,其特殊性是存在严重的信息不对称,一个金融机构倒闭将会发生连锁反应,最终可能导致系统性风险,这就决定了外部监管介入的必然性和必要性。随着金融衍生产品日益丰富,产品结构日趋复杂,业务日渐多样化,金融监管的重点由"基于规则"逐渐转向"基于风险"。从2004年2月开始,银监会先后颁布了《商业银行资本充足率管理办法》、《商业银行市场风险管理指引》、《商业银行风险监管核心指标(试行)》等一系列的监管政策和监管法规,以及2009年下半年以来,银监会陆续出台了《固定资产贷款管理暂行办法》、《流动资金贷款管理暂行办法》、《个人贷款管理暂行办法》、《项目融资业务指引》的"三个办法一个指引",其核心就是加强对商业银行风险的识别、评价和预警,有效防范金融风险。银行监管发展的趋势表明,银行风险始终是监管当局高度关注的焦点,迫切需要建立全面风险管理体系,完善全面风险管理机制和流程,增强商业银行的全面风险管理能力。为了达到《巴塞尔资本协议Ⅲ》和银监会的监管要求,同时由于资本的稀缺性,更加促使了银行机构提高其风险管理的精确性和有效性。显然,来自金融监管方面的压力也促使商业银行必须加强风险管理。

股改上市后,《巴塞尔资本协议Ⅲ》和银监会对中国银行业的约束力增强,中国银行业面临更高的要求、更严的监管和更广泛的舆论监督。在业务发展过程中,要坚持把风险防范放在第一位,关注业务过程的风险点,科学衡量业务的风险度,积极寻找化解风险的方法,努力实现由传统风险管理向现代全面风险管理转变,在有效防范和控制风险的同时创造效益、加快发展。

一、风险管理目标：从管住风险转向"为股东创造价值"

风险管理的核心目标是实现银行价值最大化，以确保股东权益的长期提高。风险管理能力已经成为现代商业银行的核心竞争力。传统的风险管理聚焦于控制风险，往往是亡羊补牢，收效甚微，现代风险管理已经把管理风险视为银行获得盈利的方式之一。由于融入了前瞻性和主动性理念，风险的分析也从描述性分析向预测性分析转变。风险管理的目标不是控制风险，而是有效地识别、计量并进行分类之后，采用转移、缓释、承担等策略，获得风险调整后的最大化利益。

衡量中国银行业价值创造能力的核心指标是经济增加值（EVA），它取决于银行自身的综合经营能力和全面风险管理能力。中国银行业要实现收益最大化的目标，风险控制就不仅是风险管理部门的事，也不仅是通过控制不良资产来减少损失，而是要以经营效益、风险管理为核心，体现战略转型、资本约束、股东回报、结构优化等方面的政策导向和管理要求，通过建立全面风险管理体系，确保在有效控制风险的前提下，让客户、产品和服务等各种渠道源源不断地创造出更多的 EVA，为股东持续创造丰厚的价值回报。

二、风险管理内涵：从资本粗放型管理转向精细化管理

银行资本管理与风险管理休戚相关，要实现合理的经济资本配置必须建立有效的激励约束机制和精细的全面风险管理体系。目前，各级银行更多的是追求不计投入的效益，没有很好地吃透"边际报酬递减"规律，普遍存在重份额轻效益、重发展轻风险的现象，同业间恶性竞争比比皆是，浪费了大量的稀缺性资本。对此，商业银行要密切关注行业、客户、产品等各类风险敞口，避免凭经验管理、拍脑袋决策、随意性执行，实施精细化管理，科学配置资源，增强持续创新能力，提升产品、流程、服务与市场对接的灵敏度、适应性和契合度；要进一步将既定的经营目标细化分解到各级银行各业务条线，鼓励中国银行业所有部门和全体员工用尽可能少

的资本创造收益,在风险和收益的动态平衡中实现资本保值增值,实现风险管理和规模扩张的良性循环。

三、风险管理范畴:从单一风险管理转向全面风险管理

COSO 委员会于 2004 年提出的《企业全面风险管理框架》(ERM)将企业风险管理定义如下:企业风险管理是一个过程,受企业董事会、管理层和其他员工的影响,包括内部控制及其在战略和整个公司的应用,旨在为实现经营的效率和效果、财务报告的可靠性以及法规的遵循提供合理保证。① ERM 的核心观点是梳理整个机构内各层次业务单位、各类风险进行通盘管理。银行业全面风险管理体系的目标不是针对某一种风险,而是将信用风险、市场风险、操作风险以及流动性风险等全部综合在一起,并考虑各种风险的相关性,采用一定的组合方法进行统一管理。② 该框架认为全面风险管理包括三个维度:企业目标、全面风险管理要素和企业的各个层级,具体如图 6-1 所示。

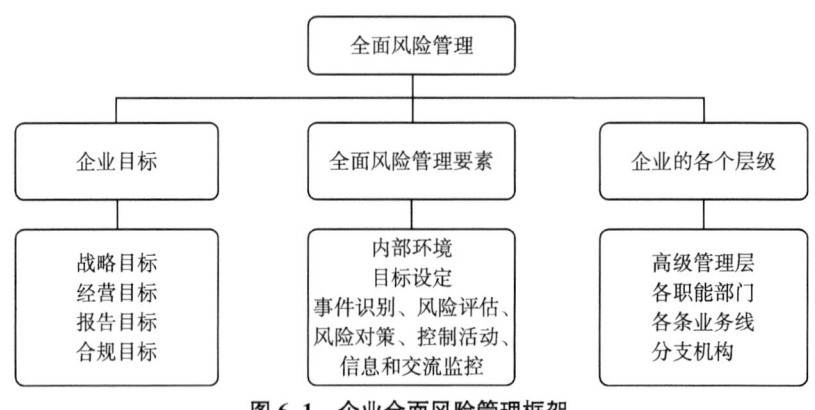

图 6-1 企业全面风险管理框架

过去 30 年间,银行管理领域发生的最为显著的变化是银行的管理重点已逐渐从传统的资产负债管理过渡到以风险计量和风险优化为核心的全

---

① [美]托马斯·巴顿:《企业风险管理》,王剑锋、冠国龙译,中国人民大学出版社 2004 年版。
② 李志辉:《中国银行业风险控制和资本充足性管制研究》,中国金融出版社 2007 年版。

面风险管理。资本管理和价值管理、资本和风险资产的匹配成为商业银行风险管理的核心问题。1988年通过的《巴塞尔协议》仅对信用风险提出资本要求，1996年的资本协议修正案将市场风险纳入了考虑范畴，2004年的《巴塞尔新资本协议》又将范围进一步扩大到操作风险，由此开启了全面风险管理模式。

因此，商业银行要按照现代公司治理结构的要求，进一步增强风险管理的全面性和动态性，确保风险管理能够识别各类风险，并覆盖所有风险。具体包括以下几点：

1. 完善公司治理结构

商业银行公司治理是商业银行内部组织结构和权力分配体系的具体表现形式，也是实施风险管理、加强内部控制和防范操作风险的关键。因此，有必要建立合理的组织机构和科学的制度安排。首先，明晰产权，促进产权结构多元化，规范银行委托—代理机制；其次，科学划分董事会、监事会、风险管理委员会、审计委员会，各部门、各机构、各业务线之间的关系，并建立有效的激励制度，减少委托—代理成本；最后，建立分工明确、责任合理的风险管理机构，明确各层级在风险管理中的责任和分工，建立清晰、独立的报告路线，使银行的风险管理战略目标、风险事件等信息能迅速、有效地传递。

2. 规范风险管理流程

商业银行经营的每一项业务、每一个环节都面临着风险，任何忽视风险管理的思想和行为都可能导致局部或全面的经营失败。因此，规范管理流程尤为关键。具体有以下几个方面的内容：

（1）风险监测。风险监测是风险管理流程的起点。风险监测主要做好两个方面的工作：一是对各种风险因素进行适时的监测，同时对各种风险因素的发展变化情况及时做出评判，并上报相关部门及时采取有效措施，最大限度地避免因制度或人为原因而忽视潜在的风险；二是对商业银行所面临的各种风险要进行定量和定性的研究分析，并随时关注风险管理措施的实施效果，对风险变化进行有效的控制。

（2）风险识别。及时、准确地识别风险是风险管理的最基本要求。因此，必须通过科学的方法，根据所处环境，运用各种工具，定性判别银行特定活动所承担的风险，把握其诱发因素、发生后果以及外界环境变化对银行形成的不确定性风险。

（3）风险计量。为更准确地管理风险，在识别风险后要对每种风险的效应和在险程度进行量化，并将结果与银行风险容忍度进行比较。

（4）风险控制。也就是对经过识别和计量的风险采取各种措施进行风险管理，包括风险分散、风险转移、风险的规避以及风险补偿。

（5）后续改进。对风险管理制度的健全程度、执行情况、各环节的衔接相关性、流程的合理性等方面发现的缺陷应进行及时改进。另外，对监管机构的相关提示要予以密切关注，以保证全面风险管理体系的动态完善。风险管理流程如图6-2所示。

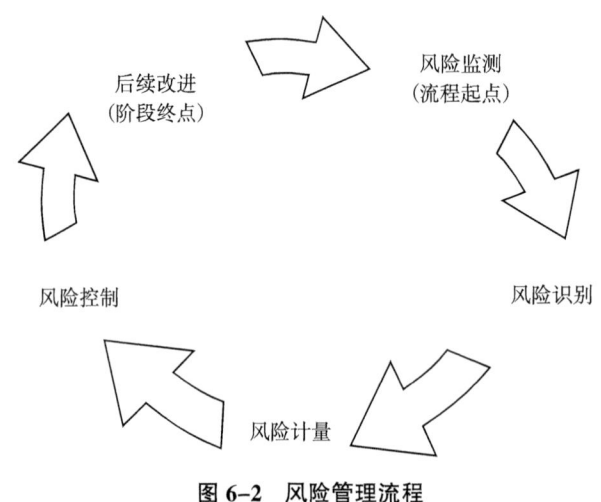

图6-2 风险管理流程

3. 完善风险管理信息系统

风险信息管理系统正是连接各业务单元和关联市场的一条纽带，商业银行只有通过先进的风险管理信息系统，才能随时更新风险并及时做出分析和判断。广泛地采集所需的大量风险信息，并进行充分加工、分析，以辅助风险管理决策。信息管理系统包含以下环节：

（1）数据收集。风险管理信息系统所需的数据量较大，这就决定了系统本身必须具备强大的数据搜集能力和先进的数据处理技术。

（2）数据处理。现代化商业银行利用大型的集中计算以及处理中心来分析、处理海量数据，包括历史统计数据、市场数据和交易数据等。

（3）信息传递。有效的风险管理需要在正确的时间将正确的信息传递给正确的人。

（4）信息反馈。在信息的传递部门和业务部门之间形成一个良性互动，及时反馈信息，做好风险管理工作。

（5）信息的安全性不容忽略，风险管理信息系统作为商业银行的核心"无形资产"，必须设置严格的质量和安全保障标准，确保系统能够长期、稳定地运行。

四、风险管理技术：从简单度量转向运用规范实证分析

风险类型的多样性、风险产生机理的复杂性决定了商业银行必须不断丰富、创新、完善风险管理技术。中国银行业要按照上市公司股东对资本配置的要求，科学管理银行的风险组合。具体包括以下几个方面：

1. 建立基于内部评级结果的贷款定价方法

对非零售业务，根据客户评级、业务品种、风险缓释条件等因素确定贷款定价浮动幅度；对零售业务，根据账户信用评分、业务品种的风险等因素确定。随着贷款利率市场化程度的提高，按照《巴塞尔新资本协议》和《市场风险资本计量内部模型法监管指引》要求，加快市场风险内部模型法的开发，定期测算不同产品条线所占用市场风险经济资本，实施基于RAROC的绩效评价方法，强化新工具和新方法的预测性风险分析，提高风险管理的前瞻性和可预见性。扩大现代定量风险分析工具的运用，让违约概率（PD）、违约损失率（LGD）、违约风险暴露（EAD）等风险参数成为风险定价、资本计算的重要工具，使得风险管理决策更加科学有效。

2. 加强数据库的建立与维护

《巴塞尔新资本协议》中关于信用风险重要的计量方法是内部评级法（IRB），但其对数据的要求较高，PD、LGD和EAD等指标的估算都需要一个强大的数据库作支撑，而目前国内银行数据库存在着许多问题，包括客户信息不完整、时间跨度不足等。因此，有必要建设风险模型管理平台以加强对各类信用风险的计量，实现由单一风险管理到全面风险管理。同时，建立统一的数据仓库以加快风险数据集市的建设和应用，满足风险参数计算、市场定价和组合管理，提高风险计量全面化、自动化、精细化水平。

金融危机、影子银行与中国银行业发展研究

3. 建立多层次的市场风险计量体系

要建立多层次的市场风险计量体系,首先要提升市场风险量化管理能力。自主开发和不断完善VAR引擎,独立验证VAR模型与假设条件,不断积累银行交易数据和金融市场历史数据,定期更新VAR引擎市场数据,同时要充分利用久期、凸度、弹性、基点值等敏感性指标,以便更精确地反映风险水平。其次要建立和完善账户利率风险计量体系。要逐步健全对表内外、境内外、本外币等全部银行账户利率风险的计量和监测,利用重定价缺口分析、情景分析等方法量化管理重定价风险,将重点关注由重定价风险逐步过渡到对重定价风险、收益率曲线风险、期权风险和基点风险的全面关注。最后要建立和完善账户汇率风险计量体系。充分考虑各币种汇率变动的相关程度,引入敏感度分析的方法,合理计量汇率波动导致的损益。定期开展事后检验,通过比较当前汇率风险计量结果与既定风险限额,比较风险估计值与实际结果,并在此基础上对风险计量模型加以改进。

4. 定期进行压力测试

所谓压力测试(Stress Testing)是指将整个金融机构或资产组合置于某一特定的(主观想象的)极端市场情况下,测试该金融机构或资产组合在这些关键市场变量突变压力下的表现状况,看是否能经受得起这种市场的突变。压力测试是对常规风险评估的必要补充,测试时应注意设定恰当的外部情景,因为只有情景设定合理,压力测试才有意义,常用的情景设定有收益率曲线平行移动、股票指数涨跌、汇率波动、房价涨跌、GDP变动等。

五、风险管理架构:从层级管理模式转向扁平管理体系

合理、科学的风险管理架构是实现有效全面风险管理的长效机制。无数的金融风险案例告诉我们,风险的发生、传导具有很强的突发性、破坏性、灾难性、系统性和长期性。我们要突破现有多层级的风险管理模式,搭建简约而有效、简化而有力的扁平化风险管理体系,推进垂直化的风险管理模式;要建立风险事件、重大突发事件报告的"直通道",缩短层层报告的流程,提高防范、处置风险的效率和能力;要进一步完善适应中国

银行业信贷业务发展和风险管控需要的信贷审批新体制，提高"一次调查、一次审查、一次审批"信贷运作机制的效率和质量，并安排人员充实风险管理和客户经理队伍；要在适当的时机开展风险穿透式管理的试点，可以先考虑选择一些有代表性的支行进行风险直管。

六、风险管理队伍：从少数人参与转向全员性管理团队

人力资源始终是中国银行业最重要、最核心的要素。风险管理离不开高素质专业性的人才，但更重要的是要让全员性风险管理的理念深入人心。主要可以从以下两点着手：

1. 塑造风险管理文化

商业银行的风险无处不在，先进的风险管理文化的目的是将风险理念根植于每位员工的思想中，促使风险管理部门积极地应对风险，保证各项制度措施充分发挥。因此，商业银行要彻底摒弃风险管理只是风险管理部门、内控合规部门和高管层的职责的思想，摒弃风险管理只需要少数专业性人才参与即可的片面观点，注重培养员工的思维方式和心理状态，使之树立全面风险管理理念，并将其应用到实际行动中，要让全行员工面对风险而不轻视风险、重视风险而不惧怕风险，充分利用风险的特征，寻求风险收益平衡点，不断拓展业务，创造更多的价值。同时，还要切实转变重局部风险轻系统风险、重内部风险轻外部风险、重信用风险轻操作风险的错误观念，加强防范法律风险和声誉风险，利用软环境的推动力进一步加强规章制度的落实，进而在潜移默化中融合各种有利条件，形成特点鲜明、利于实践、具有人力资源基础的全面风险管理文化。

2. 培育人力资源

商业银行必须树立以人为本的观念，积极组织培训学习，挖掘、培养、储备一支高素质的风险管理队伍，并设法保持其稳定性，防止人才流失。此外，还要树立人人懂风险、人人讲合规的风险管理意识，树立风险管理从我做起、风险责任到我为止的风险管理文化；要形成全员学习风险理论、研究风险问题、探讨风险对策的良好氛围，合力形成一个高效率的风险管理智力资源网络。

中国银行业实行全面风险管理不在于彻底消除风险，也不在于全面风

险管理体系要搭建得尽善尽美,而在于始终坚持风险管理要服务于业务发展,在于始终坚持风险可控、发展可持续的理念。

第四节 增进海峡两岸金融合作

在国际金融市场动荡加剧,全球经济增长放缓,国际经济环境中不确定、不稳定的因素增多的复杂形势下,增进海峡两岸金融合作具有重要意义和必要性,可以实现两岸优势互补、互利共赢。一方面,台湾地区金融业发展面临岛内市场饱和、竞争激烈化的问题,需要向外发展,同时大陆经济的高速发展为台湾地区提供了广阔的市场和发展空间,台湾地区也逐渐意识到,只有不断加强两岸交流与合作,并在大陆经济发展中扮演独特的角色,才不会在大陆及亚太经济整体发展中被边缘化和萎缩化,才能持续保有发展壮大的机会。另一方面,台湾地区金融业发展起步早,其经营管理、创新和风险管控能力相对领先,大陆银行业通过加强与台湾地区金融业的合作,有利于提升自身市场化水平和管理能力,及提升自身国际竞争力和影响力。

一、两岸金融业合作的必要性

近几年来,在两岸各界的共同努力下,两岸关系发生了重大转折,随着"大三通"①的实现、《两岸金融监理合作谅解备忘录》(MOU)和《海峡两岸经济合作框架协议》(ECFA)的正式签署,两岸之间的贸易往来不断加强,展现出了和平发展、合作共赢的光明前景。2012年全年,大陆与台湾地区贸易额高达1689.6亿美元,同比上升5.6%,占大陆对外贸易额的4.4%。其中,大陆对台湾地区出口额为367.8亿美元,同比上升4.8%;大陆对台湾地区进口额为1321.8亿美元,同比上升5.8%。如表6-1及图6-3所示,为2000~2012年两岸贸易额的统计值和增长趋势。

---

① 指的是通邮、通航、通商。

第六章 中国银行业健康发展及监管路径优化

表 6-1 2000~2012 年两岸贸易额统计

单位：亿美元

年份	总额	大陆对台出口额	大陆对台进口额	贸易差额
2000	305.3	50.4	254.9	-204.5
2001	323.4	50.0	273.4	-223.4
2002	446.7	65.9	380.3	-314.4
2003	583.6	90.0	493.6	-403.6
2004	783.2	135.5	647.8	-512.3
2005	912.3	165.5	746.8	-581.3
2006	1078.4	207.4	871.1	-663.7
2007	1244.8	234.6	1010.2	-775.6
2008	1292.2	258.8	1033.4	-774.6
2009	1062.3	205.1	857.2	-652.1
2010	1453.7	296.8	1156.9	-860.1
2011	1600.3	351.1	1249.2	-898.1
2012	1689.6	367.8	1321.8	-954.0

资料来源：中华人民共和国商务部。

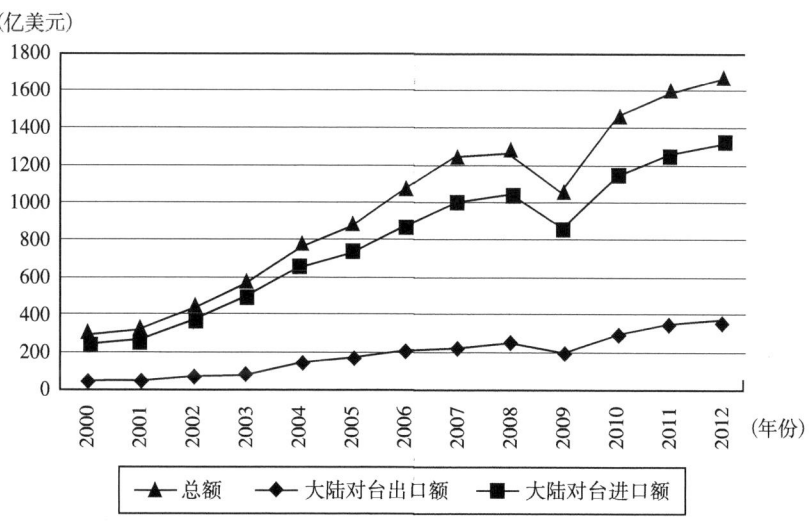

图 6-3 2000~2012 年两岸贸易额的趋势变化

资料来源：中华人民共和国商务部。

两岸贸易方面，从 2000 年开始，除 2009 年出现一次小幅下降外，总体上，两岸贸易额保持快速增长态势，两岸贸易交流日益深化。据商务部披露的数据，两岸贸易活动在 2013 年持续升温，呈现更为快速的发展态势，2013 年 1 月，大陆与台湾地区贸易额为 167.4 亿美元，同比上升 70.0%，占大陆对外贸易额的 4.8%（同比上升 1.2 个百分点）。其中，大陆对台湾地区出口额为 31.6 亿美元，同比上升 52.6%；大陆对台湾地区进口额为 135.8 亿美元，同比上升 74.7%。台商投资大陆方面，十多年来也维持着较高的数额，2010 年、2012 年更是呈现大幅增长。截至 2013 年 1 月底，大陆累计批准台资项目 88161 个，实际利用台资 573.9 亿美元。按实际使用外资统计，台资在大陆累计吸收境外投资额中占 4.5%。如表 6-2 所示为 2000~2012 年台商投资大陆统计。

表 6-2 2000~2012 年台商投资大陆统计

年份	项目数		实际使用台资金额	
	个数	同比%	金额（亿美元）	同比%
2000	3108	24.4	23.0	-11.7
2001	4214	35.6	29.8	29.8
2002	4853	15.2	39.7	33.3
2003	4495	-7.4	33.8	-14.9
2004	4002	-11.0	31.2	-7.7
2005	3904	-2.4	21.6	-31.0
2006	3752	-4.0	21.4	-0.7
2007	3299	-12.1	17.7	-20.4
2008	2360	-28.5	19.0	7.0
2009	2555	8.3	18.8	-1.0
2010	3072	20.2	24.8	31.7
2011	2639	-14.4	21.8	-11.8
2012	2229	-15.5	28.5	30.4

资料来源：中华人民共和国商务部。

两岸之间频繁往来的贸易和投资活动，带动了两岸之间汇款、授信融资、货币结算等业务的巨大需求，为两岸金融合作带来了机遇和空间，也对两岸金融合作特别是银行业合作提出了更高要求。近几年来，两岸之间经贸合作发展迅速，在许多方面取得了重大进展，但由于受到两岸之间复杂的政治关系以及各项金融政策的制约，两岸金融合作长期滞后于两岸经贸关系发展的需要，20 世纪 70 年代末，两岸已经开始贸易往来，但直到 1987 年两岸才正式出现通汇业务。实际上，"大经贸小金融"的不平衡发展格局，已经严重影响两岸经贸关系的长期可持续发展以及台商在大陆的投资布局与竞争力，因此，增强两岸金融合作具有重要的必要性和价值。

与此同时，国际金融危机的爆发，为海峡两岸金融合作尤其是银行业合作提供了一个良好的契机，两岸金融业的合作对于提升双方抗击全球金融危机的能力具有重要的推动作用。首先，加强两岸金融业的合作不仅可以减少金融危机给双方带来的损失，同时也加快了双方与国际金融业接轨的步伐；其次，加强两岸金融合作并以银行业作为突破口，不仅可以解决两岸经贸关系发展中遇到的亟待解决的一些问题，同时也为其他金融领域之间的合作提供经验和借鉴。因此，寻找一种适合两岸发展状况的金融业合作尤其是银行业的合作模式，是下一步发展两岸关系的重点和突破口之一。

二、两岸金融业合作的现状

随着两岸关系的不断缓和和日益密切，在两岸金融合作政策及两岸金融监管合作机制的积极作用和有力保障下，两岸金融合作不断加强，在机构互设、货币兑换清算、股权投资、业务合作等方面取得了显著进展。表 6-3 对 2001~2012 年两岸金融合作演进过程中发生的大事、要事进行了简要的回顾和梳理。

表 6-3　2001~2012 年两岸金融合作大事记

时间	具体事件
2001 年 6 月	台湾地区当局宣布开放台湾地区金融机构赴大陆设立办事处
2003 年 12 月	首家台资企业在大陆 A 股上市
2005 年 1 月	台湾地区有关部门开始推动台湾地区银行通过投资与参股方式到大陆发展
2005 年 10 月	台湾地区当局开放金门、马祖地区金融机构试办新台币与人民币兑换业务
2008 年 6 月 21 日	台湾地区当局公布"调整两岸证券投资方案"，标志着开放两岸资本市场的交流与合作迈出了关键性的一步

续表

时间	具体事件
2008年6月12日	台湾地区"立法院"通过"两岸人民关系条例"中的第38条和第92条修正案,为开放人民币兑换提供了"法源"依据
2008年12月15日	两岸实现了海运直航、空运直航、直接通邮的"大三通"
2009年2月26日	大陆向台湾地区的邮政电子汇款业务开通,海峡两岸正式实现了双向邮政电子汇兑
2009年4月22日	两岸汇款金额全年突破10万亿元新台币大关
2009年4月26日	两岸海协会与海基会签署了《海峡两岸金融合作协议》
2009年7月1日	台湾地区"金管会"宣布,持有台湾地区居留证的大陆人士,1日起可比照台湾地区居民待遇,向岛内银行办理新台币及外币融资
2009年8月10日	中国银联和台湾地区联合信用卡处理中心在台北举行仪式,宣布正式开通银联卡台湾地区受理业务
2009年11月16日	《两岸金融监理合作谅解备忘录》(MOU)正式签署
2009年12月7日	福州市商业银行正式更名为福建海峡银行,更名后的福建海峡银行表示,将进一步加强与台湾地区金融机构的交流合作,积极实现两岸金融业务合作的先行先试
2010年1月16日	《两岸金融监理合作谅解备忘录》(MOU)正式生效
2010年6月29日	《海峡两岸经济合作框架协议》(ECFA)正式签署
2010年9月12日	《海峡两岸经济合作框架协议》(ECFA)正式生效
2011年3月28日	台湾地区银监部门批准大陆4家银行在台设立代表处
2011年4月25日	"两岸银行监理合作平台"在台湾地区举行首次会议,由大陆银监会主席刘明康与台湾地区"金管会主委"陈裕璋共同主持,宣告两岸银行监理合作平台正式启动
2011年7月21日	台湾地区"金融管理委员会"宣布自即日起开放岛内银行业国际金融业务分行(OBU)、海外分行办理人民币业务
2012年1月2日	台湾地区"金管会"宣布开放大陆银行来台参股金控公司或银行,但不能跨业参股,且单一大陆银行持股不得超过被投资银行、金控公司的5%,与其他大陆QDII机构合计不得超过10%
2012年6月27日	中国银行台北分行举行开幕典礼,成为首家在台湾地区的大陆银行分行
2012年8月31日	两岸货管管理机构签署《海峡两岸货币清算合作备忘录》(9月6日,台湾地区"行政院"正式核准《海峡两岸货币清算合作备忘录》,17日,选定台湾地区银行上海分行担任大陆地区新台币清算行。12月11日,中国人民银行决定授权中国银行台北分行担任台湾地区人民币业务清算行)

资料来源:中国台湾网,http://www.chinataiwan.org/index.htm。

在机构互设方面,大陆方面累计批准10家台资银行在大陆设立分行,其中8家已正式开业,华南银行深圳分行已获准开办台资企业人民币业务;累计批准14家证券公司在大陆设立代表处;先后批准设立台资寿险公司 2 家、台资财险公司 1 家，14 家台湾地区保险公司在大陆设立 17 个代表处，两岸合资寿险公司 3 家。台湾地区方面，自 2010 年起，台湾地区"金管会"先后批准中国银行、交通银行、招商银行、中国建设银行 4 家银行到台湾地区设立分支机构，其中，中国银行台北分行已于 2012 年 6 月 27 日开业，交通银行台北分行也已于 2012 年 6 月 13 日获得营业执照。

在货币兑换方面，台湾地区方面，2008 年 6 月 30 日，台湾地区当局在岛内正式开放人民币双向兑换，允许自然人以每次最多 2 万元人民币在部分岛内机构申办业务。2010 年台湾地区"中央银行"会同"金管会"修正《人民币在台湾地区管理及清算办法》，规定自当年 7 月 15 日起，开放符合条件的金融机构与中国银行（香港）签订人民币抛补协议，① 同时大陆央行于同年 7 月 21 日核准台湾地区银行及兆丰国际商业银行为国内人民币现钞业务抛补业务银行。2011 年 7 月 21 日，台湾地区"金管会"与台湾地区"中央银行"共同发布"台湾地区银行办理人民币业务规定"，截至 2012 年 6 月底已陆续核准 47 家本地、外商银行承做人民币业务，其中 43 家已开办该业务。大陆方面，截至 2012 年 6 月末，福建、上海、广东、江苏、湖北、厦门等省、市已实现新台币、人民币双向兑换，其中福建全省均可办理新台币现钞兑换业务，办理银行共有 4 家，分别为中国银行、交通银行、兴业银行、厦门银行；厦门市新台币兑换银行共有 7 家，分别为工商银行、农业银行、中国银行、建设银行、交通银行、兴业银行、厦门银行。

在货币清算方面，2012 年以前，两岸货币管理机构利用香港人民币业务清算平台开办对台湾地区的人民币现钞清算业务。2012 年 8 月 31 日，两岸货币管理机构签署《海峡两岸货币清算合作备忘录》，两岸货币清算取得积极进展，双方同意以备忘录确定的原则和合作架构建立两岸货币清算机制。9 月 6 日，台湾地区"行政院"正式核准《两岸货币清算合作备忘录》，9 月 17 日选定台湾地区银行上海分行担任大陆地区新台币清算行。12 月 11 日，中国人民银行决定授权中国银行台北分行担任台湾地区

---

① 抛补协议是在抛补套利业务（Covered Interest Arbitrage）中所签订的协议，具体指将套利和掉期交易结合起来进行的外汇交易。套利者在把资金从甲地调往乙地以获取较高利息的同时，还在外汇市场上卖出远期的乙国货币以防止风险。签订人民币抛补协议，主要目的是为进一步满足台湾地区民众的需求，确保人民币货源及新钞供应的稳定，降低兑换成本等。

人民币业务清算行。

在股权与业务合作方面，股权合作方面，截至2012年6月末，共有7家台资企业入股福建省6家农村合作金融机构。2008年12月，台湾地区富邦金控间接入股厦门银行，持股19.99%，开创台湾地区金融机构间接入股大陆商业银行的先例。2011年6月29日，建设银行与台湾地区中国人寿保险等联合投资收购成立建信人寿，持股51%，成为两岸银行与保险首例股权合作项目。业务合作方面，截至2012年6月，先后共有30多家两岸银行业机构签约建立战略或业务合作关系。

可以预见，随着未来两岸经贸往来的日益紧密、两岸金融市场合作障碍的逐步解除以及后ECFA时代的到来，两岸金融产业之间的交流、沟通与合作必将更为紧密，两岸金融合作也将步入更为紧凑的实质性发展阶段。

三、加强两岸金融合作的对策建议

尽管近年来两岸金融合作取得了明显进展，但由于两岸政治体制、经济金融形态等方面的差异，目前海峡两岸金融合作仍存在诸多问题，既包括政策性障碍，又有长期以来两岸在货币清算、金融法规、金融监管及金融统计等技术方面的协调不足。显然，在经济全球化和区域经济一体化的时代背景下，两岸金融合作相对滞后的局面难以适应两岸经贸往来不断扩大的需要，无法顺应金融全球化的趋势。笔者认为，加强海峡两岸未来的金融合作，可以从以下几个方面入手。

（1）加快建立健全两岸完整的货币清算机制，逐步开放人民币与新台币的自由兑换。近年来，随着两岸经贸关系的深化，两岸进出口外汇、汇出汇入款等金融业务往来金额迅速提高，对贸易往来流通的货币量需求增大。据台湾地区"金管会"统计资料显示，两岸金融业务往来金额在2002年仅为200.11亿美元，而2010年这一数字已上升至4415亿美元，增长了21倍。目前，人民币在台湾地区尚不能流通和自由兑换，新台币在大陆也不能作为合法的流通手段，两岸间的经贸往来支付与结算手段还是以美元为主，这就要求按照美元汇率折算间接形成人民币与新台币之间的汇率，为两岸贸易往来带来了诸多不便，成为两岸经贸发展的极大阻碍，台湾地区"中央银行"的测算数据显示，两岸货币清算机制建立之后，可以使汇兑成本由 1% 降至 0.25%，有利于促进两岸投资贸易便利化，推动两岸经贸合作加速融合发展。

两岸货币管理机构在 2012 年 8 月签署的《海峡两岸货币清算合作备忘录》，标志着两岸货币合作步入新的发展阶段，两岸货币管理机构将据此建立两岸货币清算机制。两岸货币管理机构要以备忘录的签署为契机，加紧建立健全货币清算机制，进一步完善人民币与新台币的兑换与流通机制。具体可以采取以下四项措施：一是借鉴人民币在港澳地区的清算机制，完善两岸已选定清算行（台湾地区银行上海分行和中国银行台北分行）的清算体系，建立与其他银行业金融机构的清算合作渠道。二是将推动人民币在台湾地区的自由兑换作为人民币国际化的重要内容，推动将两岸的货币流通、兑换纳入两岸金融监管体系，实现两岸货币自由兑换。三是建立大陆中央银行和台湾地区"中央银行"的日常沟通渠道，就货币管理、农村金融等两岸共同关注的金融话题进行协商。四是在大陆增加新台币兑换业务的银行业金融机构和经营网点，参照港元、澳元，公开办理新台币兑换。

（2）加强行业交流，深化两岸银行业合作。MOU 的签署只是两岸金融合作的起点。目前，两岸银行业之间的合作，仍以通汇、融资授信与通货汇兑为主，其范围较为狭窄，未来两岸仍需携手共进，积极推动两岸银行业在机构发展、股权投资、业务等多领域的合作。

通过多种形式多方渠道，加强两岸银行业的交流与合作，将为两岸经贸合作提供更加便利的金融服务与发展动力。具体可以采取以下四项措施：一是加快推进两岸商业银行互设分支机构和投资参股，放宽业务限制。MOU 的签订为两岸金融合作确立了一个规范性的框架，但两岸银行业开放还有很多具体问题亟待解决。目前而言，最急迫的需求是互相设立分支机构，进一步放宽准入与业务限制，扩大开放力度和速度，以增强两岸银行业的互动与资源互助。二是加强两岸银行业务合作，实现优势互补和多元化的业务发展。以中小企业融资见长的台资银行可与信贷资源丰富的大陆银行优势互补，联手发展台湾地区农民创业园、台资中小企业等中小台商客户的融资业务。同时，两岸银行还可以通过在国际银团贷款方面的业务合作，为两岸企业提供融资服务，实现资源集成和业务合作。此外，两岸银行还可以加强在私人银行领域的业务合作，大陆私人银行业务在近年来发展迅速，台湾地区银行业在私人银行业务、财富管理方面有着丰富的经验，可以为大陆银行提供一个很好的借鉴。三是加强两岸间在信息交流和业务研讨方面的合作，进一步拓展两岸商业银行之间的沟通交流平台。努力推进两岸信息交流平台的建设，探索建立两岸征信系统信息往来机制，在互惠互利的前提下加大市场、行业和客户信用及征信资讯等信息共享的力度，规避经营中的信用风险，实现两岸客户的延伸和共享。同时，在充分了解对方的业务发展和管理运作模式的基础上，准确定位双方的合作层次和范围以寻求双方业务合作的最佳结合点。四是尽可能统一两岸经济金融业务标准和金融市场规则，包括金融用语、金融业统计标准、会计标准和支付标准等，扫除两岸银行业合作的障碍。

（3）循序渐进，探索开辟两岸金融合作试验区。ECFA的签署为两岸投资者提供了一个更加安全的投资环境和机遇。然而，鉴于目前两岸关系的现状以及金融业高敏感性和高技术性，在全国范围内实行全面合作推广尚有难度，因此可以考虑建立两岸金融合作试验区，在试验区内试行某些在全国范围内难以全面实施的政策、措施，并根据时代背景和措施的不断推行进行及时调整。建立两岸金融合作试验区，将极大地促进两岸金融业展开更深入有效的金融合作，提升两岸的金融实力与竞争力。

"十二五"规划中明确提出了选择厦门作为两岸区域性金融服务中心的规划，同时，基于福建与台湾地区的"五缘"优势，以国务院支持福建加快海西经济区建设为契机，因此福建应该充分发挥区域优势，在两岸金融合作和金融市场开放中先行先试。可以考虑，在试验区中先行实施相关优惠政策，具体可以采取以下三项措施：一是允许一定资质的台湾地区金融机构不经代表处直接在闽设立营业性分支机构，适当降低台湾地区银行业机构在闽经营人民币业务的准入门槛，给予台资金融机构在营业用房、高管住房以及税收等方面的优惠措施，提升台资金融机构入驻福建的吸引力，吸引台资金融机构落户试验区。二是鼓励试验区内金融机构积极开展金融机制创新和金融产品创新，尤其是可以根据台资企业的特点和需求，为其定制个性化的、适合台资自身情况的金融产品，同时针对台资企业这一特殊的客户群体，在信用评级、贷款授信、贷款担保等方面进行大力制度创新，优化金融服务，持续推动两岸经贸关系发展。三是支持兴业银行等福建法人金融机构在完善自身治理结构的基础上赴台设立分支机构，加强与台湾地区金融机构的业务合作和往来交流。

（4）加强两岸金融监管合作，优化两岸银行合作的外部监管环境。由于金融风险具有传染效应，国家或地区的金融监管又各有局限性，两岸银行业加大互相开放力度的前提和基础之一是加强两岸金融监管合作，以确保对互设的银行业金融机构实施有效监管，共同维护两岸银行业稳健发展。以 MOU 和 ECFA 的签署为契机，加紧推进两岸金融监管合作具有重要意义，将为深化两岸银行业的交流合作提供有力保障。

从金融监管部门的角度看，具体可以采取以下四项措施：一是积极推动 MOU 和 ECFA 内容得以落实，加强监管合作，提高市场监管公信力。对于因两岸政治隔阂而暂时无法开展的监管合作，可先由监管部门授权各自的非政府部门进行协商开展。二是加强两岸金融监管部门之间的沟通联系，互助解读两岸金融监管的异同点、机构准入的相关政策等，协调监管标准，改进监管方式和手段，建立沟通、协调、信息互换、资源共享、联合检查的日常渠道和有效平台。三是加强金融市场规范合作，加大联手打击金融违法犯罪行为，在打击金融业违法犯罪活动、防范企业信用欺诈活动、打击地下钱庄、加强反洗钱等多方面加强沟通与协作，共同维护区域金融秩序和稳定。四是需要两岸金融监管部门共同推动落实两岸金融合作框架，制定统一的企业信用评级体系，以此来共同规范在大陆台资企业的市场行为，避免贷款与投资中风险系数的增大。

在两岸关系逐步正常化的历史背景下，两岸的经贸往来日益频繁，大陆和台湾地区的经济成长和融合程度不断提升，加强两岸金融合作，有利于促进两岸经济在更深层次、更宽领域形成互补互利的格局，推动两岸经济合作向更高层次发展。同时，加强两岸金融合作，有利于为大陆和台湾地区金融业提供新的发展动力和业务市场，有利于提升两岸金融业的国际竞争力和知名度。因此，加强两岸金融合作，既是顺应和推动两岸经贸关系发展的必然选择，也是两岸金融业互惠互利的战略性选择，已成为两岸双方的共同愿望。

第五节　建立网络化金融监管协调机制

机制是使制度能够正常运行并发挥预期功能的配套措施。机制不等同于制度，制度只是机制的外在表现。什么是金融监管协调机制？目前未见理论界或实务界对其下过定义。笔者认为，金融监管协调机制是指由金融监管协作主体组成的，定期或不定期对金融运行情况进行分析、判断、交流信息，对金融风险进行识别、预警，采取联合监管行动，使金融宏观效率和微观效率、动态效率和静态效率得到统一的一种制度安排。

在建立金融监管协调机制方面，中国已经具备了一定的法律基础。如《人民银行法》第九条规定"国务院建立金融监督管理协调机制，具体办法由国务院规定"，《银行业监督管理法》第六条和《人民银行法》第三十五条对银行业监督管理机构和人民银行之间建立信息共享机制做出规定，《人民银行法》第三十四条对人民银行实施对银行业金融机构检查监督方面做出了规定等。

虽然有了法律层面上的安排，但除了银行、证券、保险3家监管机构在2003年签署了《金融监管方面分工合作的备忘录》，建立了监管联席会议机制外，其他更高、更宽层面的金融监管协调机制尚未建立，难以充分发挥金融监管协调与合作的效率。

一、金融监管协调机制的目标定位

在经济金融一体化以及中国加入WTO的背景下，跨市场金融产品、交叉性金融产品以及金融衍生产品层出不穷，混业经营趋势愈演愈烈，不同金融部门为了争抢资源、创造更多的利润，许多经营行为不可避免地被扭曲。在市场机制尚难以正常发挥作用的时候，金融监管协调机制及时跟进，有利于防范金融风险的扩大和蔓延，降低监管当局之间的摩擦成本，维护金融体系的稳定。笔者认为，金融监管协调机制的目标应包括以下六个方面。

1. 防范金融风险（Prevent the Financial Risks）

金融监管协调机制的目标和金融监管的目标一致，首先是防范金融风险。它不但要防范国内金融业产生的风险，还要防范跨国金融风险的相互传导。

2. 促进金融创新（Promote the Financial Innovation）

金融监管协调机制的目标不是一味地强调控制风险，它要在防范跨市场金融风险的基础上鼓励金融创新，提高中国金融业的核心竞争力。

3. 营造对话机制 (Create the Talking Mechanism)

协调机制的一个重要手段就是对话，通过对话使不同监管合作主体达成共识，以便联合采取措施防范风险。

4. 增进跨国交流 (Improve the International Communication)

随着中国金融对外开放以及国际金融监管规则的推广，要求多与国外金融监管当局和国际金融组织交流，以增加了解，共同防范跨国金融风险。

5. 培育良好生态 (Cultivate the Favorable Financial Environment)

通过金融监管协调机制促进金融机构建立健全内控机制，端正经营思想，减少违规行为，逐步建立良好的金融生态环境。①

6. 维护金融体系 (Keep the Safety of Financial System)

金融体系是否健康发展，关系到一国的经济金融安全。因此，不论是哪个层面的协调机构，维护金融体系安全都是其最高目标。

由于本书主要研究银行监管的协调与合作问题。因此，在讨论建立金融监管协调机制时，主要从维护银行体系安全的角度出发。其他类金融体系的安全不作为本书研究的重点。

二、金融监管协调机制的模式选择

1. 组织架构

由于中国幅员辽阔，金融发展不平衡，金融风险差异很大。因此，金融监管协调机制的组织体系要多层次、网络化，以弥补中国分业监管和市场机制发育不健全的缺陷。

（1）成立由国务院领导挂帅的全国金融监管协调委员会。根据《人民银行法》第九条，国务院要建立金融监督管理协调机制。至今，该机制尚未建立。目前，银监会、证监会、保监会各负责一类金融机构的监管，人民银行对金融机构也还保留部分监管职能。在分业监管的格局下，上述机构的行政级别一样，谁也管不了谁，如果没有更高一级的机构牵头建立协

---

① 金融生态环境是金融生存发展的外部环境和基础条件的总和，包括法律、社会信用体系、会计与审计准则、中介服务体系、企业改革的进展及银企关系等内容。改善金融生态环境就是要充分发挥金融配置资源的作用，最大限度地合理利用资源，保持经济和社会的可持续发展。

调机制，那么涉及重大金融风险防范和处置时，容易产生相互推诿，不利于协调机制效率的发挥。建议成立由国务院领导挂帅，银监会、证监会、保监会、中国人民银行、财政部、汇金公司以及发改委等部门组成的全国金融监管协调委员会，负责对涉及全局性的重大监管问题、重大金融风险问题进行协调处理。该委员会下设三个办公室，分别是银行监管协调办公室、证券监管协调办公室和保险监管协调办公室，分别挂靠在银监会、证监会、保监会，它们负责收集涉及银行、证券及保险业监管需要协调的问题，并在全国金融监管协调委员会开会时提交本行业需要协调的事宜，供会议讨论。

（2）完善由银监会、证监会、保监会轮值的金融监管联席会议制度。目前，银监会、证监会及保监会已经建立联席会议制度。但是，联席会议的成员代表性还不够广，应进一步充实联席会议的成员，以进一步发挥金融监管的协调效率。建议联席会议的成员增加中国人民银行、财政部、汇金公司，同时，邀请在京著名的新闻媒体和中介机构代表及审计署参加。中国人民银行具有法定的监管权力；财政部和汇金公司作为金融机构的主要出资人，也要对金融机构进行一定的监督检查，吸收它们作为联席会议成员，使金融监管协调机制更具代表性。新闻媒体和中介机构贴近市场，比较了解公众和投资者对金融机构的评价；审计署每年对金融机构进行大量的检查，对金融机构的风险有一定的了解。吸收这些机构参加，有利于进一步了解金融机构的风险状况，发挥第三方监管的作用。

（3）成立由地方政府领导召集的地方金融监管协调委员会。根据中国的政策规定，地方金融机构出现风险，地方政府要承担一定的损失。然而，地方政府一方面非常重视金融机构的风险状况，另一方面却对金融机构的风险不太了解。因此，建议成立由地方政府领导挂帅，银监局、证监局、保监局、中国人民银行、财政厅等部门组成的地方金融监管协调委员会，同时，邀请本地知名的新闻媒体、中介机构代表及法院参加。法院由于处理很多涉及银行的司法案件，对银行的风险状况和资产处置有一定的了解，邀请法院和新闻媒体、中介机构代表参加，有利于地方金融监管协调委员会进一步了解地方金融机构的风险状况。

（4）成立由银监会有关专家组成的银行监管国际协调小组。随着中国加入WTO以及新资本协议的颁布，银行监管国际化的趋势已成定局。为了避免国际争端，中国要加强银行监管国际协调的力度。对此，建议在银监会内部成立银行监管国际合作协调小组,小组的领导由银监会主席或副主席担任,小组成员由负责国有银行监管的银行监管一部、负责股份制银行监管的银行监管二部、负责外资银行监管的银行监管三部以及国际部的有关专家组成。由于银行监管国际协调的主体比较多,包括国外银行监管当局和国际(区域)银行监管组织。因此,要以重要性原则为依据,逐步扩大银行监管国际合作的广度和深度。如要选择在中国外资银行比较多的母国的银行监管当局和中国商业银行境外分支机构比较多的东道国作为优先开展银行监管国际合作的对象;对制定的规则认同度比较高、对中国银行监管影响比较大的国际(区域)银行监管组织的活动要积极参与,特别要争取参与规则的制定和修改。金融监管协调机制的网络化如图6-4所示。

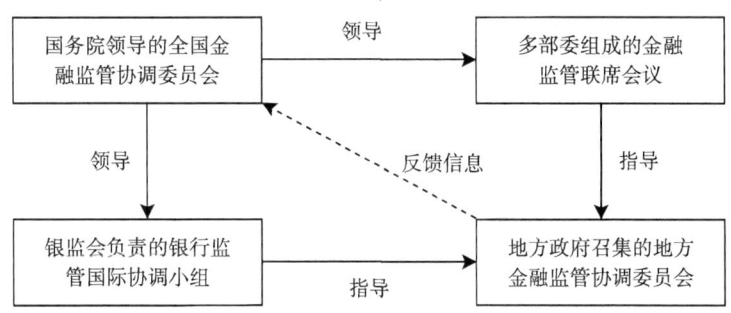

图6-4 网络化金融监管的协调机制

2. 协调方式

金融监管协调的方式很多,比较常见的有定期工作例会制度、信息共享、联合行动、危机管理、签署谅解备忘录、交叉人事制度安排等。

(1)定期工作例会制度。定期工作例会制度是最常见的协调方式,一方或多方把监管中存在的问题提交给会议讨论,使监管各方达成共识,采取统一行动。国务院领导的全国金融监管协调委员会每年召开的工作例会次数可适当减少,其他层面的协调会议至少每季度开一次,以便及时研究监管中需要协调解决的事项。

(2)信息共享。由于信息不对称和不完备会影响决策的效果,三家监管机构、中国人民银行和其他部门应在法律许可的范围内对其他机构进行信息披露。目前,中国部门间信息共享的难度较大,为了提高金融监管效率，银监会斥巨资开发信息管理系统，一定程度上与中国人民银行的信息管理系统重叠，造成了资源浪费。建议借鉴澳大利亚模式，由金融监管局、中央银行和统计局共同开发一个服务于三家机构的统计报告系统，既提高信息共享效率，又降低获取信息的成本。此外，三家监管机构和中国人民银行应建立定期信息发布制度，通过互联网和电视、报纸等新闻媒体向公众公开相关的金融信息，提高信息的透明度。

（3）联合行动。对银行机构进行联合现场检查是联合行动的最主要方式。中国人民银行监管职能分离后，仍然具有部分银行现场检查权；①财政部和汇金公司作为银行出资人，具有财务监管权；当涉及产品跨市场时，证监会和保监会可能具有对银行的延伸检查权。为了降低监管成本，减轻被监管单位的负担，有关部门应在年初相互通报年度银行现场检查工作计划，如果双方拟安排的检查内容重复或相似，应主动协调，调整检查项目。德国在现场检查分工方面具有较好的安排，央行和监管局任何一方都可以参加对方的检查。借鉴德国经验，银监会和其他监管当局在检查项目安排上如有冲突，可以考虑一方取消检查项目、组成联合现场检查组或委托对方进行检查等方式，以节省监管资源、提高监管效率。银监会开展与中国人民银行业务有关的现场检查，应事先告知中国人民银行，并将检查结果和处理决定抄送中国人民银行，以加强双方现场检查的互动性。

（4）危机管理。当银行业金融机构出现流动性困难或其他风险时，银监会、中国人民银行和地方政府要进行紧急磋商，提出救助或风险化解方案，维护银行体系的稳定。

（5）签署谅解备忘录。签署谅解备忘录是国际银行监管合作的最常见方式。目前，已经有40多个国家的银行在中国设有营业性机构或代表处，而中国仅与18个国家签署了谅解备忘录。因此，中国还要继续加强双边及多边合作，以达到监管合作共识。

（6）交叉人事制度安排。通过交叉人事制度安排提高监管协调机制的有效性。国外有很多成功的经验，如英格兰银行负责金融稳定的副行长兼任FSA理事会的理事、FSA主席兼任英格兰银行理事会的理事等。中国三家监管机构和中国人民银行之间也可考虑建立高级管理人员互换交流、定

---

① 人民银行现场检查权包括存款准备金管理、人民币流通、特种贷款、支付清算、反洗钱、银行间同业拆借市场管理、银行间债券市场管理和外汇业务等。

期磋商制度，以保证机构间的有效协调。

3. 协调的主要内容

金融监管协调的主要内容包括对金融控股公司、网络银行、功能性监管以及参与国际银行监管规则的制定和修改等。

（1）试行以主监管当局制度加强对金融控股公司的监管。由于金融控股公司、网络银行、外资银行所带来的金融业务交叉，使监管当局对金融机构特别是对金融控股公司的监管容易出现重复监管或监管真空。为了明确监管责任，提高监管效率，建议试行主监管当局制度，即对有明显主营业务的金融控股公司，可指定对占集团资产、负债、收益或资本金主体的核心机构实施监管的部门为主监管当局；对金融各项业务发展比较均衡的金融集团，考虑到银行风险最容易产生系统性风险的原因，建议暂时指定银监会为主监管当局。主监管当局应牵头召集其他监管机构共同成立监管协调机构，定期分析金融控股公司的风险情况，研究监管合作的政策措施，防止出现分业监管体制下"各自为政"的弊端，共同实施对金融控股公司的监管。

（2）加强对网络银行的协同监管力度。随着网络银行的发展，金融产品分业的界限越来越模糊，为了规避监管、转嫁风险或增加盈利，金融机构将利用网络银行大量开发和吸收金融创新产品，如对其监管不当，将导致金融体系的不稳定。对此，建议由银监会、证监会及保监会成立网络银行研究及监管小组，重点对网络银行市场进入的标准、跨行业网络金融业务的审批及监管，业务风险评估和监测、网络银行业务结算和电子设备使用标准以及网络安全等问题进行研究和规范，合理划分对网络银行的业务监管范围，及时通报各自对网络银行业务的监管情况，加强对网络银行的动态连续监管，防范金融机构利用网络银行交叉传导金融风险。

（3）尝试开展功能性监管。① 建议由三家监管机构抽调有关人员，组成跨产品、跨机构、跨市场的监管小组。该方法能有效解决混业经营条件

---

① 所谓功能性监管，是指监管机构按金融机构的不同业务进行监管，其优点是管理协调性高，管理中的盲点易被发现并处理，风险容易判断。功能监管模式下的协调机制可以从四个方面来描述，即信息共享、事前协商、相互遵守监管规章和建立冲突解决机制。首先，监管机构有义务相互提供信息和尽可能利用对方的既有信息；其次，监管机构在对自己管辖范围内事务实施监管时，如涉及另一监管机构职责范围，应事先进行协商；再次，各监管机构应遵守其他监管机构所属金融领域的法律，以减少潜在的冲突；最后，为解决可能出现的监管冲突，各监管机构之间还应建立冲突解决机制。

下金融创新产品的监管归属问题,避免监管"真空"或多重监管;能改善监管机构注意力仅限于各行业内部金融风险的弊端,加强风险防范的全局性观念。

(4) 参与国际银行监管规则的制定和修改。这是与银行监管国际组织合作的最主要目的。由于中国已经处在金融全球化的环境中,如果无法参与国际银行监管规则的制定和修改,中国的银行机构可能被歧视,或处于竞争劣势地位。

三、金融监管协调机制的法制化及展望

考虑到中国分业监管的格局暂时不会被打破,而混业经营的趋势又来势汹汹,为了有效防范由此带来的各种风险,建立金融监管协调机制势在必行、刻不容缓。建议由国务院出台《金融监管协调条例》,明确金融监管协调机制的法律地位,对三家监管机构、中国人民银行、财政部、汇金公司等机构在协调机制中的权利和义务进行明确,对协调的对象、方式、内容、程序等进行规范,使协调机制有法可依,提高协调的权威性。

随着金融业进一步对外开放,中国金融业与国际金融业将进一步融合,混业经营的压力将越来越大,这就逼迫中国重新审视分业经营政策的有效性。笔者认为,目前中国通过建立协调机制来防范混业经营带来的各种风险只是权宜之策,从中长期分析看,建立统一的金融监管委员会势在必行。当然,银监会、证监会、保监会组建成统一的金融监管委员会后,还需要金融监管协调机制,只是协调的对象和内容会发生变化。

第六节 借鉴国际银行监管经验

格林斯潘 2008 年 10 月在美国国会听证会上承认,"我以为以追求自我利益最大化为目标的组织,尤其是银行之类,最善于保护它们的股东的权利和公司股份,但是我错了"。在银行股东追逐短期利润、高管层追求短期报酬等的驱动下,银行自身的内部控制往往存在忽略风险积累、放弃长期目标等不理性行为,无法实现有效的风险防控。为此,巴塞尔委员会

将外部监管列为《巴塞尔协议》的三大支柱之一,将其视为维护银行业长期稳健发展的要件之一。有效的银行监管有助于弥补银行内部管理存在的缺陷,有利于引导银行长期可持续发展。

尽管我国的金融体系没有直接遭受本轮金融危机的重创,但这绝不意味着我国的金融业和金融监管对金融危机有很强的应对能力,清醒地认识存在的问题并加以纠正才可以为我国银行业持续稳健运行增添有效筹码。应该说,本轮金融危机为我国银行业监管提供了监管反思的历史良机,大刀阔斧的国际金融监管改革为我国银行业监管优化提供了借鉴先进的有利时机,"十二五"规划提出的"构建逆周期的金融宏观审慎管理制度框架、加强金融监管协调"等为我国金融监管改革提供了方向性指导。为此,我们应积极借鉴国际金融监管改革的先进经验,认真反思我国银行业监管存在的不足,紧紧把握落实"十二五"规划的良好契机,进一步改革优化我国银行业监管体系、制度和方法,提升银行监管的有效性。

一、健全逆周期的宏观审慎监管框架

从我国银行业监管实际来看,中国银监会在危机前就已经开始探索宏观审慎监管,比如通过召开季度经济金融形势分析会、发出风险提示书等方式加强对系统性风险的预警和提示;要求具有系统重要性的大型银行,在留存资本缓冲和逆周期资本缓冲的基础上,进一步计提1个百分点的系统重要性附加资本等。但客观上说,中国的宏观审慎监管框架还不够完善,如何进一步强化系统性风险的监管,实施逆周期监管,实现微观审慎监管与宏观审慎监管的有机结合等问题仍值得认真思考。

1. 设置承担系统性风险监管的监管部门

宏观审慎监管水平的提升需要具有宏观层面、系统性视野的监管机构,建议在国家层面设立类似于美国金融服务监督委员会、英国金融稳定委员会和欧盟系统性风险理事会等的金融稳定委员会,负责监测、分析和评估系统性风险,对重大问题及时进行分析、决策并采取措施,推动中央银行、各金融监管机构之间信息共享与合作,加强宏观审慎监管政策与货币政策和财政政策的协调配合。

2. 研发并使用具有逆周期监管特征的政策工具

在跟进国际相关研究动态的基础上,结合我国实际,积极推进宏观审

金融危机、影子银行与中国银行业发展研究

慎政策工具系统的建设工作。一是重点研发用于缓解金融体系顺周期性的逆周期监管工具,主要包括逆周期资本缓冲、动态拨备、杠杆率等,在时机成熟时出台相应的监管指引,对逆周期监管工具的运用进行固化。二是探索研发监测系统性风险传染性工具,提高对系统性风险传染的监控能力。三是进一步提高银行业机构的并表管理能力,进一步提升资本充足率、内部交易、表外项目等方面的并表监管水平。

3. 加大系统重要性机构的监管强度

危机过后的 G20 峰会上,各国金融监管当局一致认为需将监管和监测扩展到对金融体系有重要影响的大型复杂金融机构,即系统重要性机构(G20,2009)。我国应当在有效辨别国内具有系统重要性银行业机构的基础上,提高这些机构的监管标准。对具有系统重要性银行业机构配备充足的监管资源,避免无人监管、无力监管。进一步完善系统重要性银行的监管制度,降低道德风险发生的可能性,提升对系统重要性银行的监管强度和有效性,避免陷入"太大而不能倒闭"(Too Big to Fail)、"太复杂而不能倒闭"(Too Complex to Fail)或"太关联而不能倒闭"(Too Interconnected to Fail)的困境。

二、建立科学的薪酬激励机制

银行业不合理的薪酬激励机制,特别是高管人员和交易员的高额分红鼓励了过多的冒险行为,是造成金融危机的主要原因之一。国际银行业已基本认可并且实施金融稳定论坛(FSF)[①]有关薪酬的原则,要求所有公司采取可持续薪酬计划并强调企业社会责任。因此,针对目前我国银行业薪酬制度存在薪酬结构不合理、监督机制不到位、缺乏透明度等问题,在借鉴欧美国家失败教训和改革先进经验的基础上,结合我国实际国情,督促、引导银行业机构探索完善薪酬制度,建立科学有效的激励和约束机制。

1. 加强对薪酬制度的监管力度

建议银监会进一步加强对银行业机构薪酬制度的监管力度,防范不合

---

① 金融稳定论坛(FSF)为 G7 集团于 1999 年设立。2009 年 G20 峰会决定建立金融稳定委员会(Financial Stability Board, FSB)取代金融稳定论坛(FSF),成员将包括所有的 G20 国家、FSF 成员国和欧盟委员会成员。

理薪酬制度可能产生的风险隐患。一是通过要求银行业机构提高风险考核指标在其薪酬体系中的权重,约束银行业经营者的风险偏好行为。二是加大对银行业机构薪酬体系、薪酬水平等的监督检查力度,重点检查薪酬激励是否是以风险调整后的回报为依据,考核指标的设计是否与长期绩效挂钩等,并针对检查发现的问题提出相应的监管措施加以纠正和威慑。

2. 兼顾长短期激励,优化薪酬结构

为避免银行经营者的短期化行为,要改变当前薪酬激励一味以短期货币收入为主的现状,应充分注重长期激励,建立兼顾短期和长期激励的薪酬制度。一是建立长期股权激励机制。通过实行限制性股份奖励、股票期权奖励等长期股权激励机制,引导银行经营者追求与股东利益相一致的长期目标。二是引入延期奖金机制。对银行经营者的货币收入激励采取部分发放、部分留存在奖金库的方式,规避经营者的道德风险。

3. 提升高管薪酬的信息披露水平

建议出台银行薪酬披露的相关规章制度,要求银行业机构按照制度要求向监管部门详细披露其所有的薪酬方案,包括基本工资、福利、奖金、股权激励等具体内容,尤其是要充分披露高管的薪酬状况,接受投资者的监督。

三、加强国际监管合作

随着经济金融全球化的推进,我国银行业对外开放程度、参与国际化的水平也不断提升,国内外银行业在股权、业务等多方面开展深入合作,这不仅要求我国银行业的监管标准要做好与国际标准的接轨工作,还要求我国的监管部门要加强与国际金融监管组织、国外监管机构的沟通协作。

1. 积极参与国际监管标准的制定以促进我国银行业监管与国际标准相对接

银行监管部门要争取机会派员积极参与国际金融监管准则新一轮的修订工作,及时跟踪国际监管标准的修订情况,充分借鉴国际先进经验,实现我国银行监管标准与国际标准接轨,与时俱进地提升我国银行业的监管要求。当前,要重点推进 Basel Ⅱ、Basel Ⅲ 的实施。

2. 建立并完善国际监管部门间的协调与合作机制

我国银行监管模式的改革和完善,需要和国际监管部门进行持续有效

金融危机、影子银行与中国银行业发展研究

的沟通。一是建立金融监管信息共享机制。建立完善金融监管领域的信息共享平台，及时了解各国金融机构在我国设立分支机构的相关信息，同时具备信息反馈功能。二是建立风险预警联动机制，使得风险及时得到披露，通过联动在第一时间得到协商解决。三是建立有效的对话机制。我国应与各国在金融监管合作方面开展更加频繁的对话，并使其制度化，通过对话加深相互理解，更有效地进行金融监管合作，实现合作互赢。

3. 注重跨境风险的监管合作，加强监管的国际协调

银行监管部门要加强与国外金融监管机构以及国际性金融监管组织的合作，建立相互间的信息交换与共享机制。跨国金融监管当局之间要签署监管合作谅解备忘录或双边监管合作协议，建立正式的监管合作机制，进一步明确信息交流、定期会议、现场检查等监管合作事项。要充分重视并动态跟踪跨国风险的发展趋势，构筑"防火墙"有效隔离境外风险向境内的传导，推动完善跨国银行的应急和救助机制，保障我国银行业稳健运行。

第七节　加强影子银行监管

在国际社会深刻反思影子银行风险的同时，中国银监会也已开始关注我国影子银行风险，并采取措施加强监管，如将影子银行业务列为严查对象，叫停银信合作理财产品，规范信贷资产转让等。但我国影子银行的规范之路依旧漫长，应进一步吸取美欧等国在影子银行问题上的前车之鉴，结合我国影子银行的现状与特征，进一步加强监管、规范发展。

一、健全完善影子银行监管法律法规

完善的法律法规体系为影子银行的监管夯实了基础。影子银行系统中，房地产业传统上由银行系统承担的融资功能逐渐被投资所替代，属于银行的证券化活动。就中国市场而言，主要表现在数量庞大的银信合作之中。为了绕开贷款规模限制，近年来中国一些商业银行进行了大规模的银信合作、信贷资产转让等影子银行业务，留下巨大风险漏洞。近年来我国出台了不少规范影子银行行为的法律法规，但仍存在监管盲区，因此建议

加快立法进程以满足现实监管需要。监管部门应制定整体性的监管政策框架和法律将影子银行纳入监管范围，以确保在总结试点经验的基础上，明确抵押品净额结算机制的合法性，为资产证券化和衍生品市场规范发展创造良好的法制环境，规范资产证券化的进程；对于基金管理公司门槛、资质、募集对象、基金管理模式、投资规范、限售渠道的要求进行细化；促进正规金融对民间金融的引导作用，使民间金融成为正规金融的有益补充，同时严厉打击高利贷行为和地下钱庄，杜绝各类非法集资、洗钱和暴力催债等违法行为，有序发展小额贷款公司、融资性担保机构和典当行等非银行金融机构，注重各级政府在非银行金融机构风险管理中所应承担的责任。另外，要完善影子银行的法律法规体系，就必须对金融衍生品所倚赖的原生资产的标准做出严格规定，让广大投资者对金融衍生品有一个更全面深入的认识。同时，可以对影子银行实行法定特许专营权，并且严格限定其融资来源，避免负债和资产出现期限错配，进而有效防止影子银行因为流动性资产不足而无法及时偿还债务所带来的流动性风险。依据影子银行的相关法律，从体制上充分保障社会投资者的利益，才能从根本上维护投资者对于金融市场的信心。

二、稳健有序推进金融业市场创新

金融创新是金融业乃至金融市场发展改革的动力，对于提高行业竞争力和服务水平、促进产业优化升级及增长方式转变具有重要意义。但应该认识到金融产品和服务的创新只能转移和分散风险，并不能减少风险。随着衍生产品的创新程度越来越高，金融交易的链条越来越长，金融市场也就变得越来越缺乏透明度。在创新的旗号下，投机行为一波接一波地被推向高峰，金融日益与实体经济相脱节，一旦虚拟经济严重脱离实体经济的支撑，就会逐渐演变成投机经济，以致风险积聚程度越来越高。美国正是由于过度创新，同时金融监管机制发展滞后，致使"金融创新"犹如脱缰之马，才引发了波及全球的次贷危机。所以，我国金融业应该在风险可控的前提下循序渐进地推进金融产品的创新。由于表外业务不计入资产负债表内、不形成现实资产负债但能增加银行收益，商业银行具有将表内风险资产转化为表外资产、弱化风险管理的倾向，因此金融监管部门应从国情出发，根据服务于实体经济需要、与市场接受程度相匹配、与投资者承受

金融危机、影子银行与中国银行业发展研究

能力和监管能力相适应的原则,在激活金融机构产品创新动力的同时,加强宏观监管,将金融产品创新活动纳入法制和规范的框架中。有效地规范金融产品创新,可使其推进经济发展的作用取得良好的效果,将负面影响减至最小。总之,金融创新与金融监管之间的关系协调是一个微妙的博弈过程,具体的操作尺度需要金融监管部门科学把握。

三、严格规范影子银行信息披露

阳光透明的信息披露机制建设将成为未来影子银行系统监管的重点。影子银行的产品结构设计非常复杂,这些金融衍生品交易大都在柜台交易市场进行,鲜有公开的、可以披露的信息,而信息不对称难免会给监管带来阻碍。因此,对其进行管理的基本前提自然是获取及时、充分的信息。我国应该吸取美国的教训,加强场外交易监管,确保任何的金融交易和金融机构都在监管范围之内,尤其是交易非标准化的场外交易。同时,要严格限制我国影子银行的杠杆率。具体措施主要包括以下几部分:一是设计信息披露的范围、频率、内容、方式,主要包括影子银行的机构、产品和交易方式;二是设立责权明确的监管主体,负责监督影子银行履行信息披露义务,建立信息披露的激励和惩罚机制;三是保证评级机构的社会公信力,改变发行方付费的业务模式,提高评级过程的透明度。探索新的涵盖影子银行系统的金融市场信息披露机制,从而提高金融产品和金融市场的透明度,让那些曾经躲在暗处的衍生品交易暴露于阳光之下,使标准化的衍生品在监管下的平台上交易。在此过程中交易商的行为受到了监督,投机与操纵市场的行为得到有效抑制,商品价格和资产价格得以趋于理性。这是防范金融衍生品市场风险的重要举措,也是确保影子银行在当前复杂的经济形势下稳健发展的必由之路。

四、强化影子银行运行的动态监测

影子银行不受资本充足率的限制和存款准备金制度的约束,同时也不像存款性商业银行那样受存款保险制度的保护,而且其经营模式是短期负债匹配长期投资,一旦基础产品和负债来源出现危机,就有可能导致影子银行的倒闭。因此,强化对影子银行的预防性监管,并将其纳入存款保险制度的范畴具有极重要的现实意义。这主要包括建立严格的注册登记制度、设立逆周期的资本充足条件、促进资产与负债结构的期限匹配、限制业务活动和贷款集中程度等。为了应对挤兑风险，还应建立与传统商业银行类似的存款保险制度或类似于"最后贷款人"的救助机构，积极引导经审查登记的影子银行办理商业保险，对影子银行的部分业务提供必要保障，使其在非常时期能够免于陷入流动性危机。监管部门应注重动态性，随时关注影子银行的杠杆化水平，把握市场的波动，强化风险的动态监测，建立高效的风险预警机制，并根据定期上报的相关数据资料，采用合理的风险测量方法，确定机构实际承担的风险水平，根据结果督促其采取适当的风险管理手段以优化风险指标。具体而言，可以要求机构向监管当局提供更丰富的信息，包括详细的期限档次以及交易资产和表外头寸在各种情况下的流动性分析；要求机构提供详细的流动性评估报告，供监管者用来发布单个机构的流动性指引；监管当局定期公布分析流动性整体趋势的系统性报告。同时，通过流动性缓冲要求、核心融资比率监管、针对流动性的额外资本要求等工具的使用，降低系统性流动性风险事件发生的概率和严重程度。

另外，为了节约监管成本，有关金融监管部门应当定期评估各类型影子银行机构各自的影响程度和风险水平，根据评估结果确定适度的监管方式和监管强度。对于影响小、风险低的影子银行机构可以采取市场自律、非现场监测等监管方式，对于影响大、风险高的影子银行机构则必须实行严格监管。值得注意的是，监管方式需随评估结果而调整。

五、推进完善影子银行内控管理机制

完善影子银行公司治理，加强金融机构风险内控，是降低影子银行系统内在脆弱性的有效手段，也是规范影子银行的治本之法。一是建立商业银行和影子银行之间的"防火墙"，阻断影子银行向商业银行的风险传导渠道。严格防范商业银行表内资金通过代客理财等渠道流向私募股权基金等影子银行机构；严格限制小额贷款公司向银行融资；银信合作等业务应严格遵守资产真实转让和洁净转让的原则。二是加强对资产证券化业务的风险管理。银行开展资产证券化业务应关注借款人的还款能力和意愿，不能因证券化而放松审查标准。明确禁止过度复杂的证券化和再证券化，严格控制产品杠杆率。三是加强金融机构的操作风险管理,严格禁止金融机构从业人员参与民间金融活动,避免风险从民间金融体系传递至银行。四是督促征信机构建立内部"防火墙"制度,限制评级人员从事信用咨询或顾问业务及其他可能影响评级公正的业务。五是逐渐引入和提高对私募基金和对冲基金经理人资质的要求,通过管理人的准入限制保证基金的管理水平。同时,改革"投机补偿"的薪酬机制,建立对影子银行高管的问责制,防止管理者过度自信所带来的风险偏好和金融腐败。另外,影子银行机构需参照监管部门设定的资本金、流动性及拨备要求,在日常经营过程中时刻调整自身的交易及管理行为,以保证符合风险指标,配合金融监管主体的监管措施,成为金融市场活动中安全的一环。

六、建立统一高效的影子银行监管协作机制

在影子银行的监管中,要加强以下各层次的协作。

1. 机构协作

我国金融业实行由国务院统一领导、"一行三会"分业监管的监管模式。然而,对于游离于监管之外的准金融机构,尚未制定整体性的监管政策框架,导致缺乏相应的履职手段和监管权限,存在权责脱离的现象。由于影子银行的业务多属于混业经营,影子银行体系所创造的金融工具,几乎完全突破了金融系统结构与市场之间的边界,这种格局让已习惯于各司其职的监管体制变得无所适从。随着金融业的快速发展,银行、保险、证券、信托机构业务彼此融合,行业间的界限越来越模糊,对传统的分业监管形式加以调整势在必行。在此过程中需变机构监管为功能监管,在一定程度上按业务性质来确定监管边界,尽快完善功能监管的相关制度,加强"一行三会"相互协作,实施跨产品、跨机构、跨市场的协调,有效解决金融创新产品的监管归属问题,避免监管真空和监管重合。

2. 政策协作

我国目前主要采取的是数量型货币政策工具,如准备金率、信贷管理、央行票据等。传统的数量型政策主要针对的是银行的负债和资产,而影子银行业的发展恰恰是绕开了这些政策手段。然而,无论影子银行的形式如何,作为信用之价格的利率都将对其产生影响。因此,价格型政策(利率和汇率政策)的重要性就不言而喻了。在强调数量型政策与价格型

政策齐头并举的同时，货币政策、财政政策的实施也应与监管政策保持协调。监管工具能够并应为应对资产泡沫或经济金融体系某些领域失衡的货币政策、财政政策行动提供可供选择的工具和辅助，通过监管把握商业周期及其对影子银行的影响，对把握系统性风险和维护金融稳定是不可或缺的。

3. 国际协作

在经济金融全球化背景下，由单一国家来监管影子银行变得十分困难，需要建立起国与国之间的监管协调机制，使得场外交易能够获得整体性监管，防止监管套利的现象出现。促进影子银行系统监管的国际协调与合作，降低系统性风险，可从以下几个方面着手：一是在影子银行系统中引入反周期机制，完善有关交易头寸和证券化的监管规定；二是加强对影子银行离岸经营的监管，建立全球范围内的金融机构信息共享机制，定期汇总并分析市场数据，监测和预防单个机构和系统层面的风险，达成各国通用的标准化税收信息协议；三是强化对影子银行监管的全球合作，建立各国政府都能接受的监管标准，发布具体的监管制度设计指引，注重国际监管政策的一致和行为的协调，健全国际金融风险预警系统，完善救助机制。

第八节 加强对金融消费者权益保护

消费者是金融市场上的重要主体，只有作为商品购买者和服务接受者的消费者受到尊重，权益得到切实保障，才能坚定其对金融业的信心，而这种信心恰恰是金融业可持续发展的必要前提。因此，有必要通过完善相关法律法规、借鉴发达国家的成功经验及加强金融机构保护义务、培养金融消费者自我保护意识等方式，切实加强对消费者权益的保护。

一、完善相关法律制度

过去一段时期，我国金融纠纷处理思想偏重于维持金融市场的稳定，首要考虑维护金融机构的利益。在这种思想的影响下，我国在立法和司法方面都对金融消费者权益保护不足。因此，要加强金融消费者权益保护，首先要转变这种思想。

从立法角度看,应当重视保护金融消费者权益的专门性法律的制定。21 世纪以来,发达国家在制定专门的金融消费保护法方面做出了积极的探索,在保护金融市场的发展和金融消费者合法权益领域取得了十分有效的成果。鉴于在短期内专门单独立法具有一定困难,为了适应金融消费者保护的需要,同时也考虑到我国的具体国情,可以让金融业较为发达的地区先行制定地方法规,在与上位法不冲突的情况下,将金融消费者纳入消费者之列进行法律保护。同时,上位法在金融立法中要细化对金融消费者保护的条款,使相关法律制度更具可操作性。

从司法角度看,应当贯彻对金融消费者倾斜性保护的司法理念,切实维护金融消费者的合法权益。在过去的司法实践中,法院在审理金融消费者被侵权案件时,往往受到传统保护理念的影响,在很大程度上偏重于对金融机构利益的维护。这使得金融消费者在与金融机构博弈中,失去了最后的支持,自身权利得不到有效保障。因此,在我国金融消费者保护事业与国际接轨的进程中,不仅要做到金融消费者保护有法可依,还必须革新司法实践的指导理念,真正把保护金融消费者权益作为司法价值导向。

二、消费者保护工作应符合混业趋势

发达国家在如何保护金融消费者权益、维护金融消费市场信心方面有着许多成功经验,值得我们借鉴。

英国将保护消费者与防止金融风险并列作为金融监管的两个目标,认为需要设立专门的监管机构,行使专业的监管职能,通过对金融机构的经营行为的严格监管,尽量防止和减少消费者所遭受的不公平待遇,从而保护消费者的权益。美国的金融监管在金融危机以后也提升到了空前的高度。2010 年,美国参议院高票通过了金融监管改革法案,该法案第十章就提出在美联储内部设立一个具有监管、检查和执行权力的规制机构——金融消费者保护局,并赋予专门的监管权力,负责对提供信用卡、抵押贷款等金融产品及服务的金融机构实施全面监管。借鉴英美国家的监管经验,同时也为了适应我国金融业混业经营的大趋势下对金融消费者保护的需要,我国应从以下两个方面加强金融监管。

1. 保护金融消费者权益的基本目标应当更加明确

当前,我国金融监管的主要重点在于金融业的安全稳健运行,金融消费者的权益保护工作长期被忽视，在我国的金融监管法律中更是找不到明确的相关规定。因此，我国金融监管有必要提升金融消费者保护在监管体制中的地位，明确保护金融消费者权益的监管目标。为使金融监管能严格地履行，我国金融立法应将"保护消费者权益"列入监管目标中。以法律的形式明确其保护消费者合法权益的监管目标，使金融监管真正有消费者的一席之地。

2. 适应混业趋势，建立健全协调统一的监管机制

从全球来看，金融混业经营趋势明显，金融监管逐步走向协调统一，传统的分业监管困境越来越明显。近期我国"一行三会"内部分别成立消费者权益保护局的举措就是维护金融消费者权益方面的一项重大进展。但我们有必要进一步完善相关机制，加强各分业领域监管政策的协调性，实现金融消费者权益的全面统一保护。金融服务产品涉及诸多金融分业领域，各分业领域对金融消费者权利的设定安排不尽相同。因此，随着混业经营模式的发展，应当逐步创设统一的监管机构和机制，为做好混业经营模式下的金融消费者权益保护工作打下坚实的基础。

三、强化金融机构的保护义务

金融机构对消费者权益保护也有着重要作用。如果作为交易一方的金融机构能正确认真履行其义务，那么金融消费侵权将减少。所以，在金融服务消费者保护问题上，还应强化金融机构的义务以及义务的履行。

1. 强化金融机构的安全保障义务

安全保障义务是金融机构所必须履行的法定义务。目前金融创新层出不穷，特别是计算机技术得到广泛应用之后，更是极大地扩展了金融服务和产品的使用空间。因此，金融机构的安全保障工作也应当随之改进。当前，金融机构对营业场所的安全保障工作做得相对到位，更加注重消费者人身与财产安全的保护，ATM等自动经营场所也设置了录音或录像设备。但是，对金融消费者在网上银行等虚拟空间消费的安全保障投入并不多，还亟须金融机构加强相关方面的安全保障工作。

2. 切实加强金融机构的信息披露义务

金融消费具有较强的专业性和较高的风险性，金融消费者比普通消费者更需要了解金融产品的相关情况。但是，我国金融机构在经营过程中往

金融危机、影子银行与中国银行业发展研究

往存在披露信息不足的问题,使交易双方的信息不对称情况加剧。为了保护金融消费者的根本利益,应当建立包括事前披露、事中披露及事后披露在内的全程信息披露制度。事前披露主要指金融机构在推荐产品或者服务时,不能夸大产品的收益,隐瞒市场潜在风险,以此误导消费者。事中披露主要指金融机构主动为消费者提供产品和服务的运行情况,在特殊情况下能够给予消费者放弃或继续消费产品和服务的选择权。事后披露主要指金融机构在消费结束后对产品和服务的总结,这将有助于消费者了解金融机构的经营能力。全程信息披露制度增强了信息的透明度,降低了金融机构和消费者的信息不对称程度,从而能有效减少消费纠纷的发生,对维护金融市场稳定和消费者的权益具有重要意义。

四、增强消费者风险意识和防范能力

纠纷解决机制是纠纷发生后的救济,并不能杜绝纠纷的产生,消费者自身素质的提升才是真正避免纠纷发生的长效之策。在快速发展的金融市场上,金融产品的创新使消费者眼花缭乱,因此加强对金融消费者的金融知识教育具有极其重要的意义。金融监管机构也可以成立专门的金融知识教育机构和推广机构,加强对消费者金融知识教育,构建多层次、多维度的金融消费者学习体系,不断提高金融消费者的自我保护能力。

第九节 营造良好的外部环境

金融市场上广泛存在的信息不完备和信息不对称使金融市场存在失灵的可能性,而银行体系的公共产品特性又使银行倒闭带来巨大的负外部性。对此,要加强外部环境建设,营造适合银行业竞争和发展的市场环境。

一、外部金融环境的变化

对于银行而言,要赢得生存发展空间,必须适应自身所面对的约束条件、外部环境以及社会需求,包括整个宏观经济金融形势、监管当局

第六章 中国银行业健康发展及监管路径优化

的具体要求、社会金融需求的变动趋势等,目前这三个方面都在不断发生变化。

1. 外部监管环境的变化

顺应危机发生以来国际监管体系的调整和变革趋势,我国将建立健全逆周期的金融宏观审慎管理制度框架,并将引入动态资本、流动性覆盖率、拨贷比、杠杆率和净稳定融资比率等新工具,商业银行顺周期经营行为面临的逆周期调控将更为严厉。在这种新的监管制度下,现有以存贷款业务为主的业务模式与以利差收入为主的盈利模式已难以为继,必须探索低资本消耗、低成本运营、收入多元化的新发展之路。

2. 金融脱媒与利率、汇率机制改革的不断推进

(1)中国银行业正经历着脱媒的考验。脱媒分为两种,资本性脱媒和技术性脱媒。资本性脱媒是由于直接融资市场的兴起而引起的。资本性脱媒首先体现在银行面临资产、负债两个方面的去中介化。资产方面,客户通过发行债券偿还银行贷款,不利于银行的信贷资产增长,譬如商业银行的许多优质客户,一旦被批准发行债券,就立即还掉银行贷款。负债方面,根据这两年的存款,特别是2013年的存款数据来看,银行业面临着很大的困境,其主要原因就是证券公司、保险公司、基金公司及私募基金的兴起,加之通货膨胀率高企,已是负利率的银行储蓄已失去了对客户的吸引力。同时,金融脱媒必然使银行传统利差收入比重不断下降,如果没有其他非利差收入补充,整体利润水平就会受很大影响。技术性脱媒发端于银行的支付中介功能。支付本身是借助于IT系统支持,这一功能过去一直都是由银行垄断。不过现在情况也有所转变,阿里巴巴的第三方支付,已经迫使银行让出一部分支付平台功能。第三方支付增长率非常惊人,近四年年均增长100%,2009年第三方支付总额达5550亿元,2010年突破1万亿元,这对银行业的传统职能构成了严峻挑战。

(2)利率、汇率机制改革进程不断推进。为应对全球金融危机,增强政策监管和调控的科学性与针对性,我国明确提出要构建逆周期的金融宏观审慎管理制度框架,加大对利率市场化和人民币汇率形成机制的改革。"十二五"规划明确要求:要有规划、有步骤、坚定不移地推动利率市场化和汇率形成机制改革。国际国内实践表明,利率市场化的加快,其直接影响是导致银行业净息差缩小和利息收入水平下降。现在看来,从2011年起,推进利率市场化已进入行动的轨道,这给商业银行的资产负债管

金融危机、影子银行与中国银行业发展研究

理、风险定价、持续盈利能力等带来严峻挑战，尤其对一些资金实力有限、风险定价能力不高、金融创新能力不强的中小银行带来了生存的压力。这需要各类银行业机构积极应对，找寻差异化竞争和创新发展的成功模式。

3. 中国社会金融需求的多元化将进一步加剧

未来商业经营模式的转变、组织管理形式的变化、产业链条的细化、金融市场的变革以及信息技术的发展，使企业客户金融需求多样化、个性化趋势更为明显。财富快速增长、投资需求升级、消费文化转变、信息技术飞速发展、人口老龄化加速等，将导致零售客户的金融需求发生显著变化。

二、外部环境优化路径

1. 完善银行业监管法律体系

"法相宜则事有成。"加强监管法规建设，是银行业改革开放不断深化的重要保障。要促进银行业规范健康持续发展，必须审时度势，抓住机遇，应对挑战，明确相关政策法律改革调整思路，进一步完善银行业监管法律体系。

（1）完善调整金融市场主体关系的主导性法律制度。首当其冲的是对我国商业银行的产权制度和公司治理结构相关法律制度的调整。这些年，我国市场经济发展和银行业改革取得了重要进展，不仅为国有商业银行补充资本金、剥离不良资产，也借鉴国际先进经验在风险控制、财务管理、薪酬激励等方面进行了改革。但由于市场主体制度设计过程中主要按照政府意志展开改革，而未按照司法原理明确主体权利与义务，导致体制和机制等深层次问题没有得到很好解决，改革在许多方面还需要进一步深化。未来几年，法律需要在商业银行产权制度、出资人制度、股东权利与义务、股东行为约束、法人治理结构等方面，在深刻厘清社会关系的基础上，做出科学明晰的规定，在司法层面明确银行在市场中的主体地位，保护其自治权利，维护市场对于市场主体的选择和对金融资源的配置。

（2）建设开放性市场准入制度，培育多层次金融市场主体。银行业是有限持牌的行业，我国银行业实行严格的准入制度，这是完全必要和合理的。但过高的准入门槛也容易导致市场垄断,我国现有金融机构之间在服务方式、组织构架、经营模式、服务对象、产品设计、业务流程等方面都具有惊人的相似性,同质化现象严重,供给动力不足。因此,如何实现经济的平等性是今后中国银行业法律制度完善的重要方面。作为改革的长期趋势,放松管制对于银行业发展至关重要。一方面,金融机构的丰富可以使优质资本进入银行业,提高中国银行业的发展实力;另一方面,各类金融机构可以提供不同的产品,实现服务多样化,从而解决金融市场供需矛盾。

(3)借鉴国际银行监管的先进做法,不断改进风险监管法规。本着"提高战略性、前瞻性、实效性"的原则,我们要密切关注国际上监管法规发展的新动向,重视借鉴国际银行业监管和立法的良好实践,逐步推行国际最佳做法。例如,世界各国实施《统一资本计量和资本标准的国际协议:修订框架》的情况将会对我们形成很大的影响。中国要从自身国情考虑,进一步研究如何创造条件逐步实施新协议。又如,国际会计准则理事会公布了《国际会计准则39号》,这个准则对全世界各行各业都会产生影响,尤其对商业银行资本充足率的计算、贷款损失准备金的计提和资产证券化的影响更加明显,这对我国银行业是一个巨大的挑战。再比如巴塞尔银行监管委员会的《有效银行监管核心原则》和经济合作与发展组织(OECD)公司治理原则的修改,都与银行业监管和改革的发展趋势密切相关。此外,国际社会在反洗钱、反恐融资方面的法规建设,都需要及时跟踪。

2. 稳步推进利率、汇率体制改革

利率市场化改革、汇率形成机制改革是我国金融体制改革的重要内容,也是建立和完善社会主义市场经济体制的组成部分。发挥好利率、汇率的价格信号作用,对于优化资源配置、促进经济平衡和可持续发展具有重要意义。"十一五"期间,上述领域改革取得了明显成效,中国货币政策调控体系不断完善,逐步转向以价格工具为主的间接调控,人民币汇率弹性显著增强,货币市场、外汇市场快速发展,市场深度和广度有了进一步扩展,微观主体对货币政策的敏感性也在不断加强,货币政策的灵活性和有效性得到提高。货币政策传导机制更为顺畅,这些对促进中国商业银行经营转型和可持续发展起到了积极作用。

中国要继续稳步推进利率市场化改革和人民币汇率形成机制改革,增强政策的针对性、灵活性和有效性,改善宏观调控能力。按照宏观审慎管理的要求,确立审慎合格商业银行必须具备的硬约束条件;引导中国银行业进一步提高定价能力,促进市场定价基础设施不断完善;逐步放开替代性金融产品的价格,尽量避免银行产品的过分交叉补贴,实现各类产品的市场化定价。通过多个领域互动和相互促进,特别是加快金融市场的培育,从机制建设入手,创造条件使市场在利率决定中发挥更大作用。按照主动性、可控性和渐进性原则,进一步完善人民币汇率形成机制,发挥市场供求在汇率形成中的基础性作用,参考"一揽子"货币政策进行调节,增强汇率弹性,保持人民币汇率在合理均衡水平上的基本稳定,促进国际收支基本平衡。

3. 加快金融市场发展

金融市场的发展是市场经济体制的基础建设工程。对于商业银行来说,也是能否真正实现市场化运作的基础性条件。金融市场在本质上就是一种资金优化配置的机制,发展和深化金融市场主要应着力于培育和完善其内在的金融市场机制。国际金融危机后,我国积极推动建立健全多层次、多功能的金融市场体系,不断完善金融市场基础设施。目前,我国金融市场产品种类不断创新、市场规模快速增长、市场结构持续优化、基础设施建设稳步加强,有力地支持了中国银行业的改革与发展。

目前,建立合理分工,功能有序、规范运行的金融市场对商业银行的健康发展至关重要。要不断完善和优化中国金融市场建设,继续鼓励金融创新,提高直接融资比重。拓宽货币市场广度和深度,增强流动性管理功能。深化股票发审制度市场化改革,规范发展主板和中小板市场,推进创业板市场建设,扩大代办股份转让系统试点,加快发展场外交易市场,探索建立国际板市场。积极发展债券市场,完善发行管理体制,推进债券品种创新和多样化,稳步推进资产证券化。推进期货和金融衍生品市场发展。促进创业投资和股权投资健康发展,规范发展私募基金市场。加强市场基础性制度建设,完善市场法律法规。继续推动资产管理、外汇、黄金市场发展。

4. 推进社会信用制度建设

(1) 完善行业信用记录,推进行业信用建设。行业信用建设是社会信用体系建设的重要组成部分,对于促进企业和个人自律、形成有效的市场约束具有重要作用。要依托"金税"、"金关"等管理系统,完善纳税人信用数据库,建立健全企业、个人偷逃骗税记录。要实行合同履约备案和重大合同鉴证制度，探索建立合同履约信用记录，依法打击合同欺诈行为。继续推进中小企业信用制度建设和价格信用建设。要发挥商会、协会的作用，促进行业信用建设和行业守信自律。要加快建立信用信息共享制度，逐步建设和完善以组织机构代码和身份证号码等为基础的实名制信息共享平台体系，形成失信行为联合惩戒机制，真正使失信者"一处失信，寸步难行"。

（2）加快信贷征信体系建设，建立金融业统一征信平台。金融是现代经济的核心。金融业特别是银行业是社会信用信息的主要提供者和使用者。要以信贷征信体系建设为切入点，进一步健全证券业、保险业及外汇管理的信用管理系统，加强金融部门的协调和合作，逐步建立金融业统一征信平台，促进金融业信用信息整合和共享，稳步推进我国金融业信用体系建设。信贷征信机构要依法采集企业和个人信息，依法向政府部门、金融监管机构、金融机构、企业和个人提供方便、快捷、高效的征信服务。

（3）培育信用服务市场，稳妥有序对外开放。要加大诚实守信的宣传教育力度，培育全社会的信用意识，树立良好的社会信用风尚。鼓励扩大信用产品使用范围，培育信用服务市场需求，支持信用服务市场发展。坚持以市场为导向，培育和发展种类齐全、功能互补、依法经营、有市场公信力的信用服务机构，依法自主收集、整理、加工、提供信用信息，鼓励信用产品的开发和创新，满足全社会多层次、多样化、专业化的信用服务需求。在严格监管、完善制度、维护信息安全的前提下，循序渐进、稳步适度地开放信用服务市场，引进国外先进的管理经验和技术。根据世界贸易组织关于一般例外及安全例外的原则，基础信用信息数据库建设、信用服务中涉及信息保护要求高的领域不予开放。

5. 规范银行业同业竞争

打破国有商业银行垄断银行业的市场格局，稳步地放宽银行业市场准入，允许更多的竞争者进入银行业市场，激励足够多并且有交易能力的新金融产权形式的产生，促使国有商业银行进行增量改革。积极改组壮大现有股份制商业银行，并大力发展民营银行，将发展民营银行作为我国制度创新和金融深化的一种方式，构造一个多元产权和有效竞争的市场结构，使国有商业银行和非国有商业银行进行有效的市场竞争，提高金融业竞争效率和发展活力。

第十节 本章小结

本章从多角度提出营造良好金融环境、促进我国银行业可持续发展的对策建议。一是针对国情，从公司治理（Governance）、金融创新（Innovation）、经营策略（Strategy）、科学技术（Technology）四个要点入手，分析如何提升商业银行核心竞争力。二是从实施新资本管理办法入手，分析如何调整优化业务结构、创新资本工具，减少资本消耗，并进一步从转变风险管理理念、模式、方法、体系等方面入手提升风险管理水平。三是从"六个转向"入手，加强全面风险管理，即从管住风险转向"为股东创造价值"；从资本粗放型管理转向精细化管理；从单一风险管理转向全面风险管理；从简单度量转向运用规范实证分析；从层级管理模式转向扁平管理体系；从少数人参与转向全员性管理团队。四是笔者认为，在两岸经济交流日益频繁的背景下，加强两岸金融业合作、扩大交流，促使金融合作尽快步入制度化轨道，为两岸经贸发展提供更加便利的金融服务，已成为双方的共同愿望。五是提出了四个层次的银行监管协调与合作机制，即成立由国务院领导挂帅的全国金融监管协调委员会，完善由银监会、证监会、保监会轮值的金融监管联席会议制度，成立由地方政府领导召集的地方金融监管协调委员会，成立由银监会有关专家组成的银行监管国际协调小组等四重网络化合作机制。六是本轮金融危机为我国银行业监管提供了监管反思的历史良机，大刀阔斧的国际金融监管改革也为我国银行业监管优化提供了借鉴先进经验的有利时机，在此基础上，笔者提出借鉴国际银行监管经验的若干思路。七是从直接监管影子银行机构、间接监管影子银行机构、监管影子银行业务以及国际监管合作四个方面提出加强影子银行的监管路径。八是从完善法律制度、借鉴国外成功经验、强化金融机构保护义务以及加强金融消费者教育四个方面提出加强金融消费者权益保护工作的努力方向。九是从完善银行业监管法律体系、稳步推进利率汇率体制改革、加快金融市场发展、推进社会信用制度建设以及规范银行业同业竞争五个方面提出营造外部环境的路径措施。

参考文献

巴曙松:《金融风险监管框架发展中的巴塞尔新资本协议》,《国际经济评论》2003年第3期。

巴曙松:《加强对影子银行系统的监管》,《中国金融》2009年第14期。

包全永:《银行系统性风险的传染模型研究》,《金融研究》2005年第5期。

陈春:《我国商业银行治理结构特殊性研究》,《商业研究》2008年第8期。

陈芳:《我国商业银行金融业务创新研究——次贷危机后的思考》,硕士学位论文,河北大学,2010年。

陈国进、林辉:《金融制度设计理论述评》,《厦门大学学报》(哲学社会科学版)2002年第1期。

陈虹、彭大为:《金融动荡下针对中国银行危机和货币危机的前瞻性研究》,《管理世界》2009年第12期。

陈四清:《资本监管制度变化趋势对中国银行业的影响分析》,《国际金融研究》2010年第3期。

陈西果:《欧洲主权债务危机爆发的原因影响及启示》,《经济纵横》2010年第5期。

陈学彬:《宏观金融博弈分析》,上海财经大学出版社1998年版。

陈雨露、马勇:《混业经营与金融体系稳定性:基于银行危机的全球实证分析》,《经济理论与经济管理》2008年第3期。

次贷风波研究课题组:《次贷风波启示录》,中国金融出版社2008年版。

崔健勇:《中国银行业监管存在的问题、面临的挑战及对策》,硕士学位论文,吉林大学,2009年。

邓利娟:《21世纪以来的台湾经营困境与转折》,九州出版社2004年版。

邓利娟:《试析台湾对外经济关系的转变》,《亚太经济》2004年第1期。

董青马、卢满生:《金融开放度与发展程度差异对银行危机生成机制影响的实证分析》,《国际金融研究》2010年第6期。

董彦岭、张继华:《货币危机与银行危机共生因子实证分析——国别比较的视角》,《财经研究》2009年第1期。

杜相乾:《我国商业银行公司治理问题研究》,硕士学位论文,中共中央党校,2009年。

高鹏:《中国商业银行流动性管理的探讨》,硕士学位论文,山西财经大学,2006年。

郭春松、陈意:《银行监管的国际协调与合作》,《浙江金融》2005年第9期。

郭春松、高婧:《美欧主权债务危机的影响及应对》,《中国金融》2011年第19期。

郭春松、杨琳:《信用衍生产品与雷曼兄弟控股公司倒闭的启示》,《农村金融研究》2009年第1期。

郭春松:《国际会计准则对中国银行业监管的挑战》,《发展研究》2007年第11期。

郭春松:《国际经验、监管理念与银行监管的有效性》,《福建金融》2007年第8期。

郭春松:《基于分业监管格局下建立金融监管协调机制的思考》,《福建论坛》2007年第6期。

郭春松:《欧盟银行监管合作的经验与借鉴》,《发展研究》2006年第5期。

郭春松:《塑造银行监管协调与合作的5C理念》,《中国金融》2006年第7期。

郭春松:《银行业监管当局的金融危机应对与风险防范策略》,载裴长洪:《金融服务理论前沿》,经济管理出版社2010年版。

郭春松:《中国银行业监管协调与合作的成本收益和博弈分析》,《金融研究》2008年第7期。

郭春松:《中国银行业监管协调与合作适度性评价指标体系的设计与应用研究》,《金融理论与实践》2007年第9期。

郭春松:《商业银行压力测试研究》,《福建金融》2005年第10期。

郭春松:《新加坡银行监管的经验与借鉴》,《发展研究》2004年第1期。

郭春松:《证券投资基金与产业投资基金的协调发展对策》,《甘肃金融》2004年第10期。

郭春松:《中国网络银行的风险控制方法初探》,《上海金融》2001年第4期。

郭春松:《中国银行业监管的协调与合作:博弈研究视角》,载中国社会科学院经济部:《全球化下的中国经济学》,经济管理出版社 2009 年版。

郭春松:《中国银行业监管协调与合作研究》,中国金融出版社 2007 年版。

郭春松:《中美贸易收支的 J 曲线效应:实证分析与政策建议》,载《全国博士后经济学学术 2009:金融危机分析与对策》,经济管理出版社 2010 年版,第 3~15 页。

郭红利:《金融危机的后遗症之主权债务危机》,《商场现代化》2010 年第 2 期。

葛兆强:《银行并购、商业银行成长与我国银行业发展》,《国际金融研究》2005 年第 2 期。

韩志国:《欧洲主权债务危机的成因和发展的四个方向》,《当代经济》2010 年第 7 期。

何德旭、郑联盛:《影子银行体系与金融体系稳定》,《经济管理》2009 年第 11 期。

何德旭、郑联盛:《从美国次贷危机看金融创新与金融安全》,《经济研究》2009 年第 12 期。

何志强:《台湾金融(银行)改革模式探讨》,《上海金融》2008 年第 6 期。

洪崎:《以贷款新规为契机促进银行业发展方式的转变》,《中国金融》2010 年第 18 期。

黄宇:《新金融危机对中国银行业的影响及应对危机的政策建议》,硕士学位论文,西南财经大学,2009 年。

黄仁德、林达煌:《国际金融危机的经验与启示》,聊经出版社 2007 年版。

胡祖六:《东亚的银行体系与金融危机》,《国际经济评论》1998 年第 5 期。

江曙霞、马理:《金融监管对市场秩序的扰动与优化》,《财经理论与实践》2003 年第 4 期。

金伯利·C.格利森、艾克·马瑟:《美国银行业跨国收购的财富效应》,《国际金融研究》1999 年第 4 期。

金珊:《商业银行操作风险管理研究》,硕士学位论文,首都经济贸易大学,2010 年。

金雪军、李楠:《国际银行业并购对中国银行业并购策略选择的启示》,《国际金融研究》2008 年第 2 期。

荆林波、王雪峰:《外资对我国互联网业控制现状的研究》,《财贸经济》

2009年第5期。

康永钦:《认识在台外商银行》,商周出版社2001年版。

雷曜:《次贷危机》,机械工业出版社2008年版。

黎晓静:《次贷危机同步解析》,中国金融出版社2009年版。

李非、吴凤娇:《国际金融危机下的台湾经济形势分析》,《台湾研究集刊》2009年第2期。

李红梅:《中国商业银行整体风险管理研究》,博士学位论文,辽宁大学,2010年。

李佳贞:《两岸资金流动情况之探讨》,《经济研究》2004年第5期。

李俊:《完善我国国有商业银行公司治理研究》,硕士学位论文,山东大学,2009年。

李文泓:《国际经验:中央银行与金融监管机构的协调合作机制》,《中国金融》2003年第15期。

李文泓:《监管当局处理有问题银行所面临的两难选择》,《世界经济》2003年第6期。

李永焱:《我国国有商业银行激励与约束机制研究》,博士学位论文,西南财经大学,2009年。

李扬:《影子银行体系发展与金融创新》,《中国金融》2011年第12期。

梁权熙、田存志:《国际资本流动"突然停止"银行危机及产出效应》,《国际金融研究》2011年第2期。

林江:《经济全球化背景下国际贸易新特点》,《求实》2006年第9期。

林妍:《高盛最新研究报告指出——高负债凸显中国财政改革的紧迫性》,《中国经济导报》2010年5月20日第5版。

刘兵:《我国商业银行信用风险度量与管理研究》,博士学位论文,吉林大学,2008年。

刘宏宇:《商业银行公司治理的监管与评价》,《国际金融研究》2007年第1期。

刘莉亚、任若恩:《银行危机与货币危机共生性关系的实证研究》,《经济研究》2003年第10期。

刘敏:《我国商业银行金融创新与核心竞争力提升研究》,硕士学位论文,湘潭大学,2008年。

刘明康:《谋远而变,开创银行业改革发展新局面》,《财经》2011年第7期。

刘伟、黄杜田:《中国银行业改革的侧重点:产权结构还是市场结构》,《经济研究》2002 年第 8 期。

刘文雯、高平:《"影子银行体系"的崩塌对中国信托业发展的启示》,《上海金融》2010 年第 7 期。

刘晓星:《国有商业银行激励机制研究》,《商业研究》2006 年第 17 期。

刘晓勇:《公司治理与有效银行监管问题研究》,《经济社会体制比较》2001 年第 5 期。

刘昕:《商业银行流动性风险管理研究》,博士学位论文,辽宁大学,2010 年。

楼铭铭:《商业银行流动性层次管理研究》,博士学位论文,复旦大学,2004 年。

陆崛峰:《中国股票市场与商业银行的危机管理》,《金融纵横》2008 年第 4 期。

路研:《跨国银行国际竞争力研究》,中国社会科学出版社 2007 年版。

罗平:《巴塞尔新资本协议研究文献及评述》,中国金融出版社 2004 年版。

罗平:《国际上新资本协议的实施形式及中国的应对策略》,《中国金融家》2004 年第 8 期。

罗仲平、蒋琳:《中国商业银行竞争力变动态势研究》,《经济学家》2004 年第 5 期。

[美]克鲁格曼:《萧条经济学的回归和 2008 年经济危机》,刘波译,中信出版社 2009 年版。

马红霞、孙国华:《美国投资银行危机及其转型剖析》,《国际金融研究》2009 年第 3 期。

马中华、赵荣才:《成本最小化与成本分担:中小金融机构市场退出的难点与方式选择》,《金融研究》2001 年第 8 期。

苗永旺、王亮亮:《百年来全球主要金融危机模式比较》,《国际金融研究》2009 年第 7 期。

倪鹏飞:《构建国际金融中心,全球眼光国际标准与世界经验》,《开放导报》2004 年第 2 期。

聂允:《中国商业银行信用风险管理研究》,硕士学位论文,河南大学,2010 年。

裴长洪、赵忠秀:《经济全球化与当代国际贸易》,社会科学文献出版社

2007年版。

裴长洪：《共和国对外贸易60年》，人民出版社2009年版。

裴长洪：《中国贸易政策调整与出口结构变化分析：2006~2008》，《经济研究》2009年第4期。

裴长洪：《中国吸收FDI：21世纪初的状况与问题》，方志出版社2008年版。

尚军：《欧洲债务危机影响几何：对中国直接影响有限》，新华网2010年5月10日。

尚福林：《中国银行业的改革发展方向》，《中国金融》2012年第3期。

邱立成、殷书炉：《外资进入、制度变迁与银行危机——基于中东欧转型国家的研究》，《金融研究》2011年第12期。

邵平：《"十二五"时期中国银行业发展的思考与对策》，《银行家》2012年第1期。

佘桂荣、张强：《银行监管的市场约束理论进展》，《金融研究》2006年第10期。

沈建光、肖红：《次贷危机和主要金融危机比较》，《金融研究》2008年第12期。

沈坤荣、李莉：《银行监管：防范危机还是促进发展？——基于跨国数据的实证研究及其对中国的启示》，《管理世界》2005年第10期。

沈中华：《银行危机与货币危机真是共生的吗？》，《金融研究》2000年第6期。

宋清华：《银行危机论》，经济科学出版社2000年版。

苏同华：《银行危机论》，中国金融出版社2000年版。

汪洋、吴俊：《对后金融危机时代中国银行业发展策略的思考》，《金融纵横》2010年第8期。

王爱民、朱启贵、屠梅曾：《商业银行危机成因研究》，《生产力研究》2005年第12期。

王俊方、郭春松：《"中间汇率制度消失论"的理论争议及其评析》，《农村金融研究》2005年第9期。

王家强：《后危机时代国际银行业发展趋势研究——兼评2009年1000家大银行排行榜》，《国际金融研究》2009年第10期。

王明华：《银行稳定成本分析》，中国经济出版社2007年版。

王廷惠：《金融危机：原因、演化与国际传递》，《贵州财经学院学报》2002年第4期。

王晓:《金融风暴中台湾银行业经营实录》,《今日财富》2008年第10期。

王晓雅:《次贷危机背景下影子银行体系特性及发展研究》,《生产力研究》2010年第11期。

王兆星:《严格实施审慎监管有效防范金融风险》,《金融研究》2000年第11期。

王兆星:《国际银行监管改革对我国银行业的影响》,《国际金融研究》2010年第3期。

夏杰长:《高新技术与现代服务业融合发展研究》,经济管理出版社2008年版。

项俊波:《中国银行业的机遇与挑战》,《中国金融》2011年第4期。

熊芳:《国外利率市场化改革与银行危机及其对中国的启示》,《上海金融》2005年第6期。

许莉、罗颖:《两岸银行业的合作方向》,《两岸关注》2010年第2期。

易纲、赵先信:《中国银行业竞争:机构扩张、工具创新与产权改革》,《经济研究》2001年第8期。

易宪容:《美国次贷危机的信用扩张过度的金融分析》,《国际金融研究》2009年第12期。

易宪容、王国刚:《美国次贷危机的流动性传导机制的金融分析》,《金融研究》2010年第5期。

杨胜刚:《比较金融制度》,北京大学出版社2005年版。

杨胜刚:《台湾金融发展论》,湖南人民出版社2004年版。

叶望春、夏清华:《银行危机对商业银行资产配置的启示》,《世界经济》2001年第9期。

尤敏君:《两岸入市对我国银行业之影响与因应对策》,《台湾经济研究月刊》2002年第2期。

元惠萍、陈浪南:《海峡两岸货币一体化模式》,《对外经济贸易大学学报》2002年第5期。

元惠萍、陈浪南:《海峡两岸银行业交流与合作的现状分析与展望》,《国际贸易问题》2003年第10期。

张传良、刘敏、郭春松:《金融学》,厦门大学出版社2008年版。

张锐:《希腊主权债务危机的成因与影响》,《中国货币市场》2010年4月23日第3版。

张诗奕:《公司内部治理与经营绩效——基于我国银行业上市公司的实证分析》,硕士学位论文,厦门大学,2009年。
张婷婷:《主权债务危机的警钟敲响》,《金融博览》2010年第1期。
张琰:《全球金融危机下我国商业银行信用风险管理研究》,硕士学位论文,河南大学,2010年。
张亦春、雷连鸣:《信息不对称、道德风险与市场纪律——国际金融监管新趋势的模型解析》,《福建论坛》(人文社会科学版)2005年第9期。
张云涵:《台湾金融业赴大陆发展之机会与挑战:以银行为主》,学位论文,淡江大学,2007年。
周小全:《中国银行业经济绩效决定因素——市场结构与产权结构》,《投资研究》2003年第7期。
周莉萍:《论影子银行体系国际监管的进展、不足、出路》,《国际金融研究》2012年第1期。
周旭东:《全球金融危机对我国商业银行公司治理的启示》,《生产力研究》2011年第1期。
赵雪飞:《国内商业银行风险管理能力关键影响因素及其作用机理实证研究》,博士学位论文,吉林大学,2010年。
赵以邗、张诚、胡修林:《金融业营业税对我国银行业发展的影响分析》,《武汉金融》2009年第7期。
郑超愚、蔡浩仪、徐忠:《外部性、不确定性、非对称信息与金融监管》,《经济研究》2000年第9期。
郑振龙:《对付银行危机的国际经验的比较》,《世界经济》1998年第8期。
朱民:《改变未来的金融危机》,中国金融出版社2009年版。
朱孟楠、郭春松:《中国银行业非现场监管存在的问题及改进建议》,《上海金融》2003年第9期。
朱孟楠、郭春松、王俊方:《"中元"货币区的可行性研究与现实思考》,《亚太经济》2005年第3期。
朱孟楠:《金融监管的国际协调与合作》,中国金融出版社2003年版。
朱敏:《透明度、信息披露与银行危机》,《武汉金融》2003年第5期。
周民源:《创业板证券市场研究》,中国金融出版社2002年版。
周民源:《香港经济面临的形式及措施》,《金融研究》1999年第9期。
周民源:《创新思路强化措施不断推进农信社改革发展》,《中国农村金融》

2011 年第 23 期。

国际清算银行网站：http：//www.bis.org/。

国际货币基金网站：http：//www.imf.org/。

金融监管网：http：//www.banksupervision.net/。

中国保监会网站：http：//www.circ.gov.cn/。

中国财政部网站：http：//www.mof.gov.cn/。

中国工商银行网站：http：//www.icbc.com.cn/icbc/。

中国建设银行网站：http：//www.ccb.com/cn/home/index.html。

中国农业银行网站：http：//www.abchina.com/。

中国人民银行网站：http：//www.pbc.gov.cn/。

中国银监会网站：http：//www.cbrc.gov.cn/。

中国银行网站：http：//www.boc.cn/。

中国证监会网站：http：//www.csrc.gov.cn/。

中央汇金投资有限公司网站：http：//www.huijin-inv.cn/。

Allen F. and D.Gale, "Financial Market, Intermediaries and Inter-temporal Smoothing", *Journal of Political Economic*, Vol.15, 1997, pp.523-546.

A Regulatory Response to the Global Banking Crisis, Financial Services Authority (UK), March 2009.

Baily, Martin Neil, Douglas W.Elmendorf and Robert E. Litan, "The Great Credit Squeeze: How It Happened, How to Prevent Another", *Brookings Institution Discussion Paper*, No.5, 2008.

Bis, Quarterly Review, September 14, 2009.

Bill Bassett and Tom Brady, "What Drive the Persistent Competitiveness of Small Banks", *Finance and Economics Discussion*, No.6, 2006.

Blinder and Allan, "Nationalize the Banks? Hey, Not so far", *The New York Times*, No.3, 2008.

Brickley James, Linck James and Smith Jr. Clifford W., "Boundaries of the Firm: Evidence Industry", *Journal of Financial Economics*, Vol.70, 2003.

Demirgtlc-Kunt Asli, "The Determinants of Banking Crises in Developing and Developed Countries", IMF Staff Papers, 1998, pp.211-227.

Dianmon D. W and P. Dybvig, "Bank Runs, Deposit Insurance and Liqudity", *Journal of Political Economy*, No.3, 1983, pp.401-419.

Dominik Maltritz, "A Compound Option Approach to Model the Interrelation between Banking Crises and Country Defaults: The Case of Hungary 2008", *Journal of Banking & Finance*, Vol. 34, Issue12, December 2010, pp.3025-3036.

FCIC, Shadow Banking and The Financial Crisis, Preliminary Staff Report, May 4, 2010.

Gavallo L. and Rossi S., "Scaleand Scope Economics in The European Banking Systems", *Journal of Multinational Financial Management*, No.5, 2001.

Gavin, Michael and Ricardo Hausmann, "The Roots of Banking Crises: The Macroeconomy in Context", *Hausmann and Rojas-Suarez*, No.2, 1996, pp.27-63.

Geithner Timothy F., "Reducing Systemic Risk in a Dynamic Financial System", *Federal Reserve Bank of NewYork*, Vol.6, 2008.

Geneva, World Economic Forum (WEF), The Global Competitiveness Report, Vol.6, 2003.

Gross and Bill, "Beware our Shadow Banking System", Fortune, No.11, 2007.

Hansan I. and Marton K., "Development and Efficiency of the Banking Sector in a Transitional Economy: Hungarian Experience", *Journal of Banking and Finance*, Vol.27, 2003

Hellman, Thomas F., Murdock Kevin C.and Stiglitz Joseph E., "Liberalization Moral Hazard in Banking and Prudential Regulation: Are Capital IMF", *World Economic Outlook*, September 22, 2009.

Herrera Santiago, "User's Guider to a Warning System of Macroeconomic Vulnerability for LAC Countries", World Bank Policy Research Working Paper, 1999.

Ilan Noy, "Financial Liberalization, Prudential Supervision and the Onset of Banking Crises", *Emerging Markets Review*, Vol.5, Issue3, September 2004, pp.341-359.

Ivashina V. and Scharfstein D., "Bank Lending During the Financial Crisis of 2008", *Journal of Financial Economics*, No.9, 2010, pp.319-338.

Kaminsky and Reinhart C., "The Twin Crises: The Causes of Banking and Balance of Payments Problems", *American Economic Review*, No.

89, 1995, pp.473-500.

Krugman Paul, "Bubble, Boom, Crash: Theoretical Notes 890-904 on Asia's Crisis Minreo", *MIT*, 1998.

Lausanne, International Institutefor Management Development, The World Competitiveness Yearbook, July, 2003.

Mariassunta Giannetti, "Financial Liberalization and Banking Crises: The Role of Capital Inflows and Lackof Transparency", *Journal of Financial Intermediation*, Vol.16, Issue1, January 2007, pp. 32-63.

Megginson W. L., "The Economics of Bank Privatization", *Journal of Banking and Finance*, No. 29, 2005, pp. 1931-1980.

Mckinnon Financial R and Pill H., "Credible Liberalizations and International Capital Flows Deregulation and Integration in East Asian", *Quarterly Journal Economics*, No.10, 1996, pp.102-110.

Milton Friedman and Anna Schwartz, *A Monetary History of the United States*, New Jersey: Princeton University Press, 1963.

Minsky Hyman P., "Can It Happen Again?", *Sharp Co*, No.10, 1963, pp. 301-334.

Open Europe, "A Greek Bail-Out: Is It Legaly Possible and What Will It Cost EU Taxpayers?", www.open-europe.org.uk 2010.

Peter Garber and Steven Weisbrod, Microeconomics of Banking, MIT Press, 1992.

Reinhart, Carmen and Kenneth S.Rogoff, "Is the U.S. 2007 Subprime Financial Crisis So Different? An International Historical Comparison", *NBER Working Paper*, No.13761, 2008.

Saving Wall Street, the Last Resort, Economist, Sep.18, 2008.

Stefan Ingves, *Banking Crises in Latin America*, Washington D.C.: Inter-American Development Bank, 1996.

Terhi Jokipii and Brian Lucey, "Contagion and Interdependence: Measuring CEE Banking Sector Comovements", *Economic Systems*, Vol.31, Issue1, March 2007, pp.71-96.

Tim, Tyler Davis, Lee Davison, Heather Gratton, George Hanc and Katherine, "The Future of Banking in America-Community Banks: Their

Recent Past Current Performance and Future Prospects", *FDIC Banking Rwview*, No.3, 2004, pp.91–96.

Tower E. and Willett Thomas, *The Theory of Optimum Currency Areas and Exchange Rate Flexibility*, International Finance Section, Princeton University, 1976.

Wolf Martin, "The Eurozone's Next Decade will Be Tongh", January 2010, www.ft.com/martinwolf.

索 引

A

ABCP 2, 22, 29

B

Banking 4, 5, 8, 10, 11, 22, 23, 119, 275, 276
Basel 3, 89, 94, 153, 154, 155, 157, 175, 179, 180, 251
BIS 8, 28, 153, 275
巴塞尔新资本协议 31, 60, 61, 62, 84, 175, 223, 224, 227, 229, 267, 271
保监会轮值的金融监管联席会议制度 17, 19, 244, 266
拨备覆盖率 76, 82, 94, 98, 190

C

CDO 1, 2, 22, 27, 31, 39, 49, 50
CDS 1, 2, 22, 27, 28, 31, 36, 37, 39, 49, 129, 153
城市商业银行 69, 70, 71, 79, 81, 85, 86, 90, 98, 99, 164, 193, 217

E

ECFA 232, 236, 238, 240, 241

F

FDIC 11, 40, 43, 54, 55
FSF 125, 126, 131, 132, 250

G

G20 3, 152, 250
Governance 17, 18, 195, 266
高盛集团 67, 68, 69, 129, 163
国际货币基金组织 3, 22, 44, 81, 126, 130, 156

H

核心资本充足率 54, 76, 82, 90, 98, 132, 190
回购协议 22, 24, 29, 30

· 279 ·

I

IMF 2, 5, 8, 22, 40, 42, 44, 125, 126, 130, 132, 156, 275

J

金管会 142, 148, 236, 237, 238
加权平均核心资本充足率 82, 90, 98
金融保释 134
金融危机 2, 3, 6, 7, 8, 9, 10, 13, 14, 15, 17, 18, 19, 21, 23, 25, 27, 29, 34, 37, 38, 41, 43, 44, 45, 46, 47, 48, 49, 50, 51, 52, 53, 54, 55, 56, 57, 59, 60, 61, 62, 63, 65, 68, 73, 77, 83, 87, 88, 89, 90, 92, 93, 95, 97, 98, 99, 100, 102, 103, 106, 107, 108, 115, 116, 118, 119, 120, 121, 122, 123, 127, 132, 134, 142, 143, 144, 145, 146, 147, 149, 150, 151, 152, 155, 156, 157, 158, 159, 166, 195, 219, 224, 235, 249, 250, 258, 261, 264, 266, 268, 269, 270, 271, 272, 273, 274
净利息收入 54, 55, 56, 57
境外金融机构投资入股中资金融机构管理办法 66, 74, 75

L

流动性覆盖率 94, 155, 261

M

美联储 23, 26, 28, 29, 31, 36, 37, 40, 41, 49, 51, 61, 107, 108, 111, 113, 114, 115, 116, 117, 118, 122, 131, 154, 258

R

Regulation 4, 5, 276
ROA 5, 54, 55, 56, 57
人民银行法 188, 189, 242, 243

S

SEC 5, 11, 25, 29, 31, 152, 276
Shadow 8, 22, 23
Supervision 5, 275
SWOT分析 77
三农 87, 93, 96, 100
苏格兰皇家银行 43, 55, 67, 68, 69, 119, 126, 163

T

同业往来 85, 86
投资银行 2, 8, 22, 25, 29, 30, 31, 36, 37, 38, 39, 40, 41, 43, 60, 61, 90, 118, 119, 120, 121, 122, 140, 145, 183, 206, 236, 271

Y

亚元 16,137,158

银监会 15,16,17,19,33,66,71,74,75,76,77,78,80,81,83,84,85,86,87,90,94,97,98,99,102,150,161,162,173,175,178,181,187,189,190,191,194,197,199,219,220,224,236,243,244,245,246,247,248,249,250,252,266,268,275

银行危机论 6,272

影子银行 2,3,8,9,10,15,16,17,18,19,21,22,23,24,25,26,27,28,29,30,31,32,33,34,35,36,37,38,39,40,41,42,43,50,62,63,122,151,152,153,155,158,252,253,254,255,256,257,266,267,269,271,273

影子银行体系 2,8,9,10,15,19,21,22,23,24,25,26,27,28,31,32,33,34,35,36,37,38,39,40,41,42,43,62,63,256,269,271,273

有效银行监管核心原则 80,81,87,157,263

Z

证监会 17,19,31,71,152,243,244,246,247,248,266,275

中国银行 3,7,12,13,14,15,16,18,54,63,65,67,68,69,71,72,73,74,75,78,79,80,81,82,83,87,88,89,92,93,95,97,98,99,100,101,102,103,113,159,160,161,162,163,165,168,185,186,188,189,195,196,215,223,224,225,226,229,231,236,237,239,245,261,263,264,267,268,269,270,272,273,274,275

中国人民银行 9,33,71,85,86,113,136,150,160,162,166,167,178,187,188,189,236,237,275

中华人民共和国外资金融机构管理条例 73,74,75

中央存款保险公司 141,142,147

中央银行 5,6,8,22,29,31,47,49,54,71,72,85,86,105,114,116,117,118,123,130,131,133,135,139,140,141,142,146,147,151,160,188,189,237,238,239,249,270

后 记

三月初春的早上,中缅边界的小城瑞丽已是夏味十足,我正陪同银监会调研组在此调研,忽然得到通知,博士后出站报告通过严格审核,将于近期由《中国社会科学博士后文库》资助出版。欣喜之余,感叹求学艰辛,幸有家庭的温暖和良师益友的一路陪同,激励我奋勇前行,永不懈怠!

一

我出生在福建南安的一个偏僻乡村——"山城村",这个村坐落在南安、安溪、永春三个县交界处的高山上,属于"三不管"地带,古时常是土匪的天堂,后成为革命根据地。从目前看,偏僻也不一定是坏事,那里山清水秀,没有工厂、没有公路、更没有汽车。记得小时候,路开通了,过来一辆拖拉机,全校的同学都好奇地跑出来,像看动物园的珍稀动物一样围观。那时,我们跟五六户族亲住在一栋土房子里,每天快乐地和两个哥哥以及一群小伙伴一起上学,放学后一起拔草喂兔子,一起钓青蛙捉泥鳅,一起洗菜煮饭,然后盛着一碗饭,边吃边到其他家看他们煮了什么好吃的,有时还可以打点儿小牙祭。

可能是以前小学要求没那么高吧,作业不多,读书压力不大,一个学期嘻嘻哈哈很快就过去了,书也读得不错。现在看我读小学的女儿梦恬,书包鼓鼓的,作业不少,兴趣班也不少,上课、做作业花去了大部分时间,课余时间少了,童趣也少了很多,有时想给她"减负",可是看到周边的家长都在忙碌着,又免不了随大流。

我出生的时候,这个村还相当落后,我家也不例外,父亲微薄的工资苦撑着三个孩子的学习生活。为了鼓励我们兄弟刻苦学习，妈妈常说："我做乞丐也要供你们上学。"在记忆中，小学大多时间赤脚上学，寒冷的冬天，也仅能穿着破旧的布鞋或拖鞋。由于有这段艰辛的经历，每当我遇到挫折，常会想起数十年前一位衣着单薄、身材瘦小的男孩在寒风中傲立成长，阴霾由此烟消云散。

记得我读小学四年级的时候，爸爸请假回家修房子。在一个深秋的下午，天空飘洒着雨丝，天气渐渐凉了下来，爸爸到小学隔壁的大队仓库整理建筑材料，课间时间，我也到仓库凑热闹，突然，一根锋利的铁钉穿过布鞋刺进爸爸的脚底板，我不知所措，此时正好上课铃响，我看着爸爸痛苦的表情匆忙跑回教室。成年后，每每忆起此事，我都因没有去请医生而感到无比的自责和后悔！

上初中以后，我和两个哥哥都在学校寄宿，爸爸在福州上班，最孤独的是妈妈，她一个人守着一栋房子，打理着全部农活和家务。上高中的时候，我到离家30公里外的国光中学读书，每次上学，都要先步行3公里到村口等班车，如果错过，则要坐三轮车或拖拉机到诗山镇转车。记得每次上学，妈妈都站在家门口，目送我离去，看着我渐渐消失在弯弯曲曲的乡间小道。而我，最害怕的是每次的离开，害怕那站在门口望过来的慈祥的目光，我，不敢回头，含着泪水，坚强地前行！

高中阶段，正值武侠热，我也渐渐着迷。有一段时间，一到周末我就到书店看武侠书，那时的书店和现在可不一样，你看一会不买，售货员就叫你把书放回书架上。那时太爱看了，又没钱买，我常常假装没听见售货员的提醒，有时也会主动向他们请求，让我多看一会，渐渐地他们也习惯了，就默许我站着看书。就这样，我花了一个多学期的周末时间看完了《射雕英雄传》、《云海玉弓缘》等当时最流行的武侠小说。小说是看了一些，可学习日渐退步，往日的才气已荡然无存。经过痛苦的反思和调整，学习才慢慢有了起色。高考还是如期而至，我除了政治考高分外，其他课程都平平淡淡，当然也进不了我梦想的大学。

在不经意间，我告别了校园生活，并以优秀毕业生的身份被人民银行福建省分行录用。参加工作后，我发现身边的同事要么饱读诗书，要么工作经验丰富，越发觉得自己才疏学浅，于是备感时间珍贵，抓紧利用业余时间充电补课。

后 记

二

2002年,在女儿即将呱呱坠地之际,我决定攻读博士学位,经过精心准备,2003年,我以优异的成绩考入风景如画的厦门大学攻读金融学博士学位,师从经济学院副院长朱孟楠教授。朱老师是国内知名的国际金融专家,他博学多才、仁厚儒雅,一入学,便把我带入学术殿堂,让我遨游在知识的海洋里。这阶段是我人生中最重要的系统学习和提升阶段,除了朱老师的精心培养和细心呵护外,我还聆听了张亦春、江其务、白钦先、王广谦、江曙霞、郑振龙、陈国进、郑鸣等众多校内外知名教授的学术精髓,学术水平有了明显提升,先后获得了厦门大学研究生最高荣誉——"凌云学术之星"和厦门大学"挑战杯"一等奖等多项荣誉,2006年博士论文答辩时被专家们一致评定为"优秀博士论文"。

本来不敢奢望参加博士后研究,在同窗好友徐敦鹏博士后的一再鼓励和帮助下,2008年初夏,我勇敢地来到中国社科院财经战略研究院(位于北京月坛北小街3号的一栋4层红砖小楼)参加选拔考试。经过激烈的竞争和十几位专家评委的严格挑选,我幸运地成为著名经济学家、财贸所所长裴长洪研究员的博士后。

裴老师是国际贸易与投资的著名专家,他学识渊博、视野宽阔、治学严谨、恬淡从容、为人宽厚,是我终身学习的榜样。做博士后的3个春秋,我不知多少次来到这栋红砖小楼向老师请教,聆听老师的教诲和学术的熏陶。一楼那斑驳的铜制机构名片,记忆着我求学的风雨历程和忙碌的身影。从步入师门的那一刻起,裴老师即引领我走入学术殿堂,鼓励我克服困难,勇攀学术高峰。博士后出站报告从选题、思路构造、大纲拟订、观点组织,到细节增删、文字润色等方面,都倾注了老师大量的心血,才得以最终完成。博士后出站报告评阅期间,有幸得到中国社会科学院数量经济与技术经济研究所党委书记何德旭研究员、对外经济贸易大学副校长赵忠秀教授、中国青年政治学院经济系主任林江教授、中国社会科学院城市与竞争力研究中心主任倪鹏飞研究员等专家学者的指导和帮助,并一致评定出站报告为"优秀"等级。

金融危机、影子银行与中国银行业发展研究

博士后期间，我有幸聆听了高培勇、王国刚、茅于轼、巴曙松、隆国强等专家的讲座，汲取了许多书本上无法提供的养分，使我的研究能力进一步提升。三年来，研究课题获中国博士后科学基金资助，研究成果多次被《金融服务理论前沿》、《全球化下的中国经济学》、《全国博士后经济学学术论坛 2009：金融危机分析与对策》收录，多篇论文被《金融研究》、《中国金融》、《农村金融研究》等杂志采用，这些成绩的取得，与裴老师的精心指导和所内外各位专家的关心和帮助分不开。

三

感谢福建银监局周民源、王晓辉、杨小苹等前后三任局长，在我博士后研究和论文编辑出版期间，他们给予了最大的宽容、支持和鼓励，使我得以顺利完成博士后研究生涯，他们睿智的思想启迪着我的研究思路。感谢福建银监局陈晓南、于战勇、黄邦锋、徐金玲、张新潭、刘子荣等局领导，他们不遗余力的关心和指导，使我有更多的时间进行博士后研究。

感谢中国银监会吴跃主任、刘张君主任、段继宁主任、董铁峰副主任、刘宏宇副主任、王科进副主任、李文宏副局长、尹龙副主任、任彦详副主任、杨元元副主任，河南银监局李伏安局长，安徽银监局陈琼局长，深圳银监局胡艳超副局长、陕西银监局田贵庚纪委书记，江苏银监局丁灿副局长等领导的关心和帮助，感谢福建银监局法规处的全体同事，感谢所有关心和帮助过我的人，他们的鼓励和帮助激励着我顺利完成博士后研究任务。

感谢中国社会科学院财经战略研究院聂咏梅老师的大力支持和无私帮助，感谢三年博士后研究生涯的所有同窗好友，感谢吴金梅博士后、赵福军博士后、李冬妍博士后、范建鏋博士后等同学，与他们一起学习、讨论，度过了一段快乐而难忘的时光。

感谢我的父母，他们辛辛苦苦把我养育成人，不求回报，现在仍默默地帮忙打理家务，使我有更多的时间用于研究和工作，我的成长换来的是他们一天天的衰老和满头的白发。感谢我的岳父岳母，他们为了照顾我的口味，尽最大努力调整了烹饪方法和饮食习惯。感谢哥哥嫂嫂，在我成长的道路上给我很多的引导、鼓励和帮助。

感谢我的爱人李艳，她牺牲了很多时间操持家务，使我得以专注我的事业。博士后出站报告评审时，她正在西藏出差，专门调整时间从西藏赶到北京参加现场评审，给予了我最大的支持和鼓励。

最后，我要感谢我的宝贝女儿梦恬，她快乐活泼、聪明伶俐，在我疲惫或烦躁的时候，她会主动和我聊天，逗我开心，使我身心得到很大的放松。尤其是她的钢琴声，常常把我带进美好的童年时光，使我仿佛又在老家那片绿草坪上嬉戏玩耍，让快乐的时光悄悄流淌。

郭春松
2013 年 3 月 18 日
于福州欧冶池畔